국가와 종교

유럽 정신사 연구

지은이
난바라 시게루 南原繁, Nanbara Shigeru(1889~1974)
정치철학자. 도쿄제국대학 법과대 정치학과 졸업. 이후 내무성 관료로 있었으며, 도쿄제국대학 법학부 조교수로 유학, 런던정경대학·베를린대학·그르노블대학에서 연구했다. 귀국 후에는 주로 '정치학사'를 담당했고, 법학부장을 거쳐 전후 도쿄대학의 초대 총장을 맡았다. 귀족원 칙선의원으로 신헌법 제정에 관여했고 샌프란시스코 강화조약 당시 수상 요시다 시게루와 대립하면서 전면강화를 주장했다. 퇴임 이후 일본학사원 원장을 역임했고, 일본 단가 아라라기 유파의 가인이었다. 무교회주의의 창설자 우치무라 칸조에게서 배운 제자였으며, 마루야마 마사오에게 일본 정치사상 연구를 강권했던 선생이었다. 저작으로는 『국가와 종교』, 『피히테의 정치철학』, 『조국을 부흥시키는 것』, 『인간혁명』, 『진리의 싸움』, 『평화의 선언』, 『대학의 자유』, 『일본과 아메리카』, 『인간과 정치』, 『학문·교양·신앙』, 『자유와 국가의 이념』, 『현대의 정치와 사상』, 『일본의 이상』, 『정치철학 서설』, 『난바라 시게루 서간집』 등이 있으며, 『난바라 시게루 전집』(전10권)으로 정리되었다.

옮긴이
윤인로 尹仁魯, Yoon In-ro(1978~)
독립출판 '파루시아' 편집주간, '신적인 것과 게발트(Theo-Gewaltologie)', '제국 일본의 테오-크라시' 총서 기획자. 지은 책으로는 『신정-정치』, 『묵시적/정치적 단편들』이 있고, 옮긴 책으로는 『홉스와 스피노자─구약 텍스트 해석을 둘러싼 대항』(근간), 『파스칼의 인간 연구』, 『선(善)의 연구』, 『일본 이데올로기론』, 『이단론 단편』, 『정전(正戰)과 내전』, 『사상적 지진』, 『유동론』, 『윤리 21』(공역) 등이 있다.

국가와 종교 ─ 유럽 정신사 연구

초판인쇄 2020년 9월 15일 **초판발행** 2020년 9월 25일
지은이 난바라 시게루 **옮긴이** 윤인로 **펴낸이** 박성모 **펴낸곳** 소명출판 **출판등록** 제13-522호
주소 서울시 서초구 서초중앙로6길 15, 2층
전화 02-585-7840 **팩스** 02-585-7848 **전자우편** somyungbooks@daum.net **홈페이지** www.somyong.co.kr

값 20,000원 ⓒ 소명출판, 2020
ISBN 979-11-5905-447-1 93160

난바라 시게루 지음 ─ 윤인로 옮김

국가와
종교

유 럽 정 신 사 연 구

The State and Religion:
A study of the spiritual history of Europe

소명출판

일러두기

1. 이 책은 南原繁, 『国家と宗教−ヨーロッパ精神史の硏究』(岩波書店 2014; 초판 1942)를 번역한 것이다. 이 문고판의 저본은 전집판 『南原繁著作集』(岩波書店, 1972~1973) 제1권 이며, 번역시에는 문고판과 전집판의 저본인 증보판(3판, 1945)을 때때로 참조했다.

2. 저자가 윗점을 찍어 강조한 것은 **고딕체**로 표기했다.

3. 본문 및 각주 속에 역자가 첨가한 것과 역자주는 모두 대괄호 '[ ]' 속에 넣었다.

4. 저자가 인용한 저작들의 일역본 및 저자가 직접 번역한 것들에 해당하는 국역본이 있을 때 는 참조했으되 저자의 의도와 의지를 존중했다. 저자의 인용과 국역본 간의 차이가 뜻 있는 것이라고 판단된 것은 각주로 밝혔다.

5. 저자의 성서 인용을 옮길 때 참조한 국역 성서는 '표준새번역'과 '공동번역 개정'판이다. 뜻 을 훼손하지 않는다고 판단한 선에서 저자의 의도와 의지를 존중했다.

개정판 서문

어떤 시대 또는 어떤 국민이 어떠한 신을 신으로 삼고 무엇을 신성으로 사고하는가는 그 시대의 문화나 국민의 운명을 결정하는 것이다. 그런 뜻에서 패전 일본의 재건은 일본국민이 그때까지 품어왔던 일본적 정신과 사유의 혁명에 대한 요청이었던 것이다. 이 점에는 독일의 부흥이 본래의 독일정신과는 이질적이었던 나치스정신을 청산함으로써 가능했던 것과는 종류를 달리하는 것이 있다. 종전 후 10여 년, 과연 우리나라의 재건은 그런 요청을 줄곧 지향하고 있는 것인가. 거기에 도리어 낡은 정신의 부흥 징후는 없는가. 참된 [진정한] 신이 발견되지 않는 한, 인간이나 민족 혹은 국가의 신성화는 끊이지 않을 것이다.

대체로 종교의 문제에 대한 근대적 사유는 불행한 과정을 더듬어 왔다. 19세기의 실증주의적 합리정신과 그 계승자인 마르크스적 경제유물사관이라는 것은 종교에 무관심한, 혹은 종교에 대한 부정의 정신에 다름 아니었다. 그것에는 단지 낡은 전통적 형식종교나 정치적으로 조직화한 교회에 대한 항의 또는 반[정]립으로서의 의미는 있을지라도, 그것이 결코 문제의 해결은 아니다. 거기서는 기술이나 경제적 물질이 신성의 자리를 차지하고 머지않아 종교적 대용물의 역할을 맡게 되는 것이다.

진실로 근대 실증주의정신 위에서 발달을 이뤄온 자연과학과 기술문명이 지닌 놀랄 만한 위력은 인간을 혼이나 정신에 대한 배려로부터 현저히 멀어지게 해왔다. 현대정치의 불안과 공포는 그런 사정과 관계가 없지 않다. 역사상 일찍이 없었던 절대 병기의 출현 앞에 인류의 존재 자체가 질문되고 있는 것은 그런 사정을 말해주고 있다.

종교의 힘은 개인만이 아니라 정치적 국가 생활에 대하여, 각각의 시대에 각각의 형태로 근본적인 문제를 제시해 왔다. 이는 실제 정치가가 아무리 간과하거나 무시하려고 할지라도 인류의 긴 역사를 통해 그러했듯 장래에도 그러할 것이다. 근대의 과도적 반[정]립의 시대를 지나 현대 인류가 직면하기에 이른 정치적 한계상황에서 우리들은 종교적 확신이나 신앙으로부터 무엇을 도출할 수 있을 것인가. 그것은 현대의 정치·사회투쟁의 근저에 가로놓인, 종교를 포함한 사상 혹은 학문의 문제로서의 문화투쟁이다. 또한 그것은 세계관투쟁이고 현실의 정치적·사회적 투쟁이 끝나고서도 남는 문제이기에 인류가 존속하는 한 끊임없이 새롭게 되는 영원한 과제일 것이다.

그러한 뜻에서 종교와 국가의 관계에 대한 이론은 유럽 정신사 속에서 가장 순수한 형태로 전개되었던 것이고, 우리들은 거기서 장래의 해결을 위한 방법까지도 추출할 수 있을 것이다.

이 책의 판을 새롭게 갈면서, 새 가나 사용법을 택해 고칠 수 있는 기회에 전체 문장의 표현을 조금이라도 더 쉽고 명확하게 하는 일에 노력했다. 그 이외, 내용에서는 칸트의 세계질서의 조직원리에 관한 저자의 해명이 얼마쯤 발전한 것 말고는, 전체에 걸쳐 변경은 없다.

1958년 8월 하순
저자

3판 서문

이 책이 처음 출판된 것은 때마침 이번 세계대전의 한복판이었고, 우리나라 역시 태평양전쟁 수행의 과정에 있었다. 그 이후 얼마간의 변천, 나치스＝독일은 결국 붕괴하고 우리나라 역시 유사 이래 참패의 쓴 잔을 마셨다. 나치스는 왜 붕괴해야 했던가. 그 이유는 유럽 정신사의 흐름 전체를 추적해 나치스 세계관을 비판함으로써 증명해 보였던 바다. 그리고 그것은 우리 일본에 대해서도 들어맞는 것이 있다. 분별 있는 독자는 그것을 독해할 수 있으리라 생각한다. 그렇다면 유럽문화의 — 통틀어 세계 인류의 '위기'란 지나간 것인가. 아니다. 현대문화의 위기가 일면에서 근대 실증주의의 정신과 마르크스주의에 깊이 뿌리박힌 것이라고 보는 이상, 단연코 그렇지 않다고 말하지 않으면 안 된다. 이런 뜻에서 근대문화와 정신의 퇴폐에 대해 그들이 내세운 항의 또한 그런 퇴폐의 범위 안에 남겨져 있다. 이러한 위기의 타개는 어떻게 가능할 것인가. 문제 해결의 방법과 독일 부흥의 길도 이 책에 시사해 두었다. 그 주장들과 그것의 근거가 되고 있는 저자의 입장은 지금에 이르러서도 점점 강해질지언정 조금도 변경되지 않았으며, 전체의 내용에서도 약간 가필한 것 이외에 바뀐 바는 없다.

지금 이 3판에서 특히 기록해둬야 할 것은 「가톨리시즘과 프로테스탄티즘」이라는 글 하나를 '보론'으로 새로이 더했다는 것이다. 그 글은 이 책이 세상에 나왔을 때 여러 방면에서 이뤄진 소개와 일종의 비판, 학술적 의의가 있는 몇몇에 관하여 당시에 시도해 보았던 논작이다(『국가학술잡지』쇼와昭和 18년 8～9월호). 이는 여러 논자들에 의해 제기된 문제나 비평에 대한 회답이라기보다, 오히려 그 기회에 본서의 내용을 이룬 주요 문제에 대한 저자의 입장 혹은 근본 사상을 전체적으로, 때로는 한층 강하게 표명하고 때로는 한층 상세하게 전개한 것이다. 그중에서도 초판에서는 대강을 설명한 데 그쳤던 가톨릭주의를 특별히 집어든 것과 독일 이상주의 철학의 배경에 있던 종교개혁자 루터나 칼뱅을 전면에 떠오르게 한 것이 이 주제를 구성한 근거였다. 문제는 여전히 '종교'와 '국가' ─ 넓게는 '문화'와의 관계이며, 이 난문의 이론적 해결에 대해서도 저자의 견해를 한층 더 상세히 논술했다. 그런 까닭에 '보론'은 결코 단순히 보태진 것이 아니며 오히려 전체의 '서론'이고 동시에 '결론'이기도 한 것이다. 처음에 먼저 그 글을 읽는 것도 독자가 이 책을 읽는 하나의 순서일 수 있을 것이다.

바야흐로 조국재건이라는 고난의 길에 오른 시대를 맞아 일본이 성찰해야 할 근본 문제는 실로 '종교'의 문제, 그리고 그것과 국가의 관계에 응집되어 있다고 말해도 좋다. 적어도 유럽 정신사와의 관련에서 '그리스도교'가 문제되는 경우에 그것은 어떻게 해결되어야만 하는 것인가. 이에 관해 초판의 결말에서 행했던 설명도 다시 전개해 보았다고 할 수 있다. 우리나라가 평화일본으로서 참으로 세계사적 민족의 사명을 자각하고 새로운 정신과 신일본문화의 창조를 통해 동아東亞는 말할 나위 없이 넓게는 세계인류에 기여하는 일에 얼마간의 시사를 제공할 수 있는 것은 순수 학술적 노작의 배후에 숨겨진 저자의 목적이기도 한 것이다.

쇼와 20년(1945) 9월 중순

저자

서문

이 책에 실린 여러 글들은 저자가 몇 해 전부터 상호간 얼추 하나의 연관 아래 써왔던 것들로, 과거에 공개했던 것을 약간 가감·수정한 것이다. 전체를 관통하는 근본의 문제는 국가와 종교의 관계이고, 이 문제에 걸려 있던 것이 저자가 애초부터 가지고 있던 서양 정치이론 연구의 흥미와 목적 중 하나였다.

유럽문화의 시원을 이루는 그리스 세계관의 결정체로도 보이는 플라톤 『국가론』의 과제는 어떤 뜻에서 그리스 국민국가의 전통으로 되돌아가는 감으로써 당시 그리스 여러 지역의 정치를 혁신하는 것에 있었음과 동시에 그리스 국민의 영구적인 종교적 구제에 있었다고 할 수 있을 것이다. 거기에 정치와 종교의 근원적 종합의 위대한 구상이 있었다는 것이 인정되며 그런 사정을 제1장에서 다루었던바, 거기에 현대 '플라톤 부흥'의 의의와 문제가 동시에 존재하고 있기 때문이다. 그런데 그리스도교의 출현은 그리스와는 전혀 다른 새로운 종교를 널리 알렸던 것으로, 그로써 정치적 국가와의 관계에서 매우 중요한 문제를 발생시키기에 이르렀다. 일반적으로 그리스주의와 그리스도교는 유럽문화의 양대 요소를 구성하기에 이르렀음과 동시에, 그 양자의 종합 혹은 결합을 어떻게 달성할 것인가는 이후 유럽 정신세계의 근본문제가 되었던 것이다. 그리고 그러한 종합의 역사적 유형에 관해 누구라도 예거하는 것은 중세의 토마스와 근세의 헤겔 철학일 것이다. 국가와 종교의 문제에 관해 그들 각각이 시도한 전형적인 종합의 기획·시도와 그것들에 대한 저자의 견해는 개요로나마 제2장에 아울러 서술해 놓았다. 그런데 저자의 입장에서는 그런 문제에 관해 누구보다 중요한 위치를 점하는 이가 칸트로 보인다. 그에 의해 본래 그리스도교적 인간관과 세계관이 객관적인 과학적 인식과 불변의 도덕적 근거 위에 서게 되었다고 할 수 있고, 이로써 국가·사회 및 역사전체에 걸쳐 그리스도교적 정신이 전개되기에 이른 기초를 형성한 주요 계기들이 칸트에게 들어있다고 생각되기 때문이다. 이것이 세계 정치질서의 문제와 관련하여 제3장에서 특히 칸트를 골라냈던 이유이다. 그러나 그의 철학을 통해서는 아직 문제의 해결에는 불충분하며, 종교론에서와 같이 정치국가의이해에서도 겨우 단서를 찾아낸 것에 지나지 않는다. 이 이후, 오히려 근대 실증적 자유주의를 거쳐 마르크스 사회주의에 이르는 유럽 근대정신의 귀결과, 특히 그에 대응하는 현대 독일·나치스정신의 발흥이 위의 문제에 어떻게 연관되는가를 질문할 수 있다. 적어도 나치스 세계관의 기초에서 바로 종교와국가의 문제에 관한 유럽문화의 새로운 전회의 지향점을 알아차릴 수 있다. 이것이 제4장에서 대상으로 삼은 것이다.

이리하여, 저자의 입장에서 중점을 둔 곳의 상이함이나 서술의 번잡함과간략함은 있을지라도 이상의 내용을 통해 주제에 관계된 유럽 정신사의 전반을 대체적으로 드러낼 수 있었으리라고 본다. 그것의 서술에서 저자는 여러시대의 정신 혹은 세계관에 대해 가능한 한 그 시대들 각각의 편에 몸을 두고서 그 역사적＝객관적 의미를 이해하기 위해 애썼다. 하지만 동시에, 미숙하나마 저자의 입장에서 그것들을 비판함으로써 문제의 소재를 천명하는 일과그 해결의 방향을 시사하는 일에도 마음을 썼다는 생각 또한 든다.

무릇 국가의 문제는 근본에서 문화 전체와 내적 통일을 갖는 세계관의 문제이고, 따라서 궁극적으로 종교적 신성의 문제와 관계하는 일 없이는 이해될 수 없다는 것이 저자의 확신이다. 그것은 다른 세계에 관해서도 말할 수 있는 것이지만, 유럽의 경우에 특히 그러하다. 그것은 종래 유럽 정신의 역사가 지닌 난문이었고, 금후에도 그것이 영구적인 문제임을 잃지는 않을 것이며, 오직 그것에 대한 한결같은 진지한 사색과 파악만이 문제의 해결을 이룰 수 있을 것이다. 때마침 이번 유럽의 대전 속에서 여러 민족들이 벌이고 있는 정치적 투쟁의 근저에 종교와의 관계를 둘러싸고 어떤 심각한 세계관 투쟁의 문제가 존재하는지를 묻게 된다. 이 문제는 유럽 혼자만의 문제가 아니며 대동아전쟁의 개시로 둘이면서 하나가 된 이 세계의 대전 속에서 또한 우리나라의 깊은 관심사이지 않으면 안 되는바, 특히 일본이 진정으로 세계사적 민족으로서 동아에서 살아가고자 할 경우, 국가와 종교의 문제에 대한 이해가 장래 우리나라 문화의 발전 위에서 중요한 교섭을 가져오지 않을 수 없을 것이다. 이 부족한 저작이 그러한 관계에 조금이라도 기여하는 바가 있다면 저자에게는 다행스런 일일 것이다.

쇼와 17년(1942) 7월 하순

저자

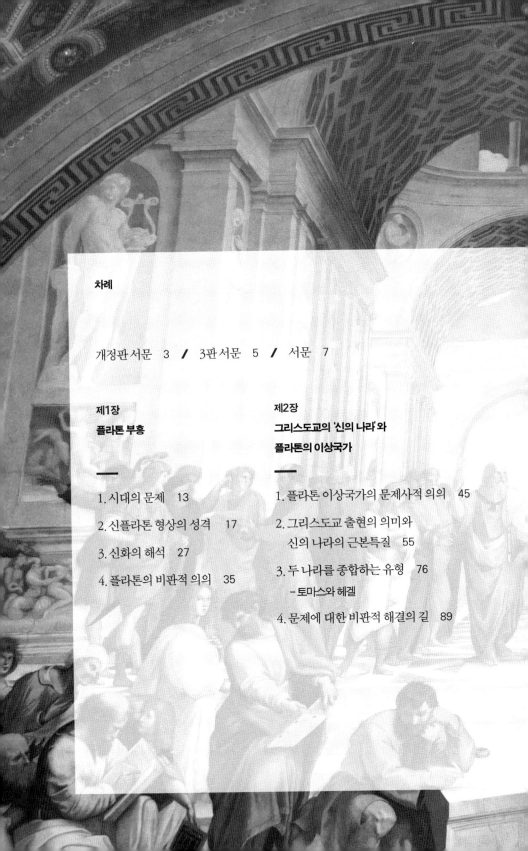

차례

제1장
플라톤 부흥

1. 시대의 문제

국가와 국가철학의 발전 역사에서 이른바 '근대국가'라고 칭해지는 것이 그 사상적 핵심을 의심의 여지없이 근세 계몽정신을 통해 갖는다고 한다면, 인류 역사가 기원전 5세기 후반, 일찍이 그리스를 통해 가졌던 오래된 계몽시대와 근대국가생활 사이에는 커다란 공통점이 있지 않으면 안 될 것이다. 실제로 그 둘 사이에는 이제까지 우리가 생각해왔던 것 이상으로 어떤 **본질적** 부합점이 있다. 현재 근대국가의 동요와 위기 한복판에서 드러나고 있는 시대의 갖가지 상징은 모두 그 오래된, 그러나 예전에는 화려했던 그리스 국민의 당시 생활에서 그대로 볼 수 있는 것이다.

국민의 창조적 공동의 작업으로서 특히 아테네를 중심으로 아름다운 결실을 맺었던 그리스 민주정치의 흐름과 그 운명은 어떠했던가. 무엇보다도 지배적 지도자들 간의 추한 당파심과 한정 없는 소유욕, 이에 대응한 일반 민중

쪽에서도 자유의 남용과 마찬가지의 이기적 욕구 등은 민주정치의 퇴폐와 국가의 파멸을 부르기에 충분했었다. 이와 동시에 안으로는 소수자와 다중무산자 사이에서 생겨난 계급의 대립이 있었고 밖으로는 그러한 도시적 국가 상호간의 적대와 항쟁이 있었던 것은 자본주의적 과두정치와 민주적 제국주의의 정신을 여실히 반영하는 것이었다. 특히 그것은 그리스 여러 나라들이 전체의 운명을 걸고 싸웠던 페르시아 전쟁 — 당시의 세계대전에 의해 더욱 거세졌던 것으로, 거기서 일체 문물은 대변동을 겪고 사상의 대혼란과 사회의 대변혁은 도처에서 드러나게 되었다. 그것은 그리스 계몽시대의 정치사회가 보여준 여러 양상들이었던 동시에 마치 현대국가를 위기로 이끌어간 상징이기도 했던 것이다.

그러한 것의 근저에는 계몽정신 혹은 그 발전의 특징으로서 보편의 분열, 전체로부터의 개별의 분리라는 주장이 숨어있다. 이로써 개인의 제멋대로 된 비판이, 따라서 역사 속 모든 선한 것·아름다운 것에 대한 모멸 혹은 부정이 앞서며, 이와 동시에 일반적으로 개인의 자유와 행복이 생활의 기준이 되는 공리적功利的 인생관과 기계적인 국가 및 사회관이 그것에 수반된다. 요컨대 개인주의적 상대성의 주장으로서, 그 결과로 참된 뜻에서의 학문적 지식에 대한 회의, 객관적 진리의 상실, 대저 인간과 세계의 전체를 감싸는 문화이념의 소실이 그 정신적·사상적 특질이 된다. 생각건대 그것은 당시 그리스 소피스트들에 의해 웅변으로 설해진 의견이었고, 사람들 각각의 자유와 행복의 달성을 위해 안성맞춤인 사상적 지반과 생활의 수단을 주었던 동시에, 특히나 권력과 부를 획득하려는 자에게 그 사회적 활동에 필수인 이론적 무기와 처세의 기술을 제공했던 것은 극히 자연스런 길이었다고 해야 한다.

그리고 근대 민주정치와 그것에 기초한 근대국가를 형성시켜왔던 이론적 근거가 주로 계몽적 자연법사상과 그것의 발전·변형인 실증주의철학이라고 한다면, 이른바 '근대인'이 인간과 세계, 국가와 사회, 학문과 문화를 대하는 근본적 태도는 피차 상호 간에 역사적 이격이 있음에도 그 본질에서는 위와 같이 소피스트들이 취했던 태도와 큰 차이가 없을 것이다. 아니, '근대정신'이라는 것은 계보적으로 볼 때 소피스트의 정신이 근대과학의 지반과 방법 위에서 더 정확히 조직적으로 형성된 것이라고 해야 하며 어떤 뜻에서는 소피스트적 지식의 근대적 완성과 동시에 그 파탄이라고도 볼 수 있을 것이다.

사람들은 지금 그러한 시대정신의 끝 간 데와 혼란에 눈을 뜨고, 그렇게 깨닫게 되는 원인을 정면으로 마주보면서 진정으로 시대의 정신을 비판하고자 한다. 거기서 사람들은 정치적 진리가 무엇이며 국가의 본질은 무엇인지의 문제를 천명함으로써 퇴폐한 악한 국가에 맞서 올바른 국가의 재건을 꾀한다. 그들은 단지 사회생활의 기술 또는 법칙을 가르치는 학문이 아니라 참으로 인간의 학으로서의 철학, 인생과 세계의 전체상을 만드는 문화이념을 설립하는 일을 통해 잃어버린 모종의 뜻으로서의 보편을 회복하고 인간생활에 객관적인 기준을 줌과 동시에, 국가를 자연적 기계관으로부터 피신시킴으로써 참되게 국민을 결합하는 전체적 공동체로 이해하고자 한다. 마침 소크라테스 및 플라톤이 인간의 타락과 조국의 퇴폐되어가는 운명에 대항하여 인간과 국가생활에 객관적 기초와 새로운 이념을 주려고 했던 것도 그러한 사정과 동기에 뿌리박고 있는 것이었다. 여기 마찬가지로 현대정치의 혼돈과 국가의 위기가 한창인 데에서 정치의 혁신과 국가적 신생이 외쳐질 때 그런 소크라테스적·플라톤적 정신이 다시금 대두하게 될지라도 이상할 것은 조금도 없을 것이다.

근래의 플라톤 연구가 보여주는 탁월함에서 유의해야 할 사정은 그 어느 것이나 직간접적으로 그러한 현대국가의 정치적 혼란에서 출발하여 새로운 생[명]의 공동체의식, 살아있는 국가적 의식의 실현을 기획·시도하고 있다는 점이다. 거기서는 근본적으로 인생과 세계의 전체를 감싸는 새로운 문화의 이념이 사고되고 있으며, 그 지점에 근세문화의 일대 전회를 향한 기대가 걸려있다. 즉 근세 계몽의 계속·발전인 근대문화가 더듬어 가야 했던 여정이 힘겹게 도달한 곳에서 그것은 이제 분열과 파멸로 인도되고 있으며, 그렇기에 다시금 본원의 통일과 전체생활을 되찾아 민족 본래의 정신으로 되돌아가고자 하는 것이다. 정치적 국가생활은 그러한 문화의 전체생활과의 결합 속에서 그 생명의 원천을 발견하고자 한다. 그것은 종래 문화와 정치 간의 표면적인 분리에 맞서 깊게 내적인 결합을 사고하는 것이고, 국민적 생[명]의 공동체에서 모든 참된 것·아름다운 것·선한 것의 정신의 실현을 관조하려는 것이다.

원래 플라톤이 아카데미아의 학원學圃을 만들어 철학에 몸을 맡겼던 것은 단지 명상과 사색의 생활을 위한 것이 아니었다. 사회의 부패현상과 거기에 그득한 소피스트적 시대정신에 반항하여 소크라테스적 정신을 본뜸으로써, 참된 정치의 지도자를 육성하고 국가에 질서와 이념을 주며 조국의 건설을 새로 꾀했던 것은 고려되어도 좋은 사실일 것이다. 게다가 그런 사실은 장년기 자신에게 정치적 활동의 길이 열려있던 환경에서 아테네 국가의 현실을 세세히 목격했던, 뿐만 아니라 시라큐스에서 거듭 자기의 이상국가 건설에 노력했던 그 사람 최후의 운명이기도 했던 것이다. "나는 참된 철학을 칭송했고 그것으로써만 국가에서의 올바른 것과 개인에게서의 올바른 것 모두를 간취할 수 있다고 말하지 않을 수 없었다. 그리하여 참되게 철학했던 사람들의 종족이 국가의 지배에 놓이거나, 또는 국가의 권력을 갖는 종족이 신들의 은혜로 철학에서 참되게 살게 될 때까지는 인류人類·종種·속屬은 갖가지 재앙으로부터 해방될 수 없을 것이다."[1] 그가 이미 고령에 이르렀을 때 친구에게 보낸 편지의 한 절이 그와 같다.

플라톤이 말하는 철학은 결코 단순한 개개의 교설이나 이론이 아니라 인간의 전적인 전회, 그것을 통해 인간과 세계의 전체상을 만드는 정신의 세계의 창조이다. 그런 광대한 정신의 왕국과 세계의 상을 이데아의 세계에서 구했을 때, 그 이데아계의 모상으로서 정치적 국가공동체를 그렸던 것은 깊은 의의를 갖는다. 수십 년의 오랜 기간에 걸쳐 작성되었고 또 그 자신의 손으로 완결시켜 놓았던 저작 속에서 무엇보다 포괄적이라고 칭해지는 대화편이 『국가론*Politeia*』이었다는 것도 우리의 관점에서는 대단히 흥미로운 점이라고 하지 않을 수 없다. 거기서는 플라톤 그 사람의 정치적 행동 및 사회개혁의 이상과 정열을 포착할 수 있음과 동시에 그가 구상한 철학이 종래에 생각되어왔던 것 이상으로 다분히 정치적·사회적 성격을 띤 것임을 거부해서는 안 될 것이다.

2. 신플라톤 형상의 성격

여기까지 내가 보았던 것에 잘못이 없다면, 거의 동일한 관점에서 플라톤에 접근해 현대의 위기와 연관시켜 플라톤의 의의를 규명하려는 경향은 특히 독일에서 현저한 듯하다. 이는 통상 게오르게 일파로 불리는, 슈테판 게오르

1   *EP.*, VII. 326 AB. [EP: 플라톤 전집].

게를 중심으로 한 일군의 사람들로, 그 주요한 이들로는 잘린, 안드레아, 힐데브란트, 징어 등을 들 수 있을 것이다.[2] 그리고 그 사람들 모두는 동시에 다른 한편에서 사회경제 혹은 정치국가 문제의 연구자로 저명하다는 점도 우리의 고찰에서는 흥미로울 것이다. 문제를 취급하는 방식의 뉘앙스나 개개의 서술 내용에서 그들이 제각기 상이한 것은 물론이지만, 그럼에도 근본의 플라톤을 파악하는 방식에서는 동일한 경향을 보이며 종래와는 전혀 다른 새로운 플라톤상을 그려내고자 한다는 점에서 그 어느 쪽도 동일하다. 나는 우선 그것들을 자료로 삼아, 개개의 문제가 아니라 그들이 해석한 플라톤의 근본특징으로 여겨지는 것을 본론의 서술에 필요한 한에서 적출해 놓고 싶다.

첫 번째로 주의해야 할 점은 정치적 국가의 문제가 플라톤 철학 사상 전체의 중핵으로 포착되고 있다는 것이다. 이는 플라톤의 정치적 의도를 중요시하기 때문일 뿐만 아니라 전체로서 그의 철학의 정치적 성격을 이야기하는 것이다. 따라서 그의 여러 대화편들에서 『국가론』이 중심을 차지하고 그 이전과 그 이후의 작품이 함께 『국가론』에 연관시켜 고찰되고 있는 것 또한 당연하다고 하지 않을 수 없다.[3] 고요하게 영원을 관조하는 혼의 세계를 그린 저 『파이돈』에서 이상국가를 정초시킬 궁극의 정신세계가 축조되며, 나아가 살아있는 창조적 정신, 이 세계를 기쁘게 할 『향연』에서는 나라를 만들고 분만해낼 힘의 주춧돌이 포착되고 있다. 이것은 플라톤의 교설에 근간이 되는 '이

---

2   그들의 관련 주요저작은 다음과 같다. Edgar Salin, *Platon und die griechische Utopie*. 1921; Wilhelm Andreae, *Platon Staatsschriften*, 2 Bde., 1925; Kurt Hildebrandt, *Der Kampf des Geistes um die Macht*, 1933; Kurt Singer, *Platon, Der Gründer*, 1927; クルト・ジンガー, 『プラトーン』昭和 11. 징어의 최후 저작은 기요미즈 다케시 씨의 번역으로 우리나라에 비로소 출판됐던 것이고, 힐데브란트의 저작과 함께 1930년대에 들어와서의 일인 만큼 그 일파의 가장 새로운 플라톤 형상이라고 할 수 있을 것이다.

3   Singer, *a. a. O.*, S.65; Hildebrandt, *a. a. O.*, SS.178~179.

데아'가 『파이돈』에서는 순수한 관조의 빛으로 사고되고 있음에 대해 『향연』에서는 세계의 본원적 힘으로 드러나고 있음을 뜻한다. 그리고 본원적인 우주의 힘이 국가를 만들고 경영하는 것은 실로 '에로스'의 매개에 의해서이다. 그것은 영원의 세계에 대한 관조로부터 이 시공간의 세계로 돌아와 전체적 공동사회의 건설에 마주서는 정신이다.

거기서 플라톤의 '에로스'는 국가창조의 정신, 정치적 사회건설의 계기로서 중요한 의의를 인정받고 있다. '에로스'는 종래에 일반적으로 생각됐던 것처럼 단지 지식의 추구로서가 아니라 근본에서 세계와 우주를 낳는 힘이다. 또한 그것은 오로지 예지叡智를 구하는 개개인의 고립화로 끝나지 않는, 다수 동포들 사이에서 행해지는 사랑의 결합의 정신으로 이해되지 않으면 안 된다. 그리고 그것은 그리스인들에게 도시적 국가공동체 건설의 충동에 다름 아니다. 실로 플라톤에게 선과 미의 이데아라는 높은 세계를 관조한 자는 반드시 현실의 국토 위에서 창조의 일을 개시하지 않으면 안 되며, 그것은 바꿔 말해 건국의 일이다. 그의 철학은 높은 정신세계의 기초 위에서 생명의 통일적 구체화로 진전되고 있으며, 국가는 그런 구체적 생의 통일체 이외에 다른 게 아니다. 그렇게 '에로스'는 곧 나라를 만드는 생생한 힘으로서 파악되고 있다.[4]

이와 관련하여 『국가론』에서 개개의 문제들은 어느 것이나 위와 같은 맥락을 중심으로 구상되고 있으며 오로지 전체로서의 공동체 건설에 관계되고 있다. 저 철인 · 전사 및 일반서민이라는 세 계급으로 이뤄진 고유한 '신분국가'의 사상도 위와 같은 철학적 목적과 내면적인 필연의 관련을 맺는 것으로, 결코 근세적 의미에서의 사회계급의 구별이나 노동분배의 원리에 기초한 것이

---

4 '에로스'의 그러한 정치적 · 사회적 성질을 고조시킨 것은 특히 힐데브란트이다. Hilde-brandt, *a. a. O.*, SS.203 · 213.

아닌바, 그것은 말하자면 국민적 문화의 이념 자체 안에 존재하는 분류이며 공동의 연원과 목적을 국가적 전체 속에서 갖는다. 플라톤에게 극히 특이한, 재화 및 가족까지도 해당되는 '공유제'의 문제 또한 근세 공산주의와는 달리 개인의 평등 관념이 아니라 오직 국가의 전체성을 전제로 하며, 특히 지배자를 모든 이기적 동기로부터 해방시키고 전적으로 국가적 전체에 봉사하도록 하기 위한, 말하자면 그가 생각하는 국가의 외적 조건으로 볼 수 있는 것이다. 이에 대해 그가 생각하는 국가의 내적 조건이라고도 부를 수 있을 교육 문제에 있어서도, 그것은 근대적 의미에서의 국가가 갖는 하나의 기능으로서가 아니라 국가의 본질로서의 교육이 공동체의 으뜸가는 의의를 갖는 '교육국가'의 관념에 다름 아니며, 그 목적은 철학적 지식을 구하여 선의 이데아에 도달하는 것, 그럼으로써 결국에는 참된 사회의 유대로서의 에로스 정신을 통찰케 하고 살아있는 전체적 국가를 만드는 것에 있는 것이었다.

이러한 관찰로부터는 이데아론 또는 디알렉틱[변증법Dialektik]이 플라톤 철학의 근본과제가 아니며 오직 국가와 사회, 인간과 세계의 상태에 관한 창조적 행위가 전면에 드러난다. 이로써 철학은 인간과 세계의 새로운 형성을 위한 국가적 정신의 행위이고, 그것은 그리스 전래의 사상에서 국가창조의 철학이다. 생각건대 플라톤에게 우주와 국가와 인간은 일대 조화의 실현으로서, 동일한 질서에 의해 운행되는 동심원이며, 그 질서는 중간에 있는 국가에서 무엇보다 명료하게 파악되기 때문이다.[5] 본래 그리스인은 각기 개별적으로는 신과도 우주와도 결합하지 않으며, 그런 결합은 국가를 통해서만 국가에 있어

---

5   『폴리테이아』는 본래 개인과 국가의 유비 속에서 그 근본원칙을 발견하는 것이 대화의 주제이다(*Politeia*, 368e・369a). 나아가 그것을 세계 및 우주에 미치게 하여 우주와 인간의 창의를 설파한 『티마이오스』에서도 정치적 국가와의 관련이 파악되고 있으며 서로 하나인 조화의 실현으로서 그려지고 있다. Singer, *a. a. O.*, S.9; Hildebrandt, *a. a. O.*, SS.83.

서만 가능한 것인바, 오직 그럼으로써만 비로소 인간일 수 있는 까닭이다. 그것에는 학문과 권력, 철학과 국가가 깊게 내적으로 결합되어 있고, 따라서 '권력을 향한 의지' '권력을 위한 정신의 싸움'이 고조된다고 봐야 하는 것이다.

두 번째로, 플라톤의 국가철학에서 한층 더 중심을 형성하고 있는 것은 최고의 예지를 구비한 한 사람의 철인왕이라는 점이다.[6] 철학자야말로 이데아를 관조하고 파악하며, 그렇기에 또한 인간과 세계를 구제할 행위를 하는 것이다. 그는 단지 추상적인 지식의 소유자가 아니라 정치적 지도자로서 건국의 상징이지 않으면 안 된다. 철학은 그러한 창조적 인간의 정신에 다름 아니며 국가는 그러한 철인의 창조 작업인 것이다. 플라톤의 국가에서 내용적 본질을 이루는 교육이라는 것 또한 그러한 철인을 양성하기 위해 시민으로 하여금 국가적 전체정신을 자각케 하고 거기에 지도자를 부과하는 것이 목적이었다. 앞서 플라톤에게 우주와 국가와 인간은 일대 조화의 실현이고 국가는 바로 그 중간에서 다른 둘을 결합하는 매개라고 썼지만, 그런 국가 속에서 거듭 매개인 것이 철인이다. 철인이야말로 하늘과 땅, 신과 인간 사이를 매개하는 반신인半神人의 데모니슈한[마성적 · 마력적인dämonisch] 성격을 구비한 자인바, 이와 무엇보다 닮은 것은 소크라테스이다.[7] 그리스인이 신과 우주의 신비를 아는 것도 그러한 철인의 매개에 따른 것이며 정치적 생활을 영위하는 것도 그러한 철인의 명령에 대한 복종을 통해서이다. 이와 같은 것들, 곧 현대 플라톤 연구자가 즐겨 묘사하는 것들은 그렇게 '플라톤적 소크라테스'라는 하나의 형상이고, 하나의 신적 존재론으로서 살아있는 사유와 행위이다. 그들

---

6   특히 『폴리테이아』 전10권의 중반 제5권 결미에서 저작 전체의 중심문제, 곧 국가의 본질 전모를 드러내려는 것 같은 철인왕의 사상이 설해지고 있는 것이 결코 우연이 아니라 중요한 의의를 지녔다고 보는 설명에 관해서는 Andreae, *a. a. O.*, S.54를 참조.

7   Singer, *a. a. O.*, S.108; 징어, 앞의 책, 144~145쪽.

은 신의 특별한 은혜에 의해 단 한 번 지상에 나타난 이 위대한 한 사람의 운명, 신과도 닮은 그 존재의 인격 전체에서 갖가지 정신의 원상原像을, 국가영원의 형상을 발견하고자 했던 것이다.[8]

그것은 플라톤의 "철인정치" 사상이며 그의 다음과 같은 명제에 대한 해석이다. "철학자가 국가의 왕이 되거나, 또는 현재 국왕·권력자로 불리는 자가 참된 올바른 철학자가 되는, 바꿔 말하자면 국가권력과 철학이 하나로 결합됨으로써 그 둘 중 하나만을 따르는 현재의 대다수 범용한 이들을 억지로 배제시키지 않는다면 (…중략…) 국가에도 인류·종·속에도 재앙이 멈추지 않을 것이다. 그럴 때 우리가 지금 여기서 사고하는 국가란 언제까지나 드러나지 않은 채로 햇빛을 볼 수 없게 될 것이다."[9] 여기서는 정신세계에서의 최고의 지배가 동시에 현실국가에서의 지배자일 것이 요청되고 있다. 이 요청은 더 이상 법을 통한 정치가 아니며 국가의 규범이란 철인인 주권자에게서 구체화되는 것으로 간주되지 않으면 안 되는 것이다. 철학자의 임무는 국가에서 선·미美의 이데아를 스스로 인식하고 그것을 **좀 더** 순수하게 사람들 사이에서 관조될 수 있도록 함으로써 국가의 전체생활을 고양시키는 것에 있다. 그는 신들의 정신에 따라 전체를 창출해내고 국가와 인간을 그 본질에 따라 올바르고 아름답게 형성하고 육성할 수 있도록 지배하지 않으면 안 된다.

플라톤에게서 '정의'라는 것이 앞서 설명했던 것처럼 여러 계급들이 이루는 전체로서의 질서와 조화로부터 성립하는 덕이고, 그것에 의해 모든 시민 각자가 능력의 차이에 상응하여 국가적 전체 속에서 제각기 생활의 의미와 목

---

8 Salin, *a. a. O.*, S.5; Hildebrandt, *a. a. O.*, S.12; 위의 책, 65쪽. 그러한 플라톤적 소크라테스 상을 처음으로 그려내고 그 전체적인 파악을 시도했던 이로는, 마찬가지 게오르게 일파의 프리드만을 들 수 있을 것이다. Heinrich Friedemann, *Platon, Seine Gestalt*, 1914.

9 *Politeia*, 473d, e.

적을 수취하게 되는 관계, 곧 국가전체와 구성원들 서로가 이루는 생[명]의 유기체적 통일관계라고 한다면, 그것은 요컨대 철인적 계급의 지배, 궁극적으로는 저 위대한 철인적 국왕의 지배력을 뜻하는 것이며 그 뿌리에서는 국가를 창건하는, 세계의 힘 그 자체에 다름 아닌 것이다. 곧 정의란 세계창조의 힘, 결국 소크라테스 혹은 플라톤 그 사람에게서 구현되는 근원적 생명이다. 정의는 개념적인 이성의 요청에서가 아니라 아름답고 고귀한 인간성의 규범에서 보이며, 그것은 선·미의 생활을 형성하는 것이다.[10] 그러한 것으로서의 정의는 가장 위대하고 또 가장 아름다운 인식이며, 그런 까닭에 국가에 질서와 지배를 부여할 수 있는 힘이다. 여기서 정의는 추상적인 형식이 아니라 "생[명]의 감정"이며 논리적 개념이 아니라 결국 "국민의 신앙"으로서 포착되고 있다.[11]

세 번째로, 여기까지의 내용은 필연적으로 '신정정치'의 사상으로 이끈다. 플라톤에게서 선·미의 이데아가 이미 동시에 '성스러움聖'의 이데아라고 한다면, 선·미의 국가이념이란 그저 '윤리적 공동체'인 것만이 아니라 그 자신 종교적 '신의 나라'의 이념에 다름 아니다. 최고의 공동체로서 이데아세계의 실현인 국가는 그 스스로 인간최고의 덕의 세계를 비춘 영상임에 틀림없는바, 국가는 그 자체 바로 신의 나라이다.[12] 따라서 국가의 지배는 본질에서 신적 제일자의 성질에 속하는바, 신이 곧 궁극의 통치자인 것이다. 폴리스를 통괄하여 다스린다는 것은 신이 행하는 바에 따라 전체를 만들고 경영한다는 것이다. 이는 제사와 정사政事, 정신과 힘이 하나로 결합된 국가에서 행해진다. 그

---

10 징어, 앞의 책, 125~126쪽; Hildebrandt, *a. a. O.*, SS.350·364.

11 Hildebrandt, *a. a. O.*, S.243.

12 이러한 해석은 플라톤의 이상국가를 땅 위에서 실현되는 그리스도교의 '하늘나라'로 보는 것에 대해 엄격히 비난한다. Salin, *a. a. O.*, SS.369·371f.

런 국가 속에서 살고, 그 신적 국왕에 복종한다는 것은 곧 신의 본질에 맡긴 삶, 신들과 함께 사는 삶인 것이다. 이는 도덕만이 아니라 종교와 정치를 널리 종합한 것으로서 무엇보다 포괄적인 전체생활의 결성을 의도한 것이라고 하지 않으면 안 된다.

그런 이상은 『국가론』에서 『법률론*Nomoi*』으로 옮겨가더라도 조금의 변경 없이 오히려 더 명백하게 확립되는 것으로, 거기서는 '신재神裁정치'의 사상이 설해지고 있다.[13] 철학자인 국왕은 단지 신들과 그 아이들의 나라에서만 가능한 것으로 현실의 국가에서는 기대될 수 없는 것이라고 한다면, 이젠 '법'에서 국가의 규범이 세워지지 않으면 안 된다. 그런데 플라톤의 법은 그리스 국민 본래의 '노모이'와 마찬가지로, 근세적 의미에서의 법률과는 달리 도덕적 생활의 규범을 포함하며 나아가 새로운 종교적 규범을 정초하고 그 교의와 신앙을 통해 국민의 생활내용을 규율할 것을 요구한다. 이제 인류의 보호자로서의 입법자는 단순한 인간이 아니라 신이 특별히 남겨준 마신적 존재이자 신적 창조자이다. 여기서 그들 신적 영웅인 입법자와 그들이 서있는 법에 대한 외경은 이제 국가가 의거해 서있는 근본신조이지 않으면 안 된다.

국민과 국가의 새로운 창조는 근저에서 그러한 국가적 종교의 규범에서 기대되는 것이다. 이제 역사적인 국민적 신앙과 신성한 전통·예식이 고려되고 그것에 국가공동체의 결합원리라는 의의가 주어진다. 그리하여 이제 성스러운 제식과 인간 기쁨의 표현으로서 신들 앞에서 행해지는 춤과 찬가에 국민적 생[명]의 공동체의 영원한 형식이 주어진다. 거기에 국가공동생활의 최고규

---

13 잘린은 『폴리테이아』에서의 신정정치를 대신해 『노모이』에서는 '법률'의 지배가, 그러니까 Theokratie에 대하여 이제는 Nomokratie가 세워진다고 해석했지만, 근본에서 그것이 마찬가지로 신정정치의 계속·발전으로 간주되고 있음은 그런 해석에 이어지는 서술을 통해서도 알 수 있다. Salin, *a. a. O.*, SS.369·371f.

범이 전해지고 있는바, "그 생[명]의 규범을 결정하는 것은 전쟁도 아니고 경제도 아닌, 신들 아래에서 아름답게 유희한다는 명령이다. 신들은 축제의 동료들이고 윤무의 지휘자인바, 그 윤무에서 인간은 조화된 가락과 리듬을 통해 우주존재의 원시상태로 함께 되돌려진다."[14] 이 내용은 플라톤이 『법률론』에서 "사람들은 어떤 유희를 — 즉 희생과 찬가와 춤을 생활 본래의 내용으로 삼지 않으면 안 된다. 그리한다면 인간은 신들에 가까워질 수 있으며 그로써 여러 적들을 방비하고 싸움에서 승리를 얻을 수 있을 것이다"라고 아테네인의 입을 빌려 말했던 것이다.[15]

위에 서술한 관계로부터 우리가 알 수 있는 것은 플라톤의 국가가 하나의 '신화적 원시상'으로 그려지고 있다는 것이다. 전체를 통해 '신화'적 직관이 중요해지며 그것이 모든 해석과 서술의 근저에 놓여있다.[16] 그렇다는 것은 본래 플라톤의 철학이 이론적인 체계로서나 형식적인 방법으로서가 아니라 살아있는 '목숨', 생[명]의 정신으로서 파악되고 있음을 뜻한다. 그것은 종래에 오로지 합리주의적·이상주의적으로 줄곧 해석되어왔던 것과는 달리 현저하게 비합리적인 것이자 현실적인 것의 강조이다. 이는 이제까지 플라톤을 서양문화의 기원과 근대적 학문의 시조로 일반적으로 승인해왔던 것에 맞서

---

14 징어, 앞의 책, 225~226쪽; Hildebrandt, *a. a. O.*, SS.350·364.
15 *Nomoi*, 803st. [플라톤, 박종현 역주, 『법률』, 서광사, 2009, 514쪽; 『법률』, 천병희 역, 숲, 2016, 344쪽(이하 박종현 역주본은 '『법률』①, 쪽수'로, 천병희 본은 '『법률』②, 쪽수'로 표시한다. 인용된 문장은 '여가의 선용(善用)'이라는 문맥 속에서 전쟁에 대한 비판과 연이어져 있다: "오늘날 사람들은 진지한 활동의 목적은 여가라고 믿습니다. 이를테면 전쟁은 진지한 일이며 평화를 위해 치러져야 한다고 생각합니다. 하지만 사실 전쟁에는 진정한 놀이나 이렇다 할 교육은 없었고 없으며 없을 것입니다."(『법률』②, 같은 곳)]
16 Hildebrandt, *a. a. O.*, SS.240; Singer, *a. a. O.*, S.68; 징어, 앞의 책, 88~209쪽.

그것과는 근본에서 구별시켜 생각해보려는 것과 같다. 혹은 그것에는 오히려 고대동양적인 것과의 연관을 사고해야 할 계기가 있는 것처럼 보인다. 특히 종래의 나토르프, 코헨 등에 의해 현저하게 형식적·윤리적으로 해명되어 왔던 플라톤, 이른바 신칸트학파의 관점과는 전적으로 다른 새로운 것이다. 근저에서 그것은 본원적인 생[명]의 통일, 정신의 창조의 고양, 이로써 표현되는 근대적 합리주의와 그 문화에 대한 불만으로 보인다.

그렇게 그들은 플라톤의 신화적인 생[명]의 통일적 세계관 속에서 여러 문화들의 통일·결합을 사고하고, 그것을 살아있는 전체성 속에서 포착하고자 한다. 이는 민족적 또는 국민적 공동체의 이상이고 정치적 국가란 그것 이외에 다른 게 아닌바, 국민적인 국가에서 목표로 삼고 있는 것이 바로 종교·도덕·학문·예술 등 모든 가치의 총체인 것이다. 일반적으로 그들은 실로 근대국가의 관념과는 전혀 다른 플라톤의 국가를 통해 인류생활의 완성을 목적으로 하는 완전한 공동체로 삼고자 하는 것이다. 그것은 본원적인 생[명]의 공동체라는 관념이며, 특히 고대 그리스 고유의 국민적 국가관을 계승하고 또 순화시킨 것에 다름 아니다. 즉 그것은 단지 원시국가생활을 향한 동경일 뿐만 아니라 정신적 내면화가 관철되고 철학적 기초가 부여된 것으로 간주되지 않으면 안 된다. 그것은 플라톤이 시대의 힘에 맞서 인류구제를 위해 국민에게 제시했던 국가의 원상이다. 그것은 생각건대 옛날부터 사고되어온 가장 포괄적인 문화국가의 이념이라고 불러야 할, 지식과 미와 선의 통일을 위한 사상인바, 그것을 저들은 근세 합리주의에 의한 분리에 맞선 새로운 문화이상으로 제시하고 있다. 그것은 현대 여러 문화들의 분열과 무정부주의적 상태에 맞서 다시금 생[명]의 통일의 기쁨과 새로운 공동체의 이념을 내거는 일로서, 그 충분한 의의를 길어올리지 않으면 안 되는 것이다. 사람들은 여기서 너무도 극단으로 몰아넣어져왔던 합법칙적 근세문화와 그 귀결에 맞서 태고의 순수하고 새로운 우주생명의 숨결에 접촉할 수 있을 것이다.

이 1장의 서두에서 말했던 것처럼 현대의 위기에 직면하여 사람들이 시대의 전회를 꾀할 때, 그 일에 깊은 근원을 제공한 것이 여기 제시된 새로운 문화와 국가의 이념이었다고 생각된다. 그것을 특히 역설해 시대의 사람들에게 고전의 의의를 다시 보여줬다는 뜻에서 그러한 새로운 일군의 플라톤 연구가 지닌 의도와 노력은 높이 평가되어도 좋은 것이다. 하지만 그럼에도, 플라톤의 세계상을 통해 현대문화에 임하는 그 연구들은 매우 커다란 문제와 위기를 내장하고 있다. 특히 그런 플라톤 해석과 그것을 강조하는 일이 현대문화, 그 중에서도 국가철학에 던지는 문제와 위험은 어떤 것인가. 더구나 그런 위험과 문제에 관계하지 않고도 일반적으로 플라톤이 현대국가의 이론 속에서 중요한 의미와 가치를 가질 수 있는 까닭은 애초에 어떤 것인지 아래에서 생각해보고자 한다.

3. 신화의 해석

어떤 뜻에서 현대는 일찍이 르네상스가 있었던 것처럼 '신화'의 시대라고 부를 수 있을 것이다. 사람들은 모종의 형태로 신화를 요구하고 그것으로써 종래 사유되어왔던 세계를 대신하고자 하며, 그게 아니라면 적어도 신화를 철학적 사유의 근저에 놓으려 한다. 그럼으로써 그들은 시대가 망각해온 오래된 세계를 개시하고 생[명]의 근원을 엿보이도록 한다. 그중에서도 특히 현대 국가의 위기에 당면해 정치적 권위가 문제시될 때 사람들은 건국의 신화로 되돌아감으로써 시조의 나라만들기라는 신성한 기원을 생각하며, 거기서 영원불후의 기초를 구하고자 한다. 이로써 사람들은 근대적 개인주의와 그 문화를 대신하여 고대적인 보편과 그 세계로의 복귀를 원한다. 거기서 우리는 현대에서의 르네상스적 낭만[Roman]주의 정신을 인정할 수 있을 것이다. 이제까지 서술했던 일군의 사람들이 플라톤의 신화적 요소를 고조시키고 그 것과 정치사회의 문제를 결합하는 것은 바로 그런 정신과 운동의 표출이라고 할 수 있다.

그것은 요컨대 본질적인 생[명]의 통일, 세계의 원시형상으로서의 문화의 전체적 통일, 신화적 세계관으로의 복귀에 다름 아니다. 신화가 태고의 몽매함이나 단순한 우화가 아니라 그 국민의 오래된 신앙이며, 또한 그런 까닭에 단지 과거에 속하는 것이 아니라 미래에 관계된 국민의 이상적 계기를 포함하고 있다는 것은 부정할 수 없다. 특히 너무도 주지주의적이고 실증주의적인 경향으로 치우친 현대, 세계와 국가의 순수한 이론기구적인 관찰이라는 점에서 신화에 살펴봐야 할 의의가 존재하는 것도 인정되지 않으면 안 된다. 그러하되, 라인하르트 그 자신도 말하고 있듯 신화는 요컨대 "양육하는 기억"이고 국민으로 하여금 "그 근원에서 상기하도록 만드는" 것이다.[17] 설령 플라톤에게서 외부적인 것이 아닌 내면의 "혼의 신화"일지라도,[18] 그때는 아직 사람들이 아름다움의 정원의 진리 속에서 신들과 함께 천진무구하게 살 수 있는 시대였다. 이러한 사정을 우리의 생각으로 말하자면, 그때는 아직 전前과학적인, 학문구성을 위한 원체험에 속하는 세계이다. 인류의 문화적 노력과 정치

---

17 Vgl. Karl Reinhardt, *Platons Mythen*, 1927, S.159.
18 ebd., S.26. 저자도 게오르게 일파에 속하며, 여러 대화편을 통해 플라톤의 중심을 신화에서 구하면서 논하고 있다.

적 사회건설을 위한 노력의 여정 속에서 우리가 휴식을 발견하고 또 거기서 새로운 생명과 힘을 끊임없이 공급받기는 할지라도, 그 장소가 우리들의 노력이 향하는 표적으로서 인류가 도달해야 할 영원의 집일 수는 없다. 바꿔 말하자면 문화의 시원적인 형상으로서, 또 그런 까닭에 현대의 국민들 사이에 작용함으로써 우리를 가꾸어가는 정신적 토양으로서 갖는 의의가 있다고 할지라도, 그것이 결코 절대영원의 범형으로서 우리가 갖는 이상의 경지일 수는 없는 것이다.

현재 인류문화의 발전과정 속에서, 그리스 이래 인류는 수많은 진전 단계를 경과해왔으며 그 시대들은 각각의 문화를 형성해왔던바, 이는 제각기 고유한 가치를 갖는 것으로서 인정되지 않으면 안 된다. 인류는 그리스 이후로 그것과는 전혀 다른 새로운 세계관을 널리 알렸던 그리스도교와 이에 이어진 오랜 중세의 종교적 문화를 소유하고 있다. 또 인류는 르네상스에서 근세적 의미의 학문과 예술의 탄생을, 나아가 17~18세기 개인 인격의 발견과 자유의 정신문화의 형성을, 더 내려오면 19세기 후반부터 20세기에 걸친 새로운 정치적 사회문화의 대두를 경험해왔다. 그 시대들이 제각기 특유한 세계를 전개하면서 각각 고유한 가치를 갖는다는 것이 인정되어야만 한다. 그 과정에는 결코 그 자체로 모종의 문화적 퇴폐로 간주되어서는 안 되는 것이 있다. 우리는 거기서 인류의 문화적 노력이 갖는 의미와 세계의 '진보'가 갖는 의의에 대해 사고해야만 하는 것이 있다고 본다.

그런데 그것을 뿌리까지 파고들어가 고대적인 신화형상과 원시적 세계관의 부흥을 사고하는 것은 마치 현대에서의 역사주의 혹은 복고주의의 대두와 상통하는 것처럼 보이는 것이 있으며 그 보수적·반동적 지향은 숨길 길이 없는 것이다. 그들이 플라톤의 국가에 대해 이해하는 것은 신화적 원시형상

이외에 다른 것이 아니며, 필경 국민의 본원적 국가생활로서의 생[명]의 공동체 사상이다. 현대 독일의 나치스 등이 내걸었던 정치강령 또는 현실의 행동이 어떠한지는 별도로 하고, 근저에서 요망하는 것에 이르러서는 반드시 위와 같은 정신과 서로 접촉하는 것이 있다. 그리하여, 이미 서술했듯 플라톤에 관한 해명은 현대에 창도된 '전체국가'의 좋은 범형으로서 인간이 그것을 유용하게 쓸지라도 아무 이상한 것은 없을 것이다. 생각건대, 현대에 논해진 '전체국가' 혹은 '권위국가'에 있어 그것보다 더 나은 깊은 정신적 지반을 구할 수는 없는 것일까. 그것에는 본원적인 통일상태로서 여러 문화들보다도 한층더 높은 정도에서 민족 본래의 생[명]의 통일체의 실재와 그것에 대한 국민의 신앙이 전제되어 있다. 따라서 무릇 국가의 가치 또는 그 의미에 대해 질문한다는 것은 이미 존재하는 그런 본원적인 것에의 소박한 신앙의 상실에 대해 이야기하는 것 말고 따로 있을 수 없다. 국가는 지배의 자기실현인 한에서, 그리고 생[명]의 공동체의 실현인 한에서 국가의 목적가치 따위를 질문하는 것은 의미가 없다. 그런데 그것이 문제가 될 수 있는 것은 그러한 본원적 통일이 파괴되고 그것에 대한 신앙이 더 이상 국민들 사이에서 살아있지 못한 것의 증좌로 여겨질 때이다.[19]

이미 보았듯이 정의도 하나의 국가적 감정으로서 비합리적인 생[명]의 공동체의 원리로 해석된 결과, 이제는 국가권력자가 파악하는 카리스마적 권위와 그것에 대한 국민 측으로부터의 신앙에 관계될 뿐이다. 바꿔 말하자면 소수의 지배하는 사람들이 가진 신비적 직관이 한쪽에 있고 그것에 대한 일반 국민의 떠받듦이 다른 한쪽에 있을 따름으로, 사람들에게는 자기 스스로 알

---

19 Salin, *a. a. O.*, S.78.

고 원하는 것이 아니라 지배자가 정해놓은 신조에 대한 절대적 복종이 요구될 뿐이다. 이 지점에서 플라톤에 관한 해석의 비합리주의는 극한에 이른다고 볼 수 있다. 그리하여 인간의 자유는 국가공동체의 지배원리 앞에서 소실되며, 거기서는 다만 지배하는 한 사람 또는 소수의 자유만이 있을 따름이다. 그 것은 비인격적이며, 지적 직관과 종교적 신비로 된 귀족주의이다. 아니, 국가는 그것을 통치하는 성스러운 철인왕哲人王조차도 피할 수 없는 한 개의 강제적 권위로서 우뚝 나타난다.[20] 현대 '독재정치'의 이론이 요망하는 것, 또한 그것이 귀착하는 곳도 필경 그런 국가와 상통하는 것이 있다. 곧 정치적 비합리성에 신비적 비합리성이 결합되어 주장되는 것이다. 신화의 가치를 고조시키는 것이 정치적 권위의 문제에 얼마나 중요한 역할을 맡는지는 더 논할 것까지도 없을 것이다.

그러한 국가와 그 권위의 정초란 가장 광범위한 의의에서 '국가주의'의 사상이다. 여러 문화들 고유의 가치생활은 승인되지 않으며 근본에서 통일상태로 환원되고, 게다가 그런 전체가 정의의 관점에서 포착됨으로써 정치적 사회가치가 전면으로 밀어내지고 다른 모든 가치생활이 그로써 종합된다. 그것은 학문과 예술만이 국가권력에 종합된다는 것이 아니라 의심의 여지없이 모든 인간생활이 국가 속에 흡수된다는 것을 뜻한다. 인간일 수 있는 것은 국가적 권위 아래서만 가능한바, 각자가 진리와 아름다움의 세계에 참여하는 것은 국가를 통해서만 행해질 따름이며 그렇게 국가공동체가 도덕의 이념을 대표하고 사람들은 국가에서 비로소 인격이 될 수 있다. 뿐만 아니라 종교의 세계조차 오로지 땅의 의미에서 이해되며, 신의 나라는 국가 너머가 아니라, 아

---

20 Wilhelm Windelband, *Platon*, S.160.

예 국가 그 스스로가 신의 나라의 실현임을 뜻하게 된다. 거기서 세워지는 것은 하나의 '국가종교' 또는 고대적인 '민족종교'의 이념이고, 인간영혼의 영원한 구제란 이 땅의 국가 바깥에서는 나오지 않는, 나와서는 안 되는 것이다. 종교의 차안적·현실적 의미의 강조가 정치적 국가의 신비화로 끝나는 것은, 생각건대 필연적인 것이라고 하지 않으면 안 된다.

그러한 세계관은 아무리 그것이 신비적인 빛과 생명으로 충만한 것일지라도 인류문화의 사상 — 현대가 나아가야 할 표적일 수는 없을 것이다. 또 근대국가가 많은 결함과 오류를 내포할지라도 그것을 위와 같은 국가관을 통해 대신하는 일은 불가능할 뿐만 아니라 그것 자체로 큰 위험을 내장한 것이다. 그것이 현대문화와 국가에 대한 비판으로서 갖는 소극적 의의에 관해서는 살펴할 것이 있을지라도 적극적 의의에서는 반[정]립과 혼동 이외에는 없을 것이다. 그런 뜻에서 현대에 외쳐지는 국가의 '위기'라는 것은 현대국가 자신의 안쪽에 있는 것이라기보다는 오히려 위와 같은 문화와 국가관의 제창 그 자체에 있는 것이라고 생각된다. 무릇 이와 같은 시대의 동요는 현대문화의 의의와 발전에 대한 회의적 태도에 기초한 것이라고 하지 않으면 안 된다. 아니 그들은 종교 및 국가를 포함하여 문화 그 자체에 대한 근본적 항의를, 나아가 '가치의 전도'를 희망하는 것이다.

그런 관계 속에서 저들 일군의 플라톤 학도들에게는 분명히 니체와 공통되는 것이 있는 듯하다. 근대에 신화의 의미를 깊게 이해했던 이는 니체일 것이다. 그에게서도 "제각각의 문화들은 신화 없이는 그 건전한 창조적 자연의 힘을 잃는다. 신화로 에워싸인 권역에서 비로소 문화의 운동 전체를 통일시킬 수 있는 것이다. (…중략…) 신화의 여러 형상이란 알 수 없을지라도 언제나 존재하는 수호자이기에 그것의 비호 아래서 젊은 혼은 성장하며 그 상징에서 사람들은 스스로의 생명과 힘을 안다. 그리하여 설령 국가라고 할지라도 신화의 기초보다 나은 **좀 더** 강력한 불문의 법칙을 알지 못하며, 그런 신화의 기초에 설 때 국가와 종교의 관계 및 신비적 표상으로부터 국가의 탄생이 보장되는 것이다."[21] 즉 과학적인 개념 속에서가 아니라 신비적인 신화 속에서야말로 그 최고의 본질이 게시되며, 정치적 국가의 본질도 실제로는 그러한 신화의 세계에 의해 천명될 수 있다는 것이다. 그리고 니체는 그것을 올림푸스 신들의 세계, 헬레네스[그리스인들]의 창조 신화에서 구하는 것이다.

언뜻 니체 자신은 소크라테스와 플라톤을 비난한 것처럼 보임에도 그들 안쪽에서 작용하는 생[명]의 힘, 그 신적인 [형]상, 그것으로써 새로운 시대의 창시자이고자 했던 그들의 정신에 이르게 되는바, 그때 그것은 바로 니체 스스로가 숨차게 구하고 있었던 것이다. 근대의 합리주의적 정신과 그 문화의 파괴를 외치며 비합리적인 생[명]의 욕구로서 '목숨[命]'의 세계를 바라고, 범속한 인간성의 극복을 제창하면서 창조적인 인간, 초인의 이상과 그 실행의 정신을 내걸었던 것은 그런 니체였다. 그렇게 함으로써 대중의 지배를 배제하고 전적으로 '최상위자의 지배'의 권리, '권력을 향한 의지'를 주장하면서 일체의 모든 피안적인 것을 밀어내고 차안적인 것과 땅地적인 것의 신성을 논했던 것은 그런 니체였다. 이로써 니체는 근대의 혼돈에 빠져있는 노년기의 문화를 다시금 젊은 청년시대의 정신으로 되돌리고자 했고 근대적 진보의 사상에 대해 원시적 이상상태로의 복귀를 갈망했던 것이다. 저들 새로운 플라톤 학자들 모두가 힘써 니체에서 범형을 구하고 그를 우러러 칭송한 것은 결코 우연이 아니다. 진실로 니체 그 사람에 의해 오래된 가치의 파괴, 세계관의 일

---

21 Friedrich Nietzsche, *Gesammelte Werke*, III. SS.153~154.

신이 기도되었던 것처럼, 그들은 지금 그들의 플라톤 형상에 기대어 근대정신의 극복과 시대의 전환을 지향하고 있는 것이다. 적어도 그것을 시사하는 것이다.

그러한 주장에는 근저에서 '학[문]'에 대한 혐오, '지식'에 대한 멸시의 태도가 잠복해있다. 낭만적인 생[명]의 비합리성에 대한 요구와 그 신화주의는 거기서 유래하는 것이다. 그런데 우리가 현대문화의 분산과 혼돈에 대해 새로운 결합점을 요구하는 것에 있어, 문제는 그것이 어떻게 종합되고 결합되는가라는 그 **방법**에 있는 것이다. 그런 종합의 이론과 구조는 반드시 그 종합의 기초이지 않으면 안 되며, 확연한 인식론적 근거 위에 설 때에만 비로소 그러한 형성과 통일의 가능한 길이 열리는 것이다. 현대철학의 새로운 흐름들이 모종의 의미에서 그러한 통일·결합을 구하고 있으며, 그것들 중 어느 것도 그 방법의 엄밀성 혹은 구체성을 주요 문제로 삼고 있는 것이다. 그런데 그저 '시화적詩話的'인 본원적 통일, 생[명]의 전체적 공동체 사상을 통해 그렇게 하고 있다는 것은 결코 문제의 해결일 수 없다. 아니 반대로 니체 그 사람이 그랬던 것처럼 마신적인(데모니슈) 예술적 충동이 지배적인 위치를 점하고 확고한 기초와 중심적인 지지점을 결여한 결과, 결국에는 비극적인 니체주의의 운명과 동일한 것으로 생각이 미치는 것이다. 우리는 니체가 그의 천부적 재능으로 궁극에서는 여전히 일종의 자연주의적 세계관에 빠졌던 것처럼 국가생활에 관해서도 일종의 정치상의 자연주의인 권력주의로 복귀했던 것을 고려하지 않으면 안 된다. 독일·나치스의 무리가 니체에 호소하는 것은 그들의 가슴속에 움직이는 시대의 일신의 요구에 근거함과 동시에 그 귀결에서 실제로 그러한 니체적 사상의 계기를 품고 있는 까닭이라고 생각된다. 그리고 현대에 니체 부흥과 동시적인 플라톤 부흥 ― 특히 게오르게 일파가 행하는,

니체의 정신을 통해 플라톤에 대한 이해를 고조시키는 것 또한 마찬가지의 위험과 문제가 있다고 할 수 있는 것이다.

4. 플라톤의 비판적 의의

현대 플라톤 부흥의 성질과 그것에 얽힌 위험이나 문제에 관해서는 위에서 서술했던 것과 같지만, 플라톤이 갖는 의의는 오히려 다른 데에 있다고 할 수 있는 것이다. 그것은 무엇보다도 그가 단순한 고대적 시화와는 달리 인식의 최고원리를 설명해 보였다고 여겨지는 지점이다. 그것은 저들이 플라톤을 두고 역설하는 신화적 및 정치적 성격보다는 오히려 근본에서 디알렉틱한 철학적 사유요소이다. 그리고 그것을 올바로 이해한 이는 다름 아닌 칸트이다. 그에게서는 느끼고 의욕하는 하나의 인간상, 아니 고대 그리스 국민이 신성화한 위대한 영웅적 입법자나 국민적 종교의 창시자로서보다도 오히려 하나의 '고귀한 철학자'로서, 그 형이상학의 체계적 사유가 거론된다. 그런 칸트의 이해가 과연 플라톤 자신이 현실에서 의도했던 것인지 아닌지 혹은 플라톤 그 사람의 전모인지 아닌지는 여기서 질문할 바가 아니다. 중요한 것은 칸트가 플라톤의 이데아를 선험성으로서 포착하고, 이로써 '물자체의 원형'이라는 것의 의미를 비로소 명확히 했다는 점이다.[22] 칸트가 말하는 '선'의 이데아의 세계는 역사적·경험적 세계를 훨씬 초월하면서도 또한 객관적 실재성을 갖는 바, 그런 까닭에 결코 원시적인 시화 혹은 단순한 공상의 세계가 아닌 것이다.

---

22 Kant, *Kritik der reinen Vernunft*, 2. Aufl., S.370.

우리가 고대적인 신화에 관하여 의미를 길어올릴 수 있는 이유도 오직 그러한 칸트의 이념에 의한 것이다.

소피스트, 소크라테스가 발견한 인간의 관념으로부터, 더 나아가서는 우주 만유의 권역 내부로 돌입하여 일체를 포괄하는 광대한 세계의 형이상학적 구성을 부여했던 것은 실로 플라톤이었다. 그런 뜻에서 형이상학의 창시자로서 플라톤이 갖는 의의는 매우 깊은 것이라고 하지 않으면 안 된다. 그가 그저 그리스 세계를 완성했을 뿐만 아니라 동시에 그 이후 유럽의 세계에 마주해 살아남았던 것은 그런 까닭에서다. 플라톤의 새로운 연구자들이 즐겨 플라톤과 유럽, 특히 그리스도교적 문화를 분리시키고자 함에도, 위와 같은 점에서 플라톤은 다름 아닌 서양문화의 정신적인 근원으로서, 그 학문·철학의 개시자인 것이다. 뿐만 아니라 근본에서 여전히 구별해야만 하는 것이 있지만, 헤브라이에서 나온 그리스도교에 대해서조차도 좋은 정신적 지반을 제공함으로써 곧잘 그 사상적 선구자일 수 있었던 것이다. 플라톤은 고대세계에서 그리스도교의 신의 자리를 가질 수 있는 유일한 철학자였다고 할 수 있는 것이다.[23]

다른 한편 최근 그들의 연구를 계기로 혹여 거꾸로 플라톤과 동양적 신화 세계의 관련을 생각하는 이가 있다면, 그것은 위의 관점에서 문제시되지 않으면 안 된다. 즉 그 둘이 본질에서 구별되어야 할 중요한 요소라는 것도 전적으로 플라톤의 변증법적 사유방법에 있어서이다. 대체로 동양 고대의 여러 국민들 대다수는 비합리적 신비의 세계에 멈춰있으며, 나아가 [사]물의 원인이나 기원의 탐구, 혹은 인간과 세계의 질서에 대한 설명과 분석 같은 것은 그 자체로 신성한 것에 대한 일종의 모독으로 사유되었던 것이 상례였다. 이것

---

23 Vgl. Eduard Zeller, *Vortrage und Abhandlungen*, SS.80~82; Windelband, *a. a. O.*, S.161.

과 대비되는, "그것이 어느 곳으로 데려갈지라도 로고스를 쫓아가려는 게 아니겠는가"가 플라톤의 표어였다.[24] 그렇게 그것은 또한 그리스인을 다른 고대민족과 분리시키는 특징이 되는바, 주관적 성품이나 창조적 정신보다는 두드러지게 지식에 대한 사랑을 구하고, 사물을 여실히 바라보며, 그로써 사물 본래의 의미와 그 상호 간의 관계에 대해 아는 것을 사명으로 삼았던 것이다. 거기에 아무리 많은 잘못이 따르고 있을지라도, 그리스인들의 두려움 없는 지력과 자유로운 상상력은 여러 방면에서 동양의 세계와는 확연히 분리되어야 할 고유의 문화를 만들어냈다. 현대에 이르기까지 그리스가 가진 문화적 의의는 실로 그러한 주관적 정신 및 합리적 정신에 있다고 인정되지 않으면 안 된다. 그런 사정을 무엇보다 명백히 잘 밝히고 있는 것이 다름 아닌 플라톤의 『폴리테이아』이며 그 국가론이라고 생각한다.

애초에 플라톤이 '이데아'를 통해 세계의 전체상을 사고했던 것은 그럼으로써 세계의 정신적 본질을 천명하고자 했기 때문이다. 그렇게 그가 이데아론에 의해 세계의 전체와 맺는 연관으로부터 인간사회생활의 규범을 세우고자 했던 것은 국가의 세계관적 정초를 시도한 것이라고 할 수 있을 것이다. 바꿔 말하자면 그는 국가의 본질 문제를 '정신'의 본질 문제와 결합하여 사고했던 까닭에 전체의 문제 해결을 '세계'의 정신적 본질의 근본결정에 관련시켰던 것이다. 그렇게 국가관과 세계관을 분리불가능하게 결합시켰던 점에서 그

---

24 *Nomoi*, 667st. [인용된 문장은 판단의 근거로서의 '즐거움'이라는 문맥에서 나온다. 국역본의 번역 문장들과는 약간 뉘앙스가 다르다: "만들어진 것이 이로움이나 진실을 제공하는 것도 또는 유사성을 제공하는 것도 아니고, 또한 해로움을 가져다주는 것은 물론 아니고, 오직 다른 것들에 수반하는 바로 그것만을 위해서, 곧 기쁨을 위해서 생기게 되는 것에 대해서만 판정하는 것이 말씀입니다."(『법률』①, 192쪽); "즐거움은 어떤 유익함도 참도 유사성도 해악도 산출하지 않고 다른 것들에 수반되는 기쁨의 요소를 위해서만 산출되는 어떤 것을 판단할 때에만 적절한 판단 기준일 것입니다."(『법률』②, 105쪽)]

에게 위대한 '국가철학'의 창시자라는 위치가 허락되어야 한다. 이는 흔히 말해지듯이 결코 무체계적인 단순한 '생[명]'의 표현이라거나 '시화적' 구상이 아니라 다름 아닌 하나의 형이상학적 체계로서 논할 수 있는, 그렇게 논하지 않으면 안 되는 것이다.

플라톤의 국가론이 그리스 본래의 전통적 국가관 그 자체와 다른 이유도 실로 그런 국가관에 대한 그의 철학적 사색에 기초해 행해진 내면적 심화에 따른 것이다. 그는 선의 이데아에 근거하여 정의를 문제시하고, 그럼으로써 국가의 이념과 완전국가의 조직을 그렸던 것이다. 그 경우 플라톤 자신은 그렇게 그려진 국가를 본디 과거의 어떤 세계에서도 역사적 실재를 가졌던 것으로서 사고하지 않았으려니와 또 장래의 때의 경과 속에서 어떤 국토 위에 실현되어야 할 것으로서 상상했던 것도 아니다. 이 점에서 그의 국가는 원시적인 고대국가의 재현이나 후세에 그를 모방했던 많은 구상들 속에서의 공상국가나 국가소설류와는 본질적으로 다른 것이다. 그렇게 현실적으로는 달성이 불가능하지만 그 위에서 달성을 향한 끊임없는 실천적 노력의 표적으로서 이데아가 갖는 의의가 어디까지나 강조되지 않으면 안 된다. 플라톤의 국가를 모든 국가의 '원형'이라고 부를 수 있는 것 또한 그런 뜻에서이다. 완전한 이념에 관하여 역사적 경험의 대상이 되는 것은, 칸트의 해석에 따르면 그저 단순한 '예증'에 지나지 않으며, 무릇 사람들이 가치에 대해 비판하는 것은 그런 완전한 이념에 따른 것이고 그 이념은 도덕적 완성을 향한 접근을 사고할 때에 반드시 근저에 놓이는 것이다.

그러한 높은 통일적 관점과 더불어 플라톤의 국가론에서 중요한 것은 그 '이원주의'적 사유요소이다. 그의 이데아론이 위대한 조화와 통일의 구조로 된 것임에도 이원적 분리는 숨길 수 없이 남는바, '에로스' 본래의 개념을 통해서도 그 간극을 어찌해볼 수 없는 것이 있다. 특히 그것은 실천적 영역에서 현저하게 드러나는바, 그의 윤리 사상에서의 강점이 조화의 측면 외에 실제로는 현실로부터의 초월적 요소에 있기 때문이다. 즉 거기서는 윤리적 당위의 성격이 어디까지나 보유되고 있으며 그로써 인간의 실천적 행위에 이르는 규율·법칙이 최후까지 확보되고 있다. 그에게 '법칙' 또는 '싸움'은 흔히 말해지듯 간신히 이차적인 위치를 점하고 있는 것이 아니다.[25] 이상과 현실이라는 이원적 요소의 영원한 분리에 구애됨 없는, 그런 이원적 요소의 극복을 향한 끊임없는 싸움에서야말로 통일과 조화가 인정되는 것이다. 이념은 '주어진' 현실의 사실이 아니라 어디까지나 '부과된' 이성의 영원한 표적이지 않으면 안 된다. 그의 『국가론』과 『법률론』의 기조는 결코 그런 사정 바깥에서 나오지 않는 다. 그런 까닭에 그것들이 신비적인 장막[26]으로 숨겨지는 것의 위험에서 벗어날 수 있으며, 그 점에서 저 신화적 국가와는 영구히 구별되어야만 하는 것이 있다. 우리가 여기 플라톤에게서 후세의 '이상주의' 국가철학의 참으로 탁월한 최초의 범형을 발견한다고 감히 주장할지라도 그것이 지나친 말이 되지는 않을 것이다.

플라톤이 말하는 '이데아'로서의 국가란 칸트적 의미에서 비로소 국가의 '원형'이며, 따라서 인류영원의 과제로 세워졌음에 무한한 의미가 있다는 것이 명확해졌다고 본다. 그러나 그 국가론의 내용에 대해서는 시대의 많은 제약을 피할 수 없이 고대사회의 국가, 특히 그리스의 도시적 국민국가가 반영된 형상에 다름 아니며, 여러 학파들이 강조하듯이 신화적 요소를 다분히 포함·섭취하고 있음은 의심의 여지가 없다. 그런데 여러 문화들 각 영역의 독

---

25 Vgl. Singer, *Platon und die europäische Entscheidung*, S.32.
26 [원문은 帷幕. 전쟁에서의 전략과 기밀을 다루는 막사, 숨겨진 장소]

립된 발전을 수행해왔던 현대에 문제가 되는 것은 그러한 각각의 문화 고유의 가치생활을 인정하고 그런 연후에 그것들의 종합을 어떻게 가능케 할지를 묻는 것이어야 한다. 앞서 보았듯이 플라톤 자신에게서도 제각각의 가치가 혼돈되게 융합되고 있는바, 그것은 오히려 [사]물의 시원적인 통일 외에 다른 게 아니다. 결코 각각의 문화가 가진 고유한 가치의 승인 위에서 행해진 통일과 종합은 아닌 것이다. 현대의 급무는 우선 정치적 사회가치의 확립에 있다. 그것은 다른 여러 문화생활과의 연관에서 정치적 국가생활이 어떤 위치를 점하는지에 대한 질문이고, 정치적 가치가 문화가치들 사이에서 어떤 관계를 맺는지의 문제이다. 그렇게 함으로써 우리는 플라톤 같은 종교와 정치의 뒤섞임, 학문과 국가권력의 결합, 요컨대 포괄적인 절대적 국가주의의 귀결로부터 벗어날 수 있는 것이며, 또 벗어나지 않으면 안 되는 것이다.

이는 플라톤이 말하는 개인과 국가의 관계에 대해서도 마찬가지로, 그것은 개인 인격의 관념을 문제로 삼아 비판적으로 재구성하지 않으면 안 된다. 이는 이미 플라톤 직후 아리스토텔레스 이래의 문제이며 플라톤 국가철학의 근본적 결함이다. 정치에서는 더 이상 플라톤의 철인정치와 같은, 특히 게오르게 일파가 역설하는 것과 같은 한 사람의 위대한 영웅상이 지지점이 되어선 안 된다. 그러한 국가는 한 사람 또는 소수의 사람들이 가진 자유에 관해서는 곧잘 말할지라도, 인간의, 따라서 국민의 자유에 관해서는 그런 여지가 없는 것이다. 이 점에서도 우리는 칸트의 이해에서 출발해야만 할 것이다. 그는 플라톤의 국가이념을 "사람들 각각의 자유가 타인의 자유와 함께 존립할 수 있도록 작용을 가하는 법칙, 그것을 따르는 인간 최대자유의 헌법"으로 이해한다. 생각건대 칸트에게 그것은 국가의 "원형"이었으며, 설령 그러한 헌법이 실현될 수 없을지라도 인류는 그것을 기준으로 자신의 국가제도를 가능한 한

근접시켜가지 않으면 안 될 이념이었다.[27]

　이와 같은 것은 칸트가 플라톤의 이념을 실천적인 것에, 따라서 '자유'에 관계시켜 이해했기 때문인바, 그것에 이성 고유의 인식이 근거가 되고 있음은 두말할 필요가 없다. 플라톤 철인정치의 원리에 중핵인 이성의 지배는 이제 한 사람 또는 소수의 사람들이라는 특수계급의 지배가 아니라, 이성적인 것으로서 무릇 인간의 사회공동생활의 원리이지 않으면 안 된다. 참된 도덕은 인간 이성의 통찰, 그 자유로운 확신에 의해 가능하며 참된 정치적 행동도 마찬가지로 학적 인식에 기초할 때 가능하다고 가르친 것은 그런 칸트 자신이었다.[28] 거기서 플라톤의 '에로스'는 무엇보다 근본에서 무릇 로고스를 향한 이성적 존재자의 무한한 사랑이지 않으면 안 된다. 그럴 때 정의국가는 그 자신 초국가적·초민족적인 로고스의 지배를 뜻하며, 거기에 정치적 합리주의가 정초되는 계기가 있다. 그리고 그런 이성의 정치원리를 세웠다고 볼 수 있다는 점에 플라톤 정치철학의 깊은 뜻이 있는 것이다. 정치는 결코 시예술과 같이 소수의 천재가 행하는 창조적인 일이 아니라 어디까지나 사회공동생활에서의 모든 인간의 자유에 관계되는 일의 형편인 것이다. 그런 뜻에서 깊은 의미를 갖게 되는 '합리'적 정신과 '자유'의 정신은 실제로는 그리스 세계로 하여금 동양적 신화의 세계와 분리되게 하는 표식인 동시에, 또 플라톤의 『국가론』에서도 중요한 요소를 이루는 것이다.

　처음부터 우리는 칸트에 머물러선 안 된다. 그가 이데아를 이해할 때 무엇보다 우선 주관적 선험성에서 세워진 형식적 원리를 어떻게 객관적 현실과 결합시킬 수 있었는지, 또 개인자유의 인격을 전체적 공동체의 가치와 어떻게

27　Kant, *a. a. O.*, S.373.
28　Vgl. Zeller, *a. a. O.*, S.88.

연관시킬 수 있었는지의 문제는 거듭 전개되어야 할 질문일 것이다. 그러나 무릇 근대개인주의의 문화와 그 국가에 대해 어떠한 형식에서 보편이 성립되든지 어떤 방법에서 전체와의 관련이 고려되든지 간에 그것이 칸트가 구성한 인식론적 기초와 비판적 방법 위에서 행해지는 것이 중요하다. 현재의 신칸트학파는 말할 것도 없고 헤겔적 변증법철학 혹은 해석학 내지 현상학 그 모두가 그런 칸트적 방법과 기초를 고찰의 중심으로 삼고 있는 것이다. 이 문제를 고전적인 신화로의 복귀 속에서 억지로 그 철학적·이념적 의미를 재현하여 해결하려는 것은 학[문]의 발달을 위해, 또한 정상적 국가의 발전을 위해 경계해야 할 일이라고 본다.

그런 점들에서 플라톤의 철학과 그 국가철학에는 충분히 비판되지 않으면 안 되는 것이 있다. 그를 역사에서 찾을 수 없는 위대하고 유일한 철인으로서 일체의 비판과 해부 바깥으로 넘어가게 하고, 영원한 신의 형상으로 보려는 것은 플라톤 그 사람의 우상화에 다름 아니다. 그러한 것은 거꾸로 그의 위대한 정신의 사멸을 가져오는 것으로 결코 그 정신의 존속을 위한 이유가 아닐 것이다. 오히려 역사 발전의 관련 속에 넣어 편성함으로써 그가 정당하게 점해야 할 위치와 남겨진 문제가 어떤 것인지를 아는 일이 그의 불멸의 정신 및 지식을 향한 불변하는 사랑의 발전이라고 생각한다.

사정은 그저 플라톤과 서양에 관한 것에 국한되지 않는다. 최근 우리나라에서도 메이지 이래로 융흥한 서양사조에 대한 반성으로 일본정신 혹은 동양정신으로의 복귀가 외쳐지고 있다. 그것은 민족 고유의 역사를 돌아보고 그 탁월한 문화의 보존·지속을, 특히 전통적인 전체적 국가공동체 사상의 유지를 주장하는 것이다. 거기서 민족의 고대적인 신화가 갖는 가치의 강조, 혹은 고전의 의의에 대한 반성이 다양한 방면에서 대두하고 있는 것은 당연한 사실·현상이다. 동시에 종래 서양문화에 관해서도 근대적인 것에 대한 추수에만 바빴고 그 연원에 대해서는 소홀했던 우리나라의 사상계에는 플라톤 연구, 특히나 그 시화적·기념비적 해석만을 맞아들일 소지가 있음은 극히 알기 쉬운 사실이다. 이에 대해서는 현대 국가들에서, 그러니까 우리 일본에서도 유행하고 있는 니체 부흥의 목소리와 나란히 생각할 때 사람들은 짐작하고도 남음이 있을 것이다. 우리나라만이 아니라 현대 국가들에서 그러한 경향들은 각기 살펴봐야 될 의의와 이유를 갖는 것임에도, 여전히 그러한 주장과 운동에는 충분히 비판을 가하고 반성하지 않으면 안 되는 것이 있다는 사실은 플라톤의 문제에 대해 서술했던 바와 같다.

하지만 우리나라의 그런 사상 운동의 현상에 대해서도 다른 한편으로 플라톤의 정당한 파악과 이해는 문화적 노력의 방향을 결정하는 데에 큰 기여를 할 것이다. 말의 깊은 뜻에서의 합리적 정신과 자유를 향한 의지가 그것이다. 메이지 이래 갑자기 접촉·수용했던 이른바 근대적 학문의 건설이 아직 얼마 되지도 않았음에도 그 길에서 돌연 민족 고유의 역사적 문화를 강조하고 거꾸로 세계 문화에 눈을 닫아버리는 것은 이미 학적 사색으로부터의 도피를 말하는 것 외에 다른 것일 수 없다. 거기서는 '학문'을 대신해 '신앙'이, '체계'를 대신해 '시화'가 설파되기에 이를 것이다. 그래서는 일국문화의 존속과 진보가 아니라 거꾸로 그것의 정지와 쇠퇴를 부르게 될 것이다. 문화의 진보는 어느 국가에서도 끊임없는 발전·계속으로 사고되어야만 하며, 그것을 위해서는 자기부정과 초극이 항시 행해지지 않으면 안 된다. 이는 특히 그 나라의 역사가 오래되면 오래될수록, 그 포함·섭취하는 문화의 내용이 풍부하면 풍부할수록 한층 더 중요한 것이지 않으면 안 된다. 단순한 역사주의는 일종의 상대주의 이외에 다른 것이 아니며 그 최초의 기대와는 오히려 반대의 귀결로 인도되기에 이를 것이다. 일국문화의 이념이란 그저 역사적 문화만이 아니라 역사를 통해 끊임없이 창조되어야 하는 새로운 정신에서 존재하는 것이다. 이는 본래의 일본정신이 갖는 의의이며 또 우리가 건설해야 할 새로운 일본문화의 이념이지 않으면 안 된다.

그 경우, 오랜 역사의 여정에서 민족 제각각의 역사적 특수성을 어떻게 보편적·인류적인 것과 관계 맺도록 할 것인가, 주어진 현실을 통해 어떻게 이성의 당위를 실현할 것인가는 '학문'에서와 마찬가지로 '정치'에서의 근본문제이다. 그때 정치적 진리로서의 '정의'는 모든 국민과 국가가 향해가야 할 이념이지 않으면 안 된다.

제2장
그리스도교의 '신의 나라'와
플라톤의 이상국가

1. 플라톤 이상국가의 문제사적 의의

　서양문화의 시원으로서 또 인류의 오랜 소유로서 광휘를 발하는 그리스의 문화는 기원전 5세기 전반부에 이미 한번 그 정점에 도달했던 듯하다. 그 화려했던 문화의 융성을 가져온 것은 아테네 혹은 스파르타에서와 같은 다양한 '도시국가polis'생활이었다. 원래 그리스의 국가에서 위정자나 입법자의 임무는 그저 존재의 계속과 질서의 유지가 아니라 끊임없는 창조에 있고, 또 아름다움이 좀 더 높은 아름다움을 만들 수 있는 능력을 지킴으로써 생명의 깊은 안쪽 아궁이가 공동사회에서도 항시 활활 타오르고 있기를 바랐던 데에 있다.[1] 그것은 국가생활을 모든 선한 것과 아름다운 것을 포괄하는 생[명]의 공

1　クルト・ジンガ一, 清水武 訳, 『プラトーン』, 35쪽 참조

동체로서 인식하려는 것이며, 나아가 문화와 정치적 국가생활 간의 본질적 통일의 사상이다. 그러한 것은 여러 고대민족들에서도 보이지만, 그리스인의 특질은 그들 다른 민족보다 탁월하여 그것을 국민의 자각적인 창조의 기량으로까지 높였던 데에 있다. 그러한 것으로서 국가란, 스스로 독립한 인격 — 각 사람들이 구성원으로서 제각각 존재와 의의를 가진 전체가 되며, 그 속에서 사람들은 모든 것을 도시국가에 바칠 것을 요구받았고 또 그들 스스로가 그것을 즐겨 행했던 것이다. "아테네인이 아테네를 위해 만들어졌던 것이지 아테네가 아테네인을 위해 만들어진 것은 아니다"[2]라는 페리클레스의 말은 그리스의 전성기에 국민의 신앙이었던 것이다.

그런데 그렇게 번성한 국민정신문화와 국가생활에도 이미 붕괴의 운명이 기다리고 있었다. 그것은 기원전 5세기 후반 그리스가 이른바 '계몽'의 시대에 들어갔을 때이다. 인간이 자기 자신에게 눈뜨고 자기 바깥의 모든 사물·현상에 대해, 곧 과거에 있어왔던 역사적 문화 일반에 대해 보낸 회의 혹은 부정이 그 정신이다. 전통적인 국가생활과 종래의 전체적인 국민생활에 대한 반성과 혁명이 그 결과로서 초래됐던 것은 필연의 현상이었다고 하지 않으면 안 된다. 아니, 거꾸로 말하자면 그리스인의 역사적 문화 및 국가공동체에 대한 그런 회의 또는 부정의 정신은 이미 당시 그리스 고유의 국민적 국가생활 그 자체의 분열과 실제 민중정치가 보인 퇴폐의 결과라고도 할 수 있다. 소피스트들이 나와서 그 새로운 시대의 지식이 되고 그것이 그런 사회의 현실상에 대해 이론적 근거를 주었으되 거꾸로 그것이 퇴폐를 촉진시켰던 때가 그 시대였다.

---

2   Ernst Barker, *Plato and his Predecessors*, 1918, p.27에 의거함.

그 결과는 예전과 같은 애국의 정열과 문화의 의식이 소실되어 사람들로 하여금 단지 각자의 이익과 행복의 획득을 쫓아가도록 했을 따름이었다. 이제 '인간이 만물의 척도'가 되며, 그렇게 주관적·상대적인 정신과 공리적功利的 내지 유물적 인생관이 세상을 지배하게 되는 것은 결코 우연이 아니었다. 종교는 도덕과 마찬가지로 국가생활을 위한 이용의 동기로부터 위정자에 의해 만들어진 것으로 사고되고, 정치생활에서도 무릇 보편적인 것이란 존재하지 않으며, 그저 각 개인의 주관적 자의와 기껏해야 그들 상호 간의 타협만이 타당한 것으로 취해졌다. 국가에 정의의 관념은 없는바, 혹여 그런 정의가 있다고 한다면 그것은 약자들 사이에서 만들어진 것에 지나지 않는 것으로, 참된 정의란 오히려 강자의 본원적인 자연의 권리에 깃든다고 주장되었다. 역사적 문화 일체의 그러한 파괴와 전체적인 국민공동체의 의의의에 대한 부인은 실제정치의 부패와 더불어 그리스의 국민정신문화와 국가생활에 바야흐로 일대 위기로 다가왔다.

그와 같은 시대정신의 혼란과 국가의 위기 한복판에서, 참된 식견과 통찰에 기초해 인생과 세계의 전체를 통일하는 새로운 문화이념을 설립함과 동시에 정치의 근본개혁을 의도하고 국가생활에 정신적·객관적 기초를 부여한, 그럼으로써 그리스를 그 전성기로 복귀시키고 인류에 불변하는 이상을 제시하고자 했던 것이 플라톤 불후의 노작『국가론*Politeia*』이다.[3]

소크라테스가 벤디스 축제에서 돌아오는 길에 친구의 집에 초대받아 흡사 시대의 정신을 표상하는 듯한 여러 사람들과 다채로운 회합에서 시도한 대화 형식으로 전개돼가는 예술미 깊은 그 책을 통해 플라톤이 그려내고자 했던 것

---

3   플라톤의 국가론이 작성된 이러한 동기와 그 사상적·사회적 조건에 관해서는 제1장 13~15쪽 참조

은 '정의dikaiosynē'란 무엇인가의 문제로부터, 나아가 이상국가 또는 완전국가 조직에 대한 논구였다.[4] 거기서 고찰된 국가조직에서의 개별 제도 자체에 지금 우리의 문제가 있는 것은 아닌바, 우리는 그것들을 관통하는 정신으로서 이른바 '이상국가'의 원리를 독해하려는 것이다. 그런 개개의 제도 ── 저 철학자·전사 및 일반서민으로 된 신분적 계급국가의 조직이라고 말하는, 혹은 재산만이 아니라 부인이나 아이들까지 공유하는 것과 같은 현저하게 극단적으로 보이는 제도에 대한 고찰까지도 하나하나 깊은 도덕적 정신의 내면에서 흘러나오지 않는 것은 없다. 외적인 권세나 이해관계의 투쟁장 안쪽이라고 할 정치생활, 그중에서도 당시 부패의 절정에 이르러있던 그리스의 국가생활을 변경시켜 정치적 국가를 높은 도덕적 질서로까지 고양시키고자 했던 것이 이 탁월한 철학자의 깊은 의도였다. 그런 까닭에 참으로 사회공동체 결합의 끈이 되는 정의의 정신을 계발하기 위해 무엇보다 진리와 올바름/선善에 이르는 길을 가르치는 교육이 이 국가의 최대임무가 되는바, 아니 국가 그 자체가 하나의 '교육국가'가 되었던바, 이는 우리가 이해하기 어려운 게 아니다. 그리하여 국가의 기능 전체가, 아니 국가 자체가 전적으로 새로운 정신에 의해 구축되고 도덕이 그 지반이 될 때, 사회는 전체로서의 질서와 조화를 발견하고 인류는 식견과 선·미의 소유를 회복하리라는 것이 『국가론』 10편 전

---

4   *Politeia*, 368d. 무릇 인생에서 무엇이 정의인가의 문제에서 출발한 플라톤의 이 책이 갑작스레 바뀌어 국가에서의 정의 문제로 옮아가는바, 거기서 여기 이 책이 주제로 삼는 이상국가론의 내용이 전개되는 것이다. ["그렇다면 아마도 정의는 더 큰 것 안에 더 큰 규모로 존재할 것이며, 그만큼 더 알아보기 쉬울 걸세. 그래서 자네들만 좋다면, 나는 먼저 국가에서 정의가 무엇인지 고찰하겠네. 그런 다음 개인에게도 나아가 더 작은 것에서도 큰 것에서 발견한 것과 비슷한 것을 발견할 수 있는지 살펴볼 것이네."(플라톤, 천병희 역, 『국가』, 숲, 2013, 109~110쪽. 이 문장 속의 "정의"를 박종현은 "올바름"으로 옮긴다. 박종현 역주, 『국가·政體』, 서광사, 2005, 146쪽. 이하 박종현 본은 '『국가』①, 쪽수'로, 천병희 본은 '『국가』②, 쪽수'로 표시.]

체를 관통하는 사상의 기조이다. 거기에는 위대한 사상가의 제거할 수 없는 확신과 예언자적 개혁자의 타오를 듯한 정열이 있다.

시험 삼아 제7편의 처음 부분을 읽어가보자. 그것은 유명한 '동굴의 비유'이다. 단지 겨우 한쪽만 빛을 향해 입구가 열린 지하의 동굴 속에 사람들이 어렸을 때부터 발과 목이 얽매인 채로 암흑 속 안쪽 깊숙한 벽을 향해 앉아있다. 그 배후의 흔들리는 후방에 불이 타오르고 있고, 그들 갇힌 자들과 그 불 사이에는 한 줄기 길이 약간 높게 만들어져 있다. 그 위를 다양한 형체의 사물을 든 사람들이 때로 이야기하거나 때로 말없이 지나고 있다. 갇힌 자들은 자신들 앞의 벽에 비치는 그 사람들이나 사물들의 그림자를 보고 참된 것이라고 생각하며 벽에 반향되고 있는 목소리도 그렇게 지나고 있는 음영들로부터 들리는 것이라고 믿고 있다.[5] …… 흥미로운 교설이 거기서 이어지고 있는 것이다.

그렇다면, 플라톤의 이 비유에 함의되어 있는 것은 무엇일까. 동굴은 전부가 암흑과 혼란으로 된 현실의 국토이고 위쪽은 광명과 예지의 이상 세계이다. 사람들 모두는 이 현실의 나라에 갇힌 채 명예나 이익의 감각적 욕망에 미혹되어 진정한 덕이나 정의를 알지 못한다. 그들이 알고 있는 것은 그저 단순한 세속적 지식과 억견이다. 그러하되 누군가가 유수幽囚[감옥에 갇힌 상태]와 미망으로부터 자유롭게 되어 예지의 세계로 올라갈 때, 거기서 비로소 정의와 덕의 원천을 발견할 수 있다는 것이 그 고매한 취지이다. 그것이 곧 플라톤이 말하는 교육의 이상적 경지이고, 그것에 참여할 수 있는 자만이 참된 지혜를 지닌 사람이다. 그러한 사상에는 플라톤이 현실의 국토와 거기서 행해지

---

5   *Politeia*, 514~515. [『국가』①, 448~451쪽; 『국가』②, 396~401쪽.]

는 인간의 모든 일들에 대한 혐오 및 그것들로부터의 해탈의 요구가 명확하게 보인다. 그것은 확실히 진지한 사상가 누구나가 갖는 출세간적이고 초월·단절적인超絶的 희구이다. 그러나 그는 그러한 참된 지혜를 지닌 사람들이 초월·단절적 세계에 오래 머무는 일을 허용하지 않았다. 고뇌하는 인류에 대한 그의 애착은 그들을 다시금 현실의 국토 위로 불어 되돌리기를 그치지 않았다. 광명의 세계에서 참된 식견을 체득했던 자는 동굴과 같은 암흑의 세계에 거주하고 있는 동포들 사이로 다시 내려와 정의를 위한 싸움을 행하며, 나아가 민중을 자신과 동일한 초월·단절적 세계의 높은 이상으로까지 데려 갈 사명을 띠고 있다.[6] 그는 철학자인 동시에 정치가이지 않으면 안 된다. 그것이 사람들도 아는 플라톤 '철인정치'의 이상인바, 예지의 세계에서 최고의 지배자는 동시에 정치적 국가의 통치자여야만 함을 요청받고 있다.

생각건대 『국가론』 전편의 최정점(클라이막스)으로 그 배후에서는 심원한 형이상학적 구상이 모습을 드러낸다. [사]물의 한없는 변전으로 보이는 현상의 세계에 대해 초감각적이고 보이지 않는 예지의 세계야말로 플라톤에게서 이채를 발하는 '이데아Idea'의 세계이고, 그것이 [사]물의 본체, 참된 실재의 세계이다. 그것은 모든 존재와 지식의 원인으로서의 **진리**의 나라인 동시에 모든 **미**와 **선**의 뿌리로서의 가치의 세계이다. 그런 이데아계에서는 현상계의 다양한 사물에 조응하여 다양한 이데아가 낮은 것으로부터 높은 것에 이르는 전체로서의 질서 있는 체계를 이루면서 배치되어 있다. 그리고 그 최고통괄의 위치에 있는 것이 '선의 이데아'이고, 그것이 흡사 장려한 피라미드와도 닮은 이데아세계의 단계적 구조 전체에서 가장 높은 곳을 장식한다. 『국가

---

6   *ibid*, 519d. [『국가』①, 458쪽; 『국가』②, 405쪽.]

론』에서 그것은 모든 생산과 성장의 원인인 태양 그 자체와 비슷한 것으로 아름답게 그려지고 있다.[7] 이 선의 이데아를 중심으로 우주 전체가 하나의 목적을 지닌 전체로서 사유되며, 거기서 무릇 온갖 것들의 생명과 인간이성의 원천이 발견된다. 그런 까닭에 앞서 서술한 덕과 정의에 관한 참된 식견은 오직 그러한 선의 이데아에 존재하는 듯하며, 인생과 사회는 선의 이데아를 실현하려는 노력에서 의의를 갖게 되는 것이다. 플라톤 이상국가론의 진의는 실로 그런 이데아의 세계를 발견하고자 하는 데에 있다. 선의 이데아의 실현은 개인에게서보다는 전체로서의 완전한 국가조직에서 가능하다는 것이 그의 사상의 핵심이다. 국가는 그 자체로 초개인적인 "전체적 정신",[8] 적어도 개인과 나란히 사고되는 객관적 공동체이며, 정의는 그 가치원리로서 세워지고 있다. 그 정의란 무엇보다도 윤리적 공동체로서의 '정의의 나라'의 요청이다.

그것만이 아니다. 플라톤이 땅 위의 정치적 국가를 도덕적 질서의 높은 곳으로까지 고양시키려는 개혁적 정신은 명확히 종교적 신념으로 맥동친다. 누구도 그의 철학의 근저에 얽혀있는 종교적 계기를 간과할 수는 없을 것이다. 보이는 감각의 세계와 보이지 않는 이데아세계 간의 대립, 그 두 세계의 매개 역할을 맡는 것이 영혼이다. 영혼은 본래 이데아의 세계에 속하며 이데아를 직관하는 것이지만, 그것이 감각적 존재의 지각을 기연機緣으로 하여 저 이데아를 거듭 생각토록 할 때 지식이 얻어진다고 하는, 플라톤 고유의 '상기설想起說, [anamnesis]'이 성립한다. 그것은 단지 개념적인 지식의 문제가 아니라 깊

---

7   *ibid*, 509b, c. ["태양은 보이는 것들에 '보임'의 '힘'을 제공해 줄 뿐만 아니라, 또한 그것들에 생성과 성장 그리고 영양을 제공해 준다고 자네가 말한 것으로 나는 생각하네. 그것 자체는 생성(성생되는 것: genesis)이 아니면서 말일세."(『국가』①, 438);『국가』②, 390～391쪽.]
8   Othmar Spann, *Gesellschaftphilosophie*, 1928, SS.167～168.

은 종교적 심정의 고백이다. 그의 다른 대화편『심포지온Symposion』에서 영혼의 문제란 얼마나 깊은 종교적 인상 속에서 그려졌던가. 땅 위의 감각세계와 이데아의 순수세계 사이에 있는 혼의 방황 ― 그것은 영원한 자를 사모해 피안의 나라로 향해가는 순례이다. 그런 이원적 세계 사이의 방황에서 혼의 고뇌, 그러하되 동시에 그것을 통해 종국적으로 유일·완전한 형상으로서의 전지자에게서 볼 수 있는 기쁨 ― 그것은 플라톤에게서 무엇보다 감명 깊이 서술되고 있는 '사랑(에로스)'의 교설이다. 그리고 그 '에로스'야말로 머지않아 동포들 사이에서의 사랑을 통한 결합의 정신으로 정치적 사회의 건설을 마주하게 되는 계기이며, 저 철인으로 하여금 그저 선·미의 이데아세계에 대한 관조에 머물지 않도록 하는, 내려와 현실세계의 민중을 이데아의 높은 곳으로 끌어올리고자 싸우게 하는 것인바, 이는 에로스의 충동에 의한 것이다. 지금 또 다른 대화편『파이돈Phaidon』을 읽는 자는 나아가 한층 더 높은 종교적 분위기에 휩싸여, 순수하게 영원의 빛 속에 노출됨을 느끼게 될 것이다. 거기서 소크라테스가 어떻게 의연하게 정의를 지키며 영혼의 불멸과 사후의 올바른 심판에 대해 이야기하고 있는지, 그 엄숙하되 자애로 넘치는 광경 속에서 그가 어떻게 순교자의 최후를 맞이하게 되는지를 사람들은 옷깃을 여미지 않고 읽을 수 없을 것이다. 참으로 그것은 고요히 영원을 관조하는 혼의 세계를 그린 것에 분명하며, 거기서야말로 그의 이상국가가 정초될 궁극적 정신의 세계가 구축되고 있다고 말하지 않을 수 없다. 무엇이 정의인가를 묻는『국가론』도 실은 그러한 영원과 피안의 문제로 시작하며 또 그것으로 끝나는 것이다.[9] 형이상학적인 이데아의 세계에서 최고의 왕좌에 앉은 '선'의 이데아는 또한 다

---

9   *Politeia*, 330d · e; 621c · d.

름 아닌 '성스러움聖'의 이데아였던 것이다.

그리하여 플라톤의 이상국가는 이데아의 세계를 통해 하나의 높고 원대한 이론적 공동체를, 동시에 신성한 종교적 공동체를 가리켜보인다. 그럼으로써 국가는 신적 보편과 인간개인 사이에서 인간과 사회의 구제라는 사명을 다하고자 하는 것이다. 그렇게 국가가 그 임무를 다하고 이데아의 실현을 달성할 때, 그것은 그 자체로 땅 위의 신의 나라이지 않으면 안 된다.[10] 그러한 구상은 원래 한쪽 측면에서는 앞서 서술한 그리스의 전통적 국민국가관의 형이상학적 구성이고, 국가를 생[명]의 전체적인 공동체, 본원적인 통일체로 보는 사상이며, 생각건대 고대국가철학의 고전적 원형이라고 할 수 있는 것이다. 이것들을 통해 플라톤은 당시 그리스 국민문화와 도시적 국가생활이 쇠멸하는 때를 맞아 국민에게 다시금 건국의 이상을 보이고 새로운 문화창조를 위하여 호소했던 것이다. 그러나 주의를 기울여야 할 것은 이제 단순한 전통적 국가관으로의 복귀도 아니며 그것의 형이상학적 정초도 아니다. 다른 한쪽 측면에 그리스 국민국가를 훨씬 더 넘어나가는, 뒤이어 올 새로운 시대의 이념 ─ 그리스도교의 '신의 나라'를 미리 보여주는 것이 있다. 그것은 플라톤의 철학이 인간과 세계의 전체 형상을 만드는 정신으로서, 인간의 전적인 전회와 세계의 창조를 기획·시도함으로써 광대한 정신의 왕국을 건설하려했던 것의 귀결이었던 듯하다.

그런 뜻에서 『국가론』의 가치는 그저 소멸해가는 고대국가의 쇠운을 만회하려는 목적에 있었던 것이 아니라, 실은 인류의 오래된 구제와 세계의 새로운 창조 작업에 있었던 것이라고 생각된다. 정의와 사랑의 정신으로 결속되

---

10 Wilhelm Windelband, *Platon*, 6. Aufl., 1920, S.161.

는 **하늘적인** 종교적 공동체야말로 권력과 명예의 모든 **땅적인** 힘으로 구축된 국가의 공고함보다 탁월한바, 그것은 참으로 영구평화의 나라이지 않으면 안 된다. 플라톤은 소크라테스로 하여금 다음과 같이 말하게 한다. "아마도 천상에서는 그것을 보려고 하는 자에게, 또 그것을 보았던 바대로 자기 자신을 만들려고 하는 자에게 그 전형이 보존되어 있을 것이다."[11] 즉 이를 알고 있는 플라톤은 어느 땅에서도 그가 구상했던 이상국가의 실현을 기대하지 않았으며, 오히려 하늘 저쪽을 향해 완전국가의 실현을 가리켜보았다고 해석할 수 있을 것이다.

그리스도의 내려옴·탄생 이전인 기원전 400년, 도래할 '신의 나라'와 그 '정의'를 미리 보였던 것은 플라톤이었다고 할 수 있을 것이다. 인류역사를 인간정신의 필연적 발전과정으로 보려는 문제사적 고찰 속에서, 플라톤에게는 다름 아닌 그리스도를 앞선 예언자 요한의 위치가 허용되어야 한다. 우리는 그저 그리스적인 것으로서 그와 그의 노작이 지닌 참된 가치와 의의를 가라앉혀버려서는 안 된다. 그 근본에서 이데아와 개별사물個物이라는 이원적인 세계관 속에서 개별사물을 넘어 무한한 과제로서의 이데아의 인식을 위해 노력하는 것에는, 무한과 영원을 물리치고 일체를 본래의 완전한 조화와 통일에서 파악하는 것을 본질로 하는 그리스 본래의 정신과는 모순되는 것이 있다. 이데아의 영상으로서 인류의 영원한 이상세계를 그렸던 그의 국가론이 바로 그것을 이야기한다. 이후에 다시 논급될 것이지만, 중세 그리스도교가 그 신

---

11 *Politeia*, 592b. ["그것은 아마도 그걸 보고 싶어하는 자를 위해서, 그리고 그것을 보고서 자신을 거기에 정착시키고 싶어하는 자를 위해서 하늘에 본(paradeigma)으로서 바쳐져 있다네."(『국가』①, 608쪽); "그 국가는 아마 본보기로서 하늘에 바쳐져 있을 것이네. 누구든지 원하면 그것을 보고, 본 것에 따라 자신 안에 국가를 건설할 수 있도록 말일세." (『국가』②, 555쪽)]

학을 구성하는 데에서 플라톤의 철학을 맞아들인 것은 지극히 이유가 있었던 것이라고 하지 않으면 안 된다. 고대철학에서 참으로 유일한 신의 자리를 갖는 것으로 칭송되었던 것은 플라톤 철학이었다.[12] 그만큼 플라톤과 그리스도교 세계관은 내면적으로 밀접한 관계를 맺는 것으로 여겨졌다. 하지만 그럼에도 인생과 세계에 대한 양자의 태도에는 본질적인 어긋남이 있고, 그리스도교에서 말하는 신의 나라와 플라톤의 이상국가 간에는 근본에서 구별되어야만 하는 것이 있다. 그것을 우리는 **원시 그리스도교** 속에서 규명하지 않으면 안 된다.

2. 그리스도교 출현의 의미와 신의 나라의 근본특질

그럼, 국민생활의 위기에 직면해 국민으로 하여금 그리스 건국의 정신으로 다시 되돌아가게 함과 동시에 인류의 영원한 구제와 높은 이상을 널리 제시하기 위해 작성된 플라톤 국가론의 운명은 어떠했던가. 플라톤과 그를 이은 아리스토텔레스라는 위대한 천재의 철학으로도 붕괴해가는 그리스 국가 생활과 국민 사상을 만회하는 것을 불가능했다. 그 철학은 어떤 뜻에선 몰락해가는 석양의 마지막 빛남과도 닮은 것이었다. 그러한 천재들의 출현에 의한 최후의 광휘와 함께 그리스의 문화와 국민생활은 암흑 속으로 영구히 폐쇄되어 갔다. 일단 소피스트들에 의해 환기된 상대주의적 주관주의의 정신은 실제 정치사회의 분규 및 퇴폐와 어울려 점점 더 질펀하게 넘쳐났으며 국민의 도시

---

12 Paul Janet, *Historie de la science politique dans ses rapports avec la morale*, Tome I, 1913, p.125.

적 국가생활은 근저에서 와해되기에 이르렀다.[13]

시대는 거기서 일변했던 것이다. 정치적으로는 이제 도시국가의 시대는 지나가버린 게 되었으며 새로이 '세계주의'의 날이 계속 도래하고 있었다. 이른바 '헬레니즘'의 시대가 그것이었는데, 그리스 여러 나라의 멸망과 함께 그리스인들은 여러 방향으로 산포되었으며, 이는 오히려 그리스 문화를 널리 알리는 동력으로 기동하기에 이르렀다. 사람들은 예전에 존재의 모든 것을 봉헌해도 아깝지 않았던 도시국가적 공동생활로부터 해방됨과 동시에 대개 정치적 국가생활에 대한 이상과 정열을 잃었다. 플라톤이 논했던, 선의 이데아가 지배하는 정의국가의 이념 같은 것은 더 이상 그들의 생활에 표적일 수 없게 되었다. 사람들은 그저 변동하는 세계에 거처하면서 어떻게 자기를 잘 지키고 자기 개성을 살릴 것인지를 위해 싸웠던 것이다.

그런 사정은 광대한 로마제국 치하에서도 다르지 않았다. 실제로 로마제국은 그 본질에서 강대한 강제적 권력기구 이외에 다른 게 아니었다. 그 보편적 통일의 질서 아래서도 사회의 근본원리는 개인이었고 인간은 원자적 개체로 있었으며, 그 위에는 헤겔이 적절히 말했던 것처럼 "원자의 원자monas monad-um"로서 권력을 떨치는 거대한 한 사람의 전제적 압박이 서있던 것이다.[14] 이른바 '로마의 평화[Pax Romana]'로 불리는 것도 그 실질에서는 가혹한 전제정치

---

13 그리스 도시국가 붕괴의 원인으로서는 민중정치의 부패, 대도시국가에 의한 소도시의 압박, 또 그런 대도시국가 상호 간의 끊임없는 투쟁, 그 밖에 북방 마케도니아의 침입을, 나아가 근본에서는 그 규모가 너무 작았던 도시적 국가조직 자체의 여러 점들이 거론될 수 있을 것이다(F. J. C. Hearnshaw, *The Development of Political Ideas*, 1928, pp.14~15). 그러나 그러한 이른바 **외적인** 요인 말고도, 국민 사상의 퇴폐라는 **내적인** 원인이 없었다면 그렇게까지 빨리 그 종국은 오지 않았을 것이다. 이 장은 무게중심을 어디까지나 처음부터 그런 정신적 전개의 객관적인 필연성에 두고 논하려는 것이다.

14 Hegel, *Philosophie der Geschichte*(herausg. von Glockner), S.411.

의 통일상태 이외에 다른 게 아니었으며 그 내부에는 여러 대립과 투쟁의 계기들을 내장한 것이었다. 그 번성했던 상업의 발달이라는 것도 소수 일부 계급의 사치와 일반민중의 피압박을 이야기해주는 것에 다름 아니었다. 사람들은 그러한 압박과 투쟁에서 벗어나고자 했으며, 그것을 의식했든 아니든 그러한 불행한 상태를 깨고 넘어서 참된 내적 자유를 갈구하고 있었던 것이다.

그런 까닭에 그리스 말기부터 로마에 이르는 이 시대의 철학이 이제 우주론적 객관의 세계로부터 분리되고, 단지 옮겨가고 움직여갈 따름인 세계에 거처하면서 어떻게 자기를 지키고 유쾌하며 명랑하게 살 것인지를, 혹은 나아가 어떻게 외부사물의 구속을 받지 않고 오히려 자기 이성의 힘을 관철시킬 것인지를 가르치는 에피쿠로스나 스토아학파의 인생철학으로 먼저 변해갔던 것은 결코 우연이 아니다. 그러나 그러한 것들을 이상으로 삼았던 개성의 자유란 인간의 지적인 식견을 통해 도달하려는 '현자'의 길인바, 필경 소수 지식자가 지닌 덕의 가르침에 다름 아니며, 그런 그들 또한 스스로의 태도에 참으로 충실하면 할수록 그런 경지에 도달하는 것이 불가능함을 인식하면서 인간 자신의 무력함을 통감하지 않을 수 없었던 것이다.

그것을 이어 이제 이 실재의 세계 바깥에서 초월적인 신적 실재를 사고하고 그것과의 융합·일치를 통해 위와 같은 자기모순으로부터 벗어나려는, 그렇게 인간의 해탈 또는 구제를 구하려는 신피타고라스 혹은 신플라톤학파의 종교철학이 전개되기에 이르렀던 것 또한 필연적인 과정이라고 하지 않으면 안 된다. 그러나 그런 것도 필경 자기 사유의 힘에 의해 신적 실재를 사고하고 그것과의 합일 내지는 동일화를 꾀하는 '신비주의'에 다름 아닌바, 그것은 근본에서 여전히 하나의 지적인 인식이며, 어차피 그것에 관계할 수 있는 소수의 **정신적 귀족주의** 이외에 다른 것은 아니다. 게다가 그 귀결점은 이 세계 및 일체의 세계적 존재의 부정 ─ '무無'라는 것이며, 나아가 적극적으로 참된 실재란 무엇인가를 계시하지 못하는, 따라서 인간의 본질적 개조의 새 생명을 제공할 수 없는 것이었다.

그리스도교가 출현했던 것은 인류의 바로 그러한 정신적 방황과 갈등의 과정 속에서이며, 특히 시대의 윤리적·종교적 전회를 위한 노력과 싸움에 최후의 종결을 부여했던바, 여러 철학자들이 일반 인심의 갈구를 채울 수 없었던 때에 그리스도교가 널리 인류 구제의 복음으로서 선포되었던 것은 정신사의 발전으로서 보아도 극히 의미 깊은 것이라고 할 수 있을 것이다.[15]

그렇게 그리스도교에 의해 선포된 것은 '신의 나라'이고, 우리는 그것에 의해 고대문화에서 전적으로 새로운 세계의 열림을 보는 것이다. 원래 그리스인이 세계를 전체로서 아름답게 완결된 '코스모스'로, 하나의 커다란 조화의 양상으로 조망하고, 인간까지도 아름다운 자연의 질서와 동일한 조화의 법칙 아래에 두면서 인간이성의 힘을 통해 할 수 있는 한 선·미이자 행복한 생활을 향유하고자 했던 것은 이제 근본에서 다른 지점인 것이다. 인간은 그러한 조화 또는 이성적 본질에서가 아니라 오히려 영육의 부조화·분열에, 근본적으로 죄악의 상태에 빠져있는 것에서 출발하는 것이다. 인간과 더불어 우주 또한, 플라톤이 『티마이오스Timaios』에서 아름답게 그렸던 세계의 창조와 그 신적 지배의 질서와는 달리, 그 뿌리에서부터 채워지지 않는 공허와 결함의

---

15 여기서도 그리스도교의 발생에 관한 사회적 혹은 경제적 조건의 연구는 그 본질을 파악하도록 하는 것이 아닌바, 오히려 정신의 발전의 내면적 필연성이라는 관련에서만 그런 파악이 가능하다는 점에 주의하지 않으면 안 된다. 다만 그 당시 그리스·로마시대에서의 인생철학, 특히 종교철학과 그리스도교 간의 교섭은 흥미로운 제제임을 잃지 않지만, 주로 플라톤과 그리스도교의 관계 ─ 특히 사회이상을 중심으로 한 이 장에서는 단지 그리스도교의 발생에 이르는 정신적 사유과정으로서 그 문제를 지적하는 것에 멈추지 않으면 안 된다.

상태에 놓인 것으로 사고된다.[16] 따라서 인간과 세계의 구제는 본질적으로는 이 세계와 인간 속에서가 아니라 그것들을 넘어 **전혀** 새로운 힘, 절대적 실재인 신으로부터 오는 것이 않으면 안 된다. 게다가 그것은 현실의 세계를 넘어서 단지 본체 또는 높은 정신의 세계를 사유함으로써 신의 실재를 가정하고 그리하여 우주의 본체 또는 신적 본질과 융합하거나 합치하는 데에서 해탈을 설파하는 것과 같은, 형이상학적인 혹은 신비주의적인 종교와는 근본적으로 다른 것이다. 앞서 거론했던 그리스 말기의 종교철학은 동방의 밀교 등과 마찬가지로 자아가 스스로의 정신력을 통해 그러한 본연의 세계로의 귀일을 꾀한 것에 다름 아니었던 것이다.

플라톤에게도 초월·단절적 방면이 있어 저 이데아론에서 피안의 세계를 가리키며, 도덕적 선뿐만 아니라 종교적 성스러움의 이념까지도 방불케 하는 것이 있음은 우리가 보았던 바와 같지만, 여전히 그것은 '이성(누스)'의 지적인 활동이며 단지 그것을 가라앉히고 완화시키는 데에 미적인·예술적인 직관이 결합되고 있음에 지나지 않는다. 그런 이유로 플라톤에게 우주보편과 인간개인을 매개하는 것은 그 중간인 선·미의 나라, 구체적으로는 그 국가를 지배하는 철인 — 최고의 선·미의 이데아를 인식한 위대한 국왕이었다. 이에 반해 그리스도교에서 인간과 세계의 구제는 아무리 위대한 철인·성왕^聖^王일지라도 그들에게서 기대될 수는 없는 것으로, 무릇 인간의 지혜를 넘어선 오직 절대적인 신 자신의 일이지 않으면 안 된다. 게다가 신 자신은 그런 구원의 대업에 있어 결코 스스로 초연하게 있는 게 아니다. 그것은 다름 아닌 신

---

16 이러한 인간 영육의 싸움이라는 고뇌를, 그것과 마찬가지로 피조물로서의 우주만유의 신음을 무엇보다 심각하게 서술하고 있는 것으로는, 특히 「로마서」 7장 및 8장이 참조될 수 있을 것이다.

자신 쪽에서의 커다란 희생 없이는 이룰 수 없는 일이다. 즉 신은 스스로 그 인격적 생명의 모든 것을 바쳐 그런 구원을 위한 싸움 속으로 들어가며, 신의 그 절대적 희생을 통해 비로소 인간과 세계의 화해가 성립하는 것이다.[17] 이 것이 신에 의해 보내진 신의 아들 예수 그리스도의 인격과 그 십자가의 의미이며, 바로 그 예수 그리스도가 신과 인간 사이의 매개자인바, 그의 죽음과 부활을 통해 죄의 대속과 "제2의 인간"의 창조가 약속되는 것이다.[18]

실로 그리스도교에서 핵심인 것은 그런 예수의 인격이고, 그 교의나 형식이 고대사회의 여러 철학 혹은 비밀의례의 요소로 결합되어있는 것일지라도 예수의 그러한 인격에서 살아있는 신적 생명의 현사실은 언제나 새로운 것이라고 하지 않으면 안 된다. 그렇게 그것은 이제 인식Eekenntnis의 문제가 아니라 순수하게 **신앙**Bekenntnis의 문제가 된다.

그것은 무엇보다도 인간의 내면생활을 기초로 하며, 지선至善한 것과 성스러운 것 앞에서 너무도 추한 자기의 심정, 그 자각으로부터 생기는 혼의 무한한 고뇌와 싸움에서 출발한다. 이 점에서 그리스도교는 앞서 거론했던 헬레니즘 시대의 철학 경향이 우주론적 보편세계로부터 벗어나 인간의 지복 또는 해탈을 문제로 삼아 출발했던 것과 동일한 방향을 보인다. 아니, 그리스도교는 그것을 더욱 철저화하여 궁극에까지 파고들었던 것이라고 할 수 있을 것이다. 그러나 그리스도교에서 죄악의 뿌리는 신 자신에 대한 인간의 반항, 바꿔 말하자면 결국 인간이 인간적 자아를 내세워 신적 실재에 육박하고자 했던 데에 있다. 따라서 신으로부터의 그러한 이반, 즉 인간 죄악에 대한 극복 혹은 구제란 그 어떤 도덕주의나 신비주의와도 구별되는 오직 신 쪽에서의 절대적

---

17 Rudolf Eucken, *Die Lebensanschauungen der grossen Denker*, 1919, SS.139~140.
18 「고린도전서」 15장 45~47절 참조

은혜 — 즉 신의 아들 예수를 통해 현시된 신의 무한한 사랑에 의한 것이다.

그런 까닭에, 플라톤에게도 보이듯 가상의 세계로부터 이데아의 세계로 상승하는 것과 같은 형이상학적 해탈이 아니라, 이제 일체의 디알렉틱한 지식을 배제하고 절대자에 대한 인간의 회심과 신앙·복종이 문제가 되는 것이다. 인간이 자연스레 구비한, 아니 정신적 노력을 통해 스스로 획득한 그 어떤 덕과 능력도 문제일 수 없으며, 오히려 그 모든 인간적 가치를 버리고 신을 앞에 둔 자기몰각 속에서 오히려 자기는 미리 생각지 못한 때에 베풀어진 새로운 가치가 된다. 그것은 결코 도덕적인 인격가치가 아니라, 오로지 인간 위에 집중되는 신의 은혜의 빛이 반사된 것이라고 하지 않으면 안 된다. 이런 뜻에서 자기몰각은 영원한 자기소멸 — 무로 끝나지 않는, 새로이 참된 생명에 의해 **목숨** 북돋워지는[부여/정초되는] 것이다. 이제까지 스스로 현명하다고 했던 이가 오히려 현명하지 못하며, 힘 있다고 여겨졌던 자가 참으로는 힘없는바, 이제 죄 있는 자가 죄 없이 되며, 가치 없는 자가 새로이 가치 있게 되는 세계이다. 그것이야말로 사물평가의 전도, 참으로 '가치의 전도'이고, 고뇌하는 자와 학대받는 자에게 참된 '복음'인바, 그것이 그리스·로마문화의 조류 속에서 좌절당하고 억압받던 일반민중에게 얼마나 큰 '혁명'이었던지는 우리가 쉽게 긍정할 수 있는 것이다.

거기서 그리스도교에 의한 위와 같은 인간본질의 전회는 전적으로 새로운 인격관념을 분만해내는 것이었다. 즉 더 이상 그리스에서처럼 인간 자신의 정신적 힘과 그 인격적 가치조차도 문제로 되지 않는 것은 거꾸로 모든 인간 개인에게 신의 새로운 인격적 생명을 공급하고 자유로운 개성을 주는 것이었다. 그것은 살아있는 생명으로 채워진 인격의 갱생을 뜻하며, 저 스토아의 범신론적 세계관으로 귀결되었던 것처럼 세계의 객관적 법칙 속으로 인간개성이 해소되어버리는 것이 아니다. 또 그것은 에피쿠로스와 같이 쾌락주의의 윤리가 아니며, 아니 더 나아가 일반적으로 그리스주의와 같은 인간중심적인 행복이 아니며, 무릇 죄로부터의 인간의 해방과 그것에 따르는 축복으로서, 인간행복의 욕구가 본질적으로 전화된 것으로서 그 어떤 비판주의적 공격의 화살도 미치지 못하는 높은 세계에 올려져있는 것이다. 그리하여 그 어떤 인간도 신의 무한한 축복을 부여받음으로써 새로운 존재의 의의와 가치를 담당하게 되며, 거기서 그리스에서의 '인간주의(휴머니즘)'의 이상은 전혀 새로운 생명과 내용으로 채워지게 되는 것을 알게 된다.

　이상과 같이 개인 인격에 대해 그리스와는 본질적으로 다른 내면적 전회를 완수한 그리스도교는 사회공동체 관계에 대해서도 고대국가와는 달리 전적으로 새로운 이상을 제시하는 것이었다. '신의 나라'라는 관념이 본래 그러한 것으로서, 개인의 내면을 살리는 동일한 신적 생명이 이제 공동사회까지 채우지 않으면 안 된다. 이제 예수가 설파한 신의 나라는 고대로마와 같이 권력과 권리를 위한 결합이나 전쟁과 경제를 위한 조직의 이념이 아니다. 혹은 기껏 학문과 예술의 창조력을 유지하고 그것을 촉진하는 그리스적 문화국가의 이상도 아니다. 오직 신의 영광을 중심으로 하는, 그리스도의 영[혼]으로 채워진 순수하게 정신의 나라인 것이다. 아니, 그것은 신에게서 결합하는 자들의, 아직 낯선 자, 적대하는 자에 이르기까지의 '사랑의 공동체'이다. 그렇다, 신을 중심으로 하여 궁극에 모든 민족과 인류 전체로까지 미칠 수 있는 절대적 "보편주의"의 이상이다.[19] 그러한 것은 "여기를 보라, 저기를 보라"고 말해서 현현하는 것이 아니다.[20] 그것은 세계의 진전과 인류역사의 종국에서 완

19　Ernst Troeltsch, *Die Soziallehren der christlichen kirchen und Gruppen*, 1919, S.41.
20　「누가복음」 17장 21절.

성되는 '하늘의 국토'이고, 최후의 심판을 통한 세계의 갱신과 인류역사의 전회 속에서 실현되는 신의 질서이다. 이는 그 날 신의 의지가 땅 위에서 실현되고 최고의 선과 정의가 행해진다고 하는 종말관적 세계관이다. 하지만 그것은 '신의 나라'가 그저 추상적인 이념으로서 영원한 당위에 머물 뿐임을 뜻하는 게 아니며, 현실적으로 차안에서 이미 개시되는 것임을 부정하는 것이 아니다. 땅 위에서 신의 힘을 믿고 신의 사랑에서 사는 사람들 사이에 신의 나라는 이미 있는 것이며,[21] 또 그 어떤 공간의 간격이 있을지라도 실존하는 것이다. 그것이 이른바 정치적인 국가 또는 사회적인 조직과는 당장에 관계된 것이 아님을 우선 명확히 하지 않으면 안 된다.

본디 그러한 '신의 나라'의 원형태는 고대 동방의 이스라엘에 있었다. 이스라엘인은 명백히 우주와 인간을 창조한 유일신의 실재와 인격성에 관한 의식 위에 서있다. 그리하여 그들은 그 신 야훼의 의지에 의해 일체의 존재와 영위, 그 국민의 역사 전체가 인도되는 것을 믿는다. 그럼으로써 그들은 현재 억압과 곤궁의 상태에 놓여있지만 머지않아 영광 있는 신의 지배와 질서가 그들 사이에서 실현될 것임을 기대하는 것이다. 이는 헤브라이주의의 특색이며, 이 점에서 원래 인간적·주관적인 그리스주의와는 세계관을 달리 하는 것으로, 유대와 그리스는 고대세계에서 서로 대립하는 두 다른 민족이었다고 할 수 있는 것이다.[22] 즉 그리스인이 인간의 창조적인 일로서 위대한 '문화의 나라'를 건설하고자 했던 데 대해, 유대인은 신 자신의 손에 의해 미래의 이상사회인 '신의 나라'가 실현될 것임을 대망했었다. 저 그리스인의 문화주의에 대

---

21 「누가복음」 11장 20절.
22 Vgl. Karl Hildebrand, *Geschichte und System der Rechts~ und Staatsphilosophie*, Bd. I, SS. 7~8.

해 유대인은 순수하게 종교적·윤리적 동기에 기초했던 것이다. 그리스주의에 현저한 로고스적인 성격에 대해, 헤브라이주의의 에토스적인 성격을 말할 수 있는 것이다.

그러나 이스라엘에서 그렇게까지 열심이었던 종교적 의식은 동시에 민족적인 정치적 의지와 내적으로 깊게 결합되어 있었다. 그들에게 세계를 창조하고 만유를 지배하는 신의 의지란 반드시 언제나 인류를 지배하고 국민의 정치생활을 지도하는 것이지 않으면 안 되는 것이었다. 구약성서에 나오는 이스라엘의 위대한 왕들의 치적과 여러 예언자들의 말이 그것을 증거해 보여준다. 거기에는 사제의 계급이 있고 국왕은 그들 사제를 통해 신에게 세워진 자로서 국민 위에 군림하는 것이다. 이는 이스라엘에 특유한 '신정정치'의 사상이다. 그 속에서 이스라엘인은 스스로 신의 나라의 백성으로서 신의 불변하는 지배를 땅 위에 수립할 것을 희구하는 것이다. 거기서 '선민'의 사상이 배태된다. 즉 그들은 이방인과 구별되는, 특히 인류 속에서 신이 선별한 국민이므로 그들만이 유일신을 인식할 수 있고 또 그들만이 그 유일신에 의해 인식될 수 있는, 궁극에는 자신의 민족을 중심으로 도래할 날 신의 왕국이 땅 위에 건설되기를 상상하고 기대하는 것이다. 자기 역사의 흥망 저편에서 여전히 전능한 신이 자신들을 도래할 메시아의 현현 속에서 세계지배의 실현으로까지 인도한다는 이상이 거기서 생겨났던 것이다. 그들이 대망했던 구세주는 실제로는 그러한 위대한 국왕, 땅 위의 군주였다. 그는 다비드의 후예로 태어나고 모든 위엄과 권력을 구비한, 신으로부터 보내진 초인간으로 드러나며, 이스라엘을 이방인의 손에서 구원해내고 다비드의 융성기로 되돌리는 것으로서 국민 사이에서 오래도록 대망되어왔던 것이다. 거기에 인류 비극의 원인이 있는바, 예수가 스스로 신의 아들로서의 자각 위에 서고 나아가 병든 자와 죄지은 자의 친구로서 왔을 때 국민은 그에게 발이 걸려 넘어졌고 결국에 그를 십자가에 못 박았던 것이다.

예수가 설파했던 '신의 나라'가 일면 그러한 이스라엘의 관념 — 종국에서 현현하는 신의 지배로서의 이상사회적인 요소를 포함하고 있다는 것은 부정할 수 없으며, 그것을 예수는 유대국민의 전승으로부터 받아들였던 것이다. 그러나 다른 일면, 예수에게서 새로운 것은 이스라엘이라는 관념 속의 모든 정치적·국민적 요소를 초극하여 그것을 순수하게 종교적인 내면의 요소로까지 높였다는 것이다.[23] 그 지점에서 신의 나라는 인간과 사회의 모든 죄악이 제거되고 신의 영광과 의로움義이 현현되는 나라로서, 마음 가난한 자와 배고프고 목마른 자와 같은 의로움을 바라는 자를 이어받을 나라로서 말씀해진다. 그 이유는 생각건대 예수의 사명이 오로지 종교의 내면적 '단순화'에 있고 종교의 참된 본질을 오직 신과의 내적인 결합이라는 직접적 경험에서 만들어내고자 하기 때문이다. 그것은 이스라엘의 오랜 메시아 사상의 순화이고, 그 지점에서 '구약'이 말하는 신의 나라로부터 '신약'이 말하는 그것으로의 전개가 인정되는바, 그것은 이제 혈연과 지연으로 연결되는 사회적 관계가 아니라 순수하게 신의 영[혼]의 끈으로 결속되는 사랑의 공동체이다.[24]

---

23 Adolf Harnack, *Das Wesen des Christentums*, 1900, S.34. ["목적과 수단에서 예수는 그들과 구별된다. (···중략···) 그의 가르침과 대화 어느 곳에서도 사람들은 이미 완성된 내면의 혁명을 감지하거나 혹은 가공할 만한 투쟁의 상흔을 감지한다. (···중략···) 자, 우리에게, 자신의 뒤안에서 격렬한 전투를, 곧 영혼의 전투를 치르며, 그 가운데 그가 이전에 숭배했던 것을 불태워버리고, 그가 이전에 불태워버렸던 것을 숭배한 인간을, 서른의 나이로 그처럼 말할 수 있는 인간을 보게 해 달라!"(아돌프 하르낙, 오흥명 역, 『기독교의 본질』, 한들출판사, 2007, 45~46쪽.]
24 오랜 기간 로마의 침입 아래서 또 당시 에돔국의 벼락출세한 헤로데왕의 전제정 아래서 억압받았던 유대인은 '신의 나라'의 지배가 현현하리라는 구약의 예언이 있었음에도 도저히 그 불가능함을 생각지 않을 수 없게 된 시대였다. 그 속에서 예수의 새로운 '신의 나

그런 까닭에 신약이 말하는 '신의 나라'의 원리란 로고스적인 정의보다는 오히려 비합리적인 '사랑'에 있는 것임을 알아야 한다. 헤브라이에서도 사랑이 설파되지 않는 것은 아니지만, 이후에 서술될 것처럼 오히려 전면에 표출되는 것은 '의로움'이며, 그들의 신은 훨씬 **더** 세계의 창조자, 국민의 입법자, 역사의 인도자였다. 그런데 이제 그리스도교 십자가의 구원에서 신의 사랑이 현시되고, 거기서 신의 의로움은 사랑과 결합됨으로써 그리스도교의 새로운 의의가 더해지는 것이다. 이제 그 어떤 뜻에서도 그리스에서처럼 인간적인 이성과 가치가 결합의 끈일 수 없게 되는바, 그런 끈이란 신의 사랑에 의해 결합되는 절대적인 새로운 사회공동체의 이상이 된다. 그것은 모종의 **조직**으로서 구상된 것이 아님과 동시에 **이론**으로서 설파된 것도 아니었다. 예수에 의해 널리 알려진 순수한 복음으로서 원시 그리스도교 사이에 보존된 원형은 적어도 그러하다. 인간의 그 어떤 지혜도 그것을 이해할 수 없으며 다만 겨우 '비유'를 통해 말해지는 것에 지나지 않지만,[25] 사람들은 오히려 거기서 이론이나 체계로 표출될 수 없는 살아있는 진리의 상징을 인식할 수 있을 것이다.

여기서 예수가 설파한 '신의 나라'가 플라톤의 이상국가와 구별되지 않으면 안 되는 근본적인 이유를 알게 된다. 플라톤에게서도 '사랑'이 없는 것은 아니다. 아니, 사랑이 '에로스erōs' 개념에서 극히 중요한 역할과 의의를 갖는다는 것은 앞서 서술했던 바와 같다. 그러나 에로스는 결국에 살아있는 아름다움과 선한 생활을 향한 정신의 힘이다. 그러한 것으로서 에로스는 선한 것, 아름다운 것, 참된 것을 찾으면서 행한 모든 고뇌와 싸움을 통해 결국에 이데

라'의 선언은 유대인에 대해서도, 저 학자 바리새인들의 특수계급은 별도로 하더라도, 궁핍한 일반 사람들에게는 큰 복음이 아닐 수 없었다. 그러한 유대주의로부터 그리스도교가 발생한 정치적·사회적 조건 일반에 관해서는 ebd., SS.28~29를 참조할 것.

25 「마가복음」, 4장 30~31절; 10장 15절 등.

아의 세계로 상승하고 거기서 진·선·미를 향유하기 위한 용수철이었다. 그것은 요컨대 인간의 자기실현·자기완성을 위해 객관적 대상을 마주하는 정신이다. 거기서 자아 아닌 타자는 모두 주체인 자아의 단순한 객체로 파악될 따름이다.[26] 그런 사정은 설령 성스러운 신일지라도 다르지 않다. 그런 까닭에 사랑에 의한 사회공동체의 관계도 근저에서는 선·미의 이데아를 공동으로 하는 **인간적·문화적** 관계에 다름 아닌 것이다. 그것은 동시에 로고스적이고 또 정치적·사회적인 결합의 정신으로서, 그런 원리 위에서 '정의'국가의 건립을 요구했던 것이다. 생각건대 에로스는 이데아에 대한 인간의 생[명]의 정열로서, 이 정열이 인간을 내몰아 정의를 추구하게 했던 것이다. 이 정열은 함께 휴머니즘의 계기이며, 정상적 인간과 사회의 상태야말로 정의에 다름 아닌 것이다. 대화편 『폴리테이아』나 『파이돈』에서 정의란 아무리 높게 또 엄숙하게 그려져 있을지라도 그런 원리 쪽에서 나온 것은 아니다.

그리스도교의 모태인 유대주의에서 '의로움'은 역시 그러한 그리스적 의로움의 관념과는 달리 처음부터 오직 절대자인 신과의 관계에 그 핵심을 두었다. 이는 문화적인 그리스주의와 본래 종교적인 헤브라이주의 사이의 근본적 차이로 봐야만 한다. 그러나 유대주의의 의로움이 본래 절대적인 신과의 관계를 이탈해 추상적인 '율법주의Nomismus'로 빠졌을 때, 그것은 단순한 **합법칙성**의 개념이 되며, 사람들이 그저 율법에 합치되게 행한다는 것을 근거로 자신의 신성을 주장할 때, 그것은 결국에 일종의 자기규정·자기실현의 계기로서 본래 신과 인간의 관계가 끝내 인간적 정의의 관계로 변환되기에 이르렀던 것이 예수 출현 직전의 유대의 실정이었다. 즉 당시의 이른바 '학자' '바리새'

---

26   波田野精一, 『宗教哲学』, 210~211쪽 참조.

의 무리는 그저 종교적 제의뿐만이 아니라 넓게 인간사회생활의 규범에 대해서도 성서로부터 추출된 율법을 준수함으로써 스스로 '의로운 자義人'가 되고 정의의 생활을 실현할 수 있다고 생각했다. 그렇게 유대주의에서 종교는 즉각 국민적 정치생활과 결속되었고 신의 나라는 즉각 정치적 사회 개념이 되었던 것이다.

새로이 그리스도교가 말하는 '사랑agapē'의 본질은 그리스도의 죽음과 부활에서 드러났던 신의 사랑이고, 이 사랑을 믿고 절대자인 신 앞에 무조건적으로 자기를 바치는 것이다. 그것은 율법에 의한 합법칙적인 행위의 개념으로부터 순수한 신앙의 **심정**적인 동기로의 전회이다. 이는 '율법에 의한 의로움'에 맞선 '신앙에 의한 의로움'이고, 거기서 신의 의로움은 사랑과 내면적으로 깊게 결합되어 있는 것이다.[27] 즉 절대적 타자로서의 신의 실재에서 출발하여, 이 절대적 실재자에 대한 자기포기가 중심이 되는바, 그것에는 일체의 자기실현·자기규정과는 근본에서 서로 용인할 수 없는 것이 있다. 그것은 인간적·문화적인 관계가 아니라 오직 신적인, 순수하게 종교적인 관계이다. 그렇기에 아가페는 그 자체로, 이성적＝도덕적 원리가 아니려니와 정치적＝사회적 원리도 아닌, 신에 대한 인간개인의 신앙적 관계인바, 그것에 의해 신을 중심으로 결속된 사랑의 공동체적 관계가 신의 나라인 것이다.

그 결과, 양자의 차이·구별은 플라톤의 국가가 결국에 선·미의 이데아를 관조했던 한 사람 또는 소수의 성왕이나 철인계급의 지배였던 것과는 달

---

27 우리나라에서 특히 '신앙에 의한 의로움'을 고조시키고 역설했던 것은 고(故) 우치무라 칸조 선생이었다. 그것은 루터의 종교개혁의 정신이었고 더 거슬러 올라가면 사도 바울의 신앙이었다. 그런 바울의 신앙에 대한 최근의 연구로는 아마야 세이고 박사의 역작 『바울의 신학』[1936]을 거론할 수 있을 것이다(특히 같은 책 155; 157; 160쪽 참조). Vgl. Otto Pfleiderer, *Das Urchristentum*, 2. Aufl., 1902, Bd. I. SS.246·252ff.

리, 그리스도교는 그 어떤 계급에 속하든 관계없이 모든 사람들이 죄사함을 통해 널리 받게 되는 인간의 보편적 구제이다. 전자의 정신적 귀족주의와는 달리 후자는 복음적 평민주의로 부를 수 있을 것이다.

그리스 국민국가의 부흥을 위해, 그리고 동시에 널리 인류의 구제를 위해 구상된 플라톤의 이상국가가 필경 일종의 정신적 귀족주의인 까닭은, 철학자인 정치가가 구조 전체의 정점에 서서 우주와 일반 인간을 매개하는 역할을 맡으며 인간 속의 그 일자만이 이데아의 세계에 참여함으로써 그 비의를 안다고 주장하기 때문이다. 여기에 플라톤 자신의 신비주의가 있으며, 엑스타제 ekstase[脫我忘我]는 그의 철학에 숨겨진 최후의 장이다. 이 철인적 지배자만이 신과 고유하게 사귀며, 선함과 성스러운 이념에 관해 인식하고, 그럼으로써 스스로를 국민으로부터 판연하게 구별한다. 그들 국민은 단지 다중多衆·범속의 인민으로서 그러한 신적 지배자를 외경하고 그 명하는 바에 복종할 것을 요구받는다. 사람들은 스스로 알고 스스로가 체험함으로써가 아니라 지배자의 권위가 정한 신조를 준수함으로써 족한 것이다. 이것이 플라톤에서의 '신정정치Theocratia'의 사상이고, 앞서 보았던 이스라엘 고유의 신정정치 외에도 우리는 거기서 일반적으로 고대세계에 공통되는 정치형태의 형이상학화, 그 가장 심화된 이념을 보게 되는 것이다. 거기서는 정치적 사회의 가치가 전면에 드러나고 종교도 국가 속에 포섭되며, 과학이나 예술의 모든 것이 국가생활의 안쪽으로 흡수되는 엄격한 전체적 통제 아래에 놓인다.[28] 이 점에서 플라톤의 국가는 여전히 일반적으로 고대국민국가관과 공통되는 것을 지니며,

---

28 플라톤의 유명한 예술가추방론은 그 표현인바, 오직 신들을 찬미하고 영웅을 기리는 시만이 허락되었다(*Politeia*, X. 607). 또 종교도 결국 국가공동체를 위한 축제가 되는바, 그런 견지에서 일정한 신조가 규정되고 있다(*Nomoi*, VII. 800~801).

국가의 원시적 영상으로서 다분히 **신화**적 성격을 띠는 것이었다. 이는 다른 저작 『노모이』(법률국가론)에서 더욱 구체적으로 확립되는바, 이 법률국가론의 기초를 이루는 것은 더 이상 이데아론이 아니라 그것을 대신하여 국민의 기성종교와 그 신학이 되는 것이다.[29]

이에 반해 그리스도교는 신과 인간 사이에 신의 아들인 그리스도 그 자신 말고는 그 어떤 철인·성왕의 이름도, 그 어떤 매개자도 필요로 하지 않으며, 또 그것을 허용치 않는다. 모든 인간이 신앙에 의해 절대적인 신을 중심으로 결합하는 사랑의 공동체가 신의 나라이다. 그것은 이른바 정치적인 지배가 아니라 순수하게 종교적·내면적인 것이다. 그런 까닭에 예수의 신의 나라는 플라톤처럼 설령 정신적 이유에 기초한 것일지라도 그 어떤 '계통-제Hierarchie'의 질서도 아닌, 아무리 높은 윤리적 의미를 지녔을지라도 그 어떤 '공유제Kommunismus'의 문제도 아닌 것이며, 일반적으로 사회조직과 정치적 지배를 뜻하지 않는 것이다. 왜냐하면 플라톤의 국가가 가상의 세계로부터 이데아의 세계로의 상승이라는 형이상학적 원리에 의거하고 있음에 반해, 예수의 신의 나라는 순수하게 복음의 '신앙'에 근거한 것이기 때문이다. 플라톤의 사랑(에로스)이 동시에 로고스였음에 반해 예수의 사랑(아가페)은 전적으로 신앙과 결합한다. 플라톤의 이데아론에 의한 일원적 형이상학의 구조 속에도 여전히 덮어버릴 수 없는 이원적 분리가 있는바, 그것이 그의 에로스의 교설에 의해서도 결국 극복될 수 없는 것이었음에 반해, 이제 그리스도교의 '신앙'에 의해 그러한 모든 이원적 대립·분리는 지양된다. 아니, 그것은 신앙과 분리될 수

---

29 이 점에서 현대의 힐데브란트, 징어 등 게오르게 일파의 새로운 플라톤 연구는 지극히 흥미로우며, 어떤 뜻에서 플라톤과 그리스도교의 대립지점을 명백히 밝혔다고 할 수 있을 것이다. 이 책 1장 참조. 특히 플라톤의 신정 정치 사상에 관해서는 23~25쪽 참조.

없이 결합해 있는 '희망'에 의한 것인바, 일체의 이원적 대립은 신의 나라가 완성되는 날에 실현될 새로운 세계 창조의 대망에서 극복되는 것이다.[30]

예수에 의해 '신의 나라'가 선포된 것이 플라톤처럼 고대이상국가관과는 다른 새로운 세계의 개시임을 여기서 이해할 수 있을 것이다. 그것은 무엇보다 국민적·정치적인 한계로부터 자유로이 되어 **보편적·인간적**인 공동체의 방향으로 전개되기에 이르렀다.[31] 이는 메시아에 대한 유대인의 국민적·정치적 대망이 우선 순수하게 개인적 양심의 문제 및 종교적 내면성으로까지 깊어졌던 것의 결과임은 앞서 서술했던 바와 같다. 그 한 줄기로서 새로 형성된 것이 인간의 차이·구별이나 분리가 아니라 본래 인류의 본질적 **통일**과 신 앞에서의 만인**평등** 사상이다.[32] 그리스의 전통적인 국가관은 말할 것도 없이 그것을 심화하고 이상화한 플라톤의 국가에서조차 그 점에서는 현저하게 국민적·계급적이었고 폐쇄적 불평등성을 피할 수 없는 것이었다. 그런데 이제 사도 바울에게서는 그리스인도 유대인도 아닌, 노예도 주인의 구별도 없는, 모두가 동일하게 그리스도 예수에게서 일체가 되며 신의 나라의 한 시민으로 분명히 선언되었다.[33]

이 점에서 그리스도교 사상은 오히려 그리스 말기 스토아의 세계국가 및 인도주의 사상과 공통된다. 그리스도교가 그러한 입장에 있었기 때문에야말

---

30 Vgl. K. Hildebrandt, *a. a. O.*, SS.168~169.
31 첼러도 지적하듯 이른바 '원시 그리스도교'에는, 혹은 마찬가지로 성서의 서술에는 다양한 요소가 있고, 이 문제에 관해서도 이른바 '유대적 기독자'는 가능한 한 유대적 국민주의의 제한 내부에 머물고자 했던 데에 반해, 그리스도교는 널리 세계적·인류적 종교의 선을 따라 확립됐던 것은 마찬가지로 바울이었다. Vgl. E. Zeller, "Das Urchristentum", *Vorträge und Abhandlungen*, SS.283·250.
32 Paul Wendland, *Die hellenistisch-römische Kultur*, 1912, SS.230~231.
33 「갈라디아서」 3장 28절, 「고린도전서」 12장 13절.

로 로마의 세계적 국가조직 아래에서 곧잘 자신의 생장을 완수할 수 있었던 것이고, 그런 뜻에서 우리는 그리스도교 흥기의 정치적·사회적 조건을 간과할 수 없을 것이다. 그러나 그 어느 쪽에서도 역설되어야 할 것은 그리스도교의 그런 입장들이 **그 자체로** 직접 정치적·사회적 강령이 아니었다는 점, 신의 나라는 정치적 국가의 원리로부터 초월하고 있다는 점이다. 그리스도교에서 '평등'이라는 것은 단지 절대적인 신 앞에서 사람들은 한결같이 죄인이며 또 그런 까닭에 한결같이 구제될 수 있다는 뜻인바, 이는 스토아의 자연법적 개인주의와 같이 각 개인의 원자적 평등을 주장하는 것과는 비교될 수 없는 것이다. 또 '자유'라는 것도 스토아가 현자의 이상으로 삼는 것처럼 지적인 식견을 통해 체득할 수 있는, 외적 환경으로부터의 자유가 아니라, 모든 도덕적 법칙의 약속에서 해방됨과 동시에 죄사함을 통해 새로이 되는, 그리스도의 영[혼]에서의 자유를 뜻한다.

그러한 것은 오직 신을 향한 각 사람들의 [영]혼의 의존 및 신 속에서의 인류의 통일, 바꿔 말하자면 절대자에게서 새로 창조되었던 개인 인격 및 신을 중심으로 결합된 새로운 보편적 공동체의 이상이다. 그것은 그리스 및 다른 세계들에서의 도덕과 같이 인간사회생활에서 덕이나 행복으로 성립하는 인격의 관념과는 다른 것으로서, 이른바 정의 혹은 목적의 공동성으로 결합된 사회공동체의 이상과는 근본에서 구별해서 사고하지 않으면 안 되는 것이다. "내 나라[우리나라]는 이 세상의 것이 아니다. 만일 내 나라가 이 세상에 속한 것이라면 내 종들이 싸워 나를 유대인들에게 넘겨주지 않게 했을 것이다. 그렇기에 내 나라는 이 세상에 속한 것이 아니다"[34]라는 말씀은 빌라도의 심문

---

34 「요한복음」 18장 36절.

에 답한 예수의 것이었다. 그리하여 신의 나라의 건설이란 권리 또는 권력을 위한 싸움이 아니라, 그런 "생존을 위한 투쟁"과 그것을 조금 "완화한 법률적 제도"이기를 멈춘, 오로지 "내적 자유"와 사랑의 "심정의 공동체"를 위한 싸움이라고 하지 않으면 안 된다.[35]

실제로 예수 자신에게서 모든 정치사회의 문제는 최초부터 관심 밖에 있었던 듯하다. 그는 말한다, "먼저 신의 나라와 신의 의로움을 구하라."[36] 또 말한다, "신에게 속하는 것은 신에게 바치라, 카이사르에게 속한 것은 카이사르에게."[37] 생각건대 예수의 종교란 도덕적 인격가치로부터의 초월이었음과 마찬가지로, 실로 정치적 사회가치로부터의 초월이기도 했던 것이다. 거기서 신의 나라는 '하늘나라'로서, 정치적 공동체인 '땅의 나라'로부터 확연히 구별되기에 이르고, 과거 스토아철학을 통해 그리스적인 따라서 또한 플라톤적인 도시국가로부터 해방되어 널리 인류 세계국가의 구성원으로 살도록 가르침 받은 인류는 이제 땅 위의 그 어떤 정치적·법률적 결합으로부터 자유로이 되었던 것이다. 아니, 그것은 인류가 그저 정치적·도덕적인 것뿐만 아니라 일체의 문화적 영위와의 결합으로부터도 해방되어 새로이 하늘의 국토의 시민임을 요구받고 또 그것을 위한 자격을 부여받았음을 뜻한다. 그만큼 그것은 일반적으로 **초**문화적·**초**이성적인 어떤 것으로 사고되지 않으면 안 된다. 그것은 무릇 그리스주의와 그리스도교 사이의 근본에 가로놓인 어긋남의 문제이며, 고대 그리스·로마의 문화에 대해 이제 전적으로 새로운 정신과 세계의 탄생을 가리키는 것이라고 하지 않으면 안 된다.

---

35 E. Troeltsch, *a. a. O.*, S.57.
36 「마태복음」 6장 33절.
37 「마태복음」 22장 21절. [「마가복음」 12장 17절; 「누가복음」 20장 25절.]

그리하여 인류역사의 발전에서 그리스도교의 출현은 고대문화 일반에, 따라서 또한 우리가 문제시하는 정치적 문화와의 관계에 근본적인 전회를 가져온 것이라는 점을 이해하게 된다. 이제 국가적 공동체는 그 스스로 높은 가치를 갖는 것이 아니며 최고의 규범은 정치적 국가생활을 넘어서 있다. 이런 뜻에서 그리스도교는 국가 또는 그 주권자를 그것 자체로 신의 나라나 신과 동일한 의미로 신[성]화하는 근거 및 여지를 갖지 않는다고 해야 한다.[38] 바울이 "모든 사람은 위에 있는 권위를 따라야 할 것이다. 신에 의거하지 않는 권위란 없으며 모든 권위는 신에 의해 세워진다"[39]고 가르쳤던 것에서, 또 베드로가 "너의 주를 위해 모든 사람이 세운 제도를 따르라"[40]고 설파했던 것에서 즉각 국가권력에 종교적 인증이 부여된 것으로 보고, 이로써 예컨대 후세의 '군권신수설'의 이론적 구성을 부여한 것으로 이해하는 것은 현저하게 부당하다고 생각된다. 사도들의 그러한 교설은 모든 것을 신의 의지로부터 나온 것으로 믿고, 따라서 주어진 질서를 존중해야만 함을 설파하고, 어떤 경우에는 현실질서의 불법과 악조차도 관계없이 그것에 인종해야 함을 권장하는, 그들의 순수하게 종교적인 사랑의 심정으로부터 나온 수동적 태도에 다름 아니며, 또 그런 뜻에서는 어느 시대에나 용인되어야 할 신앙의 생활태도인 것이다. 그것은 결코 국가 그 자체를 그리스도교적 의의의 신적 가치로서 세우고 이에

38　원시 그리스도교의 이런 태도는 로마국가의 자랑과 서로를 용인하지 않는바, 오랜 기간 기독자에게 가해졌던 참혹한 박해가 그것을 증명한다. 그런데 그런 그리스도교가 결국에 국교로 채용되기에 이르렀던 객관적 조건으로서는, 첫째로 이미 그리스도교가 여러 국민들의 신앙을 섭취했던 결과로 유일신교로 기울었다는 것, 동시에 둘째로, 뒤에서 서술되듯이 보편적 조직으로서 발전했던 교회에 국가가 협력을 구했던 정치적 이유가 있었기 때문이다. Vgl. Paul Wendland, *a. a. O.*, SS.249·255~256.

39　「로마서」 13장 1절.

40　「베드로전서」 2장 13~14절.

대해 절대신앙을 설파하는 신정정치의 원리를 설립했던 게 아니다.

그러나 위와 같이 그리스도교적 신의 나라의 신앙이 정치적 국가생활로부터 근본적 전회를 수행했던 것은, 뒤에서도 설명되겠지만, 그리스도교가 단순히 초월·단절주의 혹은 소극주의에 머물러있음을 뜻하거나 하물며 은둔적 염세주의를 향해감으로써 정치적 국가 및 일반적인 세간생활과 문화의 가치를 부정하는 쪽으로 향하고 있음을 뜻하는 게 결코 **아니다**. 이를 정신사적으로 볼 때는, 어떤 뜻에서 그리스도교란 그 자체로 고대사회에서 보이는 정신의 최고의 순화 또는 최후의 창조라고 할 수 있다. 그것은 출현 당시부터 도리어 더 높은 문화의 요구를 내포한 것이었다.[41] 그것은 고대철학과 고대사회가 이루고자 했어도 이룰 수 없었던 바를 다른 원리 위에서 확실히 성취하고자 약속했던 것으로 볼 수 있을 것이다. 그리스도교가 새로운 개인 인격의 자유를 제시했던 것은 이 땅 위의 생존에 새로운 생명을 도입했음을 뜻하고, 그 지점에서 인간의 활동에 새로운 문제를 제출했던 것으로서 사고되지 않으면 안 된다. 그것과 동시에 새로운 사회공동체의 이념 — 신의 나라가 가리켜 보였던 그것은, 특히나 그리스의 도시국가생활이 붕괴하고 이를 대신해 일어난 로마 세계국가의 강제력 아래서 신음하던 여러 국민들의 그 이후의 사회생활에 새로운 과제를 부여해마지 않았던 것이다.

일반적으로 그리스도교의 출현이란 당시의 노쇠한 고대문화에 새로운 생명의 원천이 되었던 것으로, 인류에게 세계의 일대전회를 일으키지 않고는 멈출 수 없는 것이었다. 거기서 세계역사는 다른 의의를 갖게 되고 전혀 다른 빛으로 조망되기에 이르렀던 것이다. 소극적인 은둔주의가 아니라 기쁜 생

---

41 Vgl. Max Wundt, *Griechische Weltanschauung*, 3. Aufl., SS.117~118.

[명]의 긍정과 활동이 거기로부터 개시되지 않으면 안 된다. 예수의 교설이 결코 도덕의 파괴가 아니라 오히려 그것의 성취였듯이,[42] 종교적 신의 나라를 정치적 국가로부터 넘어 나아가도록 한 것은 정치사회 그 자체의 부정이 아닌바, 이제 종교와의 관계에서 국가는 새로운 의의와 과제로 세워지지 않으면 안 된다.

그렇다면 그것은 어떻게 가능할 것인가. '신의 나라'와 '땅의 나라'는 어떻게 관계 맺어야만 하는 것인가. 그것은 중세 그리스도교와 종교개혁에 의한 근세 그리스도교를 관통하는 공통의 문제이고, 또 현대의 철학 일반과 정치철학의 근본과제이다. 플라톤과 원시 그리스도교를 대비하고 그 차이로까지 파고들어왔던 우리는, 나아가 그 이후의 역사 발전 속에서 그런 차이·구별이 어떻게 지양되어 극복되려고 하는지에 대한 지극히 **유형적인** 사유방법을 검토하고, 그런 다음 그 두 나라의 관계가 현대정치에 어떤 문제를 던지는지, 어떻게 그 결정이 중요한 의의를 갖게 되는지 논하게 될 것이다.

3. 두 나라를 종합하는 유형 – 토마스와 헤겔

플라톤의 국가론이 고대국가이념의 최고 형태이고 어떤 뜻에선 그리스도교의 '신의 나라'의 이념을 미리 보여주는 것이면서도 여전히 근본에서 어떻게 다른 것인지, 그리스도교적 신의 나라가 어떤 고유한 특질을 내포한 것인지는 이미 서술했던 바에 의해 명확해졌다고 생각한다. 그것은 일반적으로

---

42 「마태복음」 5장 18절; 「누가복음」 16장 17절 참조.

그리스주의와 그리스도교의 상이함을 뜻하는 중요한 문제를 품고 있으며, 그렇게 그 둘이 근본에서는 구별되어야 하는 것임에도, 그리스도교가 단지 초월·단절주의 혹은 소극적 수동주의에 머무는 것이 아닌 한에서 그 둘은 다시금 모종의 관계로서 교섭하는 바가 없어서는 안 된다. 그리고 그것은 다름 아닌 그리스도교의 발전의 역사에서 즉각적으로 생겨난 문제였다.

그리스도교와 고대문화의 그러한 교섭의 일면 — 특히 우리들의 고찰에서 중요한 일면은 그리스도교도들 상호 간의 결합으로서 발달해왔던 '교단' 혹은 '교회ekklēsia'의 문제이다. 교단조직은 애초에 예수 자신이 세웠던 것은 아니지만 이미 초대 그리스도교 사이에서도 여러 양식의 채용과 함께 특수한 결합으로서 형성된 신앙의 단체였다. 그러나 당초 오로지 죄사함과 하늘의 정복淨福을 표적으로, 특히 종말관적인 '신의 나라'의 현현에 대한 대망에 불탔던 시대에서는 지상의 현세적 생활이란 관심 밖에 있는 것으로서, 일반적 세간생활에 대한 태도가 현저하게 수동적이었음은 예수 및 사도의 경우와 다르지 않다. 그런데 그리스도교가 널리 전파되고 그 신도가 증가함에 따라 이 세상 모든 국민과는 구별된 그들 자신의 독립된 생활권으로서, 다른 여러 단체 및 국가조직 — 일반적으로 '세간'에 맞서 스스로를 방어하고 또 주장하기에 이르렀다. 이는 로마의 보편적 통치 아래에서, 특히 당시의 많은 세계적 도시를 중심으로 서로 연계하여 노력을 더해왔던 것이다. 그런데 그런 교단의 성립·발달이란 바로 우리들이 문제로 삼는 신의 나라와 땅의 나라 간의 관계에 관해 극히 중요한 **새로운** 계기를 가져왔던 점의 주의하지 않으면 안 된다. 왜냐하면 그런 교회조직은 그리스의 세계에는 일찍이 없었던 것이고 플라톤의 국가론에서 곧잘 사고·의도되지 않았던 것이기 때문이다. 바야흐로 신의 나라의 실현을 기대하는 것은 국가 그 자신이 아니라 국가 바깥에서 교회가 나서며, 그리스도교는 그런 교회를 통해 고대문화와의 접촉을 낳았음과 동시에 고대정치국가와 현실 간의 교섭을 갖기에 이르렀다. 그렇다면 그리스도교가 고대문화를 받아들여 새로이 그리스도교적 세계관에 서게 될 때 국가의 이념은 신의 나라와 어떻게 관계 맺으면서 형성되기에 이르렀던가.

그러한 '신의 나라'와 '땅의 나라' 간의 관계야말로, 주지하듯 아우구스티누스의 『신국론*De Civitate Dei*』에서 취급된 과제이다. 로마적 '땅의 나라'에 대해 '신의 나라'의 영원성을 논증한 이 책, 당시 그리스도교를 국교로 채용한 로마가 도리어 머지않아 멸망한 점을 두고 이교 측에서 행해졌던 논란에 맞서 그리스도교의 입장을 변호했던 이 책에서 지금 우리에게 필요한 것은, 신의 나라의 땅 위에서의 구체적 실재로서 다름 아닌 '교회'의 개념이 세워졌다는 점에 있다.[43] 이것이야말로 이후의 중세 사상 전체가 의거함으로써 스스로의 문화를 건설하기에 이르는 중요한 초석으로 자리잡게 되는 것이다. 그리스도교는 이제 그 기초 위에서 자기 고유의 문화를, 그리스도교적 통일문화의 창조를 요청하기에 이르며 일반적으로 그리스문화와 그리스도교 간의 일대 종합이 기획·시도되기에 이르렀다. 생각건대 그것은 인류 역사에서 아직 달리 비견할 수 없는 장대한 문화이념의 요청이고, 그것이 토마스들에 의해 어떻게 체계화되기에 이르렀던가는 지금 우리가 끼어들어 문제시할 바가 아니다. 여기서 오직 우리는 예수가 설파했던 '신의 나라'가 어떻게 전개되었던가, 이와 동시에 정치적 국가가 어떻게 사고되기에 이르렀던가를 알지 않으면 안 된다. 그것은 앞 장에서 파고들었던 플라톤적 그리스 국가이념과 그리스도교적 신의 나라의 이념 간의 상이함이 어떻게 지양되고 극복되기에 이르렀던가의

---

43 J. N. Figgis, *The Political Aspects of St. Augustinus's "City of God"*, 1921, p.68.

문제이고, 거기서 문제의 역사적 전개 속에서 현저하게 드러나는 **첫 번째** 유형이 발견되는 것이다. 곧 중세 가톨릭주의의 입장이 그것이다.

본디 중세 그리스도교의, 따라서 다름 아닌 가톨릭주의의 핵심을 이루는 것은 '교회'의 개념이다. 교회는 앞서 서술했듯 역사적 과정 속에서 발생한 것이지만, 중요한 것은 그것이 동시에 그리스도교의 **본질**과 결합되어 사고됐다는 점이다. 교회는 단순히 신앙의 단체 또는 신도가 자유로이 결합한 조직이라는 뜻이 아니라, 역사적 전통에 기초해서 일어난 일정한 전례sacramentum와 사제제도를 그 조직 요건으로 가지며, 그러한 것으로서 교회란 인간 영혼의 구제를 위한 불가결한 조건으로서 주장되는 것이다. 그것은 본래 비가시적인 '신의 나라'가 가시적인 형태로 구체화된 것에 다름 아니고, 이제 그저 '보이지 않는 교회'만이 아니라 동시에 '보이는 교회'로서, 그 자체 다름 아닌 '땅 위에서의 신의 나라'라는 실재로서 주장된다. 이것은 이미 아우구스티누스에 의해 세워진 교회의 개념인 동시에 마침 가톨릭이 채용했던 바이기도 하다. 그러한 것은 본래 초경험적인 것과 경험적인 것을 융합하여 정신적인 것과 자연적인 것, 영원적인 것과 현실적인 것을 통일·종합하려는 기획·시도였다. 그것에는 근본적으로 그리스도교의 진리와 그리스·로마적 문화를 종합함으로써 그리스도교 자신의 통일문화를 건설하려고 하는 요구가 있었고, 토마스를 위시한 중세 스콜라 철학의 구상 또한 필경 그런 것에 다름 아니었다. 여기서 교회는 신의 영원한 진리의 계시로서만이 아니라, 그것 스스로 하나의 역사적＝사회적 질서로서 고유한 존재와 조직을 요구하기에 이른다. 바꿔 말하자면, 단지 영적·정신적 공동체로서만이 아니라 역사적 현실의 세계 속에서 스스로 독립된 공동체로서, **이 세계**에 대해서도 그것 스스로의 권위를 가진 고유한 단체로서 모습을 드러내기에 이르렀다.

그것은 국가와의 관계에서 극히 중요하고도 새로운 문제를 발생시키지 않을 수 없었다. 국가는 종종 이해되고 있는 것처럼 그 존재를 인간의 죄악에서 기인하는 것으로서 그 의의가 부정되는 것이 아니라, 적어도 인류의 자연적 요구에 기초하여 일어나고 자연법에 의해 규율되어야 할 결합인바, 그러한 것으로서 국가는 아직 **그 자신**, 신적 가치를 담당하는 것이라고 말할 수는 없다. 국가의 권력은 신의 권위에 의해 승인되고 정초됨으로써 비로소 신적 가치를 담당하고 신의 나라에 연이어질 수 있는 것이다. 그런데 그런 사정을 구체적으로 말하자면, 국가 스스로는 **좀 더** 낮은 질서로서, 나아가 **좀 더** 고차원의 질서인 땅 위의 '신의 나라'로서의 교회에 봉사하고 그 지도 아래에 서지 않으면 안 되는 것이다. 게다가 그 지도의 범위는 본래의 순수하게 **종교적 · 도덕적**인 사항에 한정되지 않는 것인바, 중세가 그리스도교적 통일문화의 건설을 지향했던 한에서는 교회가 스스로 '도덕적인 동시에 정치적인 공동체corpus morale et politicum'로서, 종국에는 필연적으로 **사회적**인, 그렇다, **정치적**인 영역에까지도 그 지도가 미치지 않으면 안 되는 것이다. 아니, 교회 스스로가 하나의 독자적인 정치적 · 법적 영역으로서, 스스로의 권력의 기둥을 필요로 하며, 이 세상 위에서도 그 권위를 유효하게 하지 않으면 안 되는 것이다. 로마 교황의 위치는, 달리 종교적＝내면적 요구에 기초하기는커녕, 필경 그러한 권위를 구체화했던 것이고, 이를 정점으로 중세 고유의 '보편적 그리스도교 사회republica christiana'의 질서 전체가 유지되는 것이다. 이런 뜻에서 국가는 교회에 종속 — 적어도 봉사하는 것이지 않으면 참으로 올바른 국가로서의 가치를 갖지 못한 것이라고 말해야만 하는 것이다. 이는 일반적으로 고대적 신정국가에 맞서 새로이 그리스도교의 입장에서 형성된 **중세적** 신정 정치 사상이고, 이스라엘의 사상을 계승 · 발전시켰던 것이라고 생각된다.

그런데 우리는 그러한 중세의 귀결이 어떻게 원시 그리스도교로부터의 괴리를 뜻하는지 간과해서는 안 된다. 첫째로 각 개인은 그리스도에서 직접 신에 결합하는 것이 아니라 신과 제각각의 인간 사이에는 새로이 매개자가 들어와 있던 것이다. 즉 고유한 계통적 조직의 사제제도와 그 정상에 선 교황의 권위가 그것이다. 사람들은 땅 위에서 교황이라는 신의 권위의 담당자를 거치지 않고서는, 바꿔 말하자면 로마의 보편적 교회의 구성원이 되지 않고서는 신의 나라의 시민이 될 수 없다. 각 사람들의 '신앙에 의해 의롭게 되는' 것이라기보다는, 이제 교회의 법도法[규정 · 율법]에 따르는 근면한 행실이 구제를 위한 조건이다. 그리하여 둘째로, 교황의 종교적인 권위는 동시에 **이 세상**의 권위이지 않으면 안 되며, 교회는 한 개의 역사적 = 현실적인 사회조직으로서 독립해 땅 위에서 신의 나라로서의 권리를 주장하기에 이르렀던 것이다. 거기서 예수가 설파했던 신의 나라는 완전히 제도화되며, 그것 자체, 강대한 정치사회조직, '국가 속의 국가'로서 드러난다. 참으로 그것은 신의 나라의 관념을 한 개의 통치의지로 고쳐 만든 것이고, 그럼으로써 세계를 주재하는 위대한 그리스도교 원리로 만들었던 것이다.

그러하되 마침 그 점에서 우리는 플라톤이 추구했던 이상국가 ― 인류의 오래된 구제를 위한 완전조직의 실현을 볼 것이다. 본래 플라톤과 원리적으로 다른 특질을 가진 그리스도교의 복음이 이후의 역사 발전 속에서 머지않아 플라톤의 철학을 채용하고, 그것이 중세 대부분의 시기에 걸쳐 그리스도교 신학 혹은 형이상학의 기초로서 도움이 되었던 것처럼, 이제 플라톤의 이상국가는 그리스도교적 신의 나라 ― 그 구체화로서의 교회국가에 응용되기에 이르렀던 것이다. 『폴리테이아』에서 무소유 또는 무결혼의 철인계급에 관한 구상이 중세 그리스도교의 수도원 생활 속에서 어떻게 결실을 맺기에 이르렀던가와 같은 유비는 별도로 하더라도, 플라톤 국가의 중핵인 철인정치의 이상정치가 어떻게 로마교황의 교회정치와 상통하는가는 극히 흥미로운 문제가 된다. 범용함을 초월하여 특히 신의 비밀에 참여하는 철인 또는 사제라는 특별한 계급이 있고, 그 속에서 최고 유일자가 권위를 잡음으로써 보통의 인간은 그런 카리스마적 권위에 대한 복종을 요구받고 또 그 복종을 통해 만족하는 것, 따라서 어떤 경우에도 함께 일종의 정신적 귀족주의의 원리에 의해 지탱된다는 것을 알 수 있다. 또한 그 경우에 종교와 도덕만이 아니라 학문과 예술에 이르기까지 일체의 문화는 어떻게 그런 절대적 권위의 엄격한 통제 아래 서게 되었던가. 그것은 '교리(도그마[교조])의 지배'를 뜻하며 양심의 강제 없이는 불가능하다.[44] 중세 신정 정치 사상은 그런 뜻에서 플라톤 신정국가의 재현이라고 할 수 있고, 단지 그리스적 도시국가를 대신해 이제 로마적·보편적 교회의 형성 속에서 신의 나라의 이상을 실현하려는 것이다. 그리고 다름 아닌 그 점에서 로마·가톨릭교회는 실로 고대 로마제국의 형태를 계승·발전시켰던 것이라고 말할 수 있는 것이다.

저 순수하게 새로운 인격과 사랑의 공동체의 이상으로부터 방향을 바꾸어, 이제 교회조직을 앞세우고 세간적 문화 속에 끼어 스스로 생존경쟁과 이 세상에서의 싸움을 위한 권력을 주장하는 낡은 도덕과 완전히 결합되기에 이르렀던 것이다. 생각건대 그것은 신의 나라의 로마화이고, 본래적으로 순수한 복음에 이교적 분자가, 특히 로마적·정치적 요소가 결합된 것으로 보인다. 원래 이교적 분자는 그리스도교의 발전에 수반되는 그리스도교 자신의 신학 혹은 철학을 구성하기 위해 섭취되었던 것이지만, 거기서 가톨릭 고유의 '교회'

---

44 W. Windelband, *Platon*, SS.177~178.

개념을 통해 그리스도교적 '신의 나라'의 가장 조직적인 역사적 전개를 보는 동시에 본래 그것과는 다른 플라톤적 국가와의 대립 혹은 상이함이 지양·극복되기에 이르는 유형 하나를 보게 되는 것이다.

위와 같은 것은 단지 중세에 고유한 교회의 개요를 통해서만 가능한 것이었다. 그런데 그런 교회에 대해 필연적으로 그리스도교 **내부**에서도 반대가 외쳐지지 않으면 안 되었고, 그것이 근세 종교개혁의 운동으로 전개되었던 사정은 여기서 상세히 논할 것까지도 없을 것이다. 그러나 그것이 동시에 그리스도교 **외부**에서 중세 스콜라철학과 그 문화에 대한 그리스·로마적인 고대문화와 철학의 반항, 또한 따라서 교회를 상대로 한 고대국가이상의 부흥으로 드러났던 르네상스 운동을 관통해 흐르고 있었던 것에는 극히 의미심장한 것이 있다. 그리하여 종교개혁의 주요동향이 되었던 자유의 정신이 문예부흥에서 새롭게 된 국가의 원리와 어떻게 결합되었어야 했던가는 종국에 큰 문제로 여겨지지 않으면 안 된다. 하지만 그것은 종교개혁에 참여한 사람들을 통해서는 해결되지 않은 채로 후대에 남겨진 문제이고, 다름 아닌 독일 이상주의 철학의 흐름에 의해 발전되었던 칸트, 피히테를 거쳐 특히 헤겔에 이르러 정점에 도달한 문제이다. 생각건대 그것은 루터 정신의 계승이고 관념론 철학의 지반 위에서 구축되었던 근세 그리스도교적 세계관이다. 그것은 중세 가톨릭적 그리스도교 세계관에 맞서 새로이 프로테스탄티즘의 입장에서의 위대한 문화의 종합을 시도한 것이고, 마치 중세 토마스의 사업에 대비될 만한 가장 포괄적인 형이상학의 구조라고 할 수 있을 것이다.[45] 거기서 종교와 국가의 관계가 어떻게 새로이 사고되는지의 문제, 그리스도교적 신의

---

45 Vgl. Richard Kroner, *Von Kant bis Hegel*, Bd. II. S.259.

나라와 고대국가이상 간의 대립이 어떻게 지양되는가라는 문제의 역사적 전개를 두고 신의 나라와 땅의 나라를 종합하는 **두 번째** 유형이라고 할 수 있을 것이다. 앞선 첫 번째 유형이 문제에 대한 중세 가톨릭적 해결이었음에 비해 두 번째 유형은 근세 프로테스탄트 철학 쪽에서 감히 시도되었던 해답이다.

문제의 저 중세적 해결의 핵심은 독자적인 정치적 사회질서로서의 보편적 교회가 그 자체로 땅 위에 세워진 신의 나라로서 그 존재를 주장하는 것이었다. 그런 사상의 근저에서 국가는 그 자체로 감히 죄악이라고는 할 수 없어도 무언가 비그리스도교적 본질을 띤 존재로서 이해되었다. 그런데 하나의 정치사회적 질서로서 자기를 현시했던 교회가 땅 위의 신의 나라임을 주장하는 이상, 마찬가지로 사회적 조직이자 동시에 일반적으로 인류공동사회생활을 가능하도록 질서 유지를 맡는 국가가 직접적으로 스스로의 신적 존재를 요구하지 못할 이유가 없다. 아니, 헤겔에게서 국가는 단지 정신의 외곽에 머무는 것이 아니라 그것 스스로 '절대정신'의 원리에 따라 행동하고, 교회를 기다릴 것도 없이 직접 그 시민의 종교생활이 신의 정신에 어울리도록 훈육해야 할 사명을 갖는다. 생각건대 국가 또한 종교와 동일한 이성, 동일한 정신에 의해 현실계에서 인간자유의 전당으로 신적인 내용을 요청하기 때문일 것이다. 왜냐하면 국가는 인간의 자유를 보장하는 단순한 외적 기구가 아니라 그 스스로 정신의 실체로서, 자유 그 자체는 국가 속에서 실현되기 때문이다. 국가는 객관적 정신의 최고형태로서, 인륜의 통[합]체 ─ 윤리적 정신의 완전한 형태이다. 높은 정신생활은 국가에서 비로소 자기의식적인 통일로 파악된다. 그것은 헤겔의 변증법적 사유방법에 따르면 '즉자·대자적卽自且對自的, an und für sich'으로 이성적인 구체적 보편이다. 이런 뜻에서 국가는 신적 절대정신의 구체적 실현으로서 땅 위에 실재하는 신의 나라이다. 본래 그의 정신체계에서 국가의식은 결국에 종교의식 속으로 지양되지만, 그것은 결코 국가의식의 소멸을 뜻하지 않으며 오히려 국가의식이 종교의식의 계기로서 보유되고 있는 바, 이를 거꾸로 말하자면 국가는 그 근거를 종교 자체에서 깊게 구하게 되며 거기서 정치와 종교는 완전히 종합된다. 이러한 것을 중세의 신정 정치 사상에 대비되는 **근세적** 신정국가의 이념이라고 부를 수 있을 것이다.

그것이 중세와 다른 것은 이제 교회의 권위에 의한 매개에 의해서가 아니라 인간의 자기의식에서의 계시로서, 새로이 인간이성의 자유에서 출발하고 있는 점이다. 그러나 헤겔의 절대관념론에서 그 점은 요컨대 절대정신·신적 이성의 자기발전에 다름 아니며, 나아가 그러한 이성 혹은 정신의 세계에서의 구체적 현현, 그 객관적 인륜화가 다름 아닌 국가인 것이다. 우리가 간과하지 말아야 할 것은 헤겔 철학에서는 국가야말로 자유가 최고의 권리로까지 구체화된 자기 목적이라는 것, 그 종국목적이 개인에 대해 최고의 권리가 되며 개인의 최고 의무는 국가의 구성원이 되는 것이라는 점이다. 도덕·종교만이 아니라 학문과 예술 등 일체의 모든 문화도 국민생활의 구체적 내용으로서 그 기초와 지반을 국가 속에서 발견하며, 그때 국가는 그 자체가 문화의 통[합]체이다. 생각건대 근대국가 최고의 정신적 정초, 곧 종교적 신성화라고 불러야 할 그것은 중세 가톨릭교회를 대신해 근세 국민국가가 정신적 만능을 가진 것으로 드러나며, 이는 단적으로 말해 고대국가이상을 새로이 그리스도교 정신 속에서 살리고자 했던 것으로 이해될 수 있다. 그리하여 국가의 정신은 영웅적 지배자에게서 표현되며, 그는 다름 아닌 절대적 정신의 파지자이지 않으면 안 된다. 시대에 무엇이 필요한지는 그런 이른바 '세계사적 위인'의 내심心內에서 계시되고, 그는 세계의 발전의 필연적 최고단계를 알고 능히 그것을 자기의 목적으로 실현하는 자이지 않으면 안 된다. 모든 개인은 무엇이 진리와 도의성인지를 그들 위대한 지배자 또는 지도자에 의해 의식하고, 그것을 행사하는 강[제]력에 몸을 위임하지 않으면 안 된다.

생각건대 그것은 근세국가, 그중에서도 군주국가의 합리적 체계인바, 거기서 우리는 어떻게 그리스적 국가이념이 근대화되고 있는지를, 더불어 다시금 플라톤의 이상국가와 철인정치의 사상이 ─ 그것 이외에 마찬가지로 신분적 = 계급적 구조를 가지고 있었다는 점 등은 다른 문제라고 할지라도 ─ 그것에 어떤 도움을 주고 있는지를 알 수 있을 것이다. 아니, 플라톤의 국가가 중세교회에서 한번 변형되었던 것임에 대해, 이제 다시 본래의 이성국가로 환원되고 있다고 볼 수 있을 것이다. 참으로 플라톤의 국가이상은 근세에 이르러 루소를 통해 독일 이상주의 국가철학으로 흘러들고, 칸트에서 나오며, 헤겔에 이르러 근대적 완성을 이뤄 새로이 근세 그리스도교의 원리와 결합되었던 것이다.

그런데 그러한 신정국가의 관념과 앞에서 서술했던 그리스도교적 '신의 나라'의 이상 사이에는 어떻게 다시 커다란 격절이 생겼던 것인가. 마치 중세가 로마교회를 중심으로 땅 위에 세워진 신의 나라임을 요청했던 것과 마찬가지로, 아니 그것보다 더 나은, '신의 나라'의 합리적인 정치적 조직화라고 하지 않으면 안 된다. 그것은 그리스도교의 내면성으로부터 조직화되고 합리적인 사회원리를 형성하려고 함으로써 종교의 비합리성을 정치적으로 다시 만들려는 것이었다. 그 결과 이제 신의 나라는 '사랑의 공동체'라는 본래적 특질을 상실하고 국민국가적인 하나의 정치적 왕국으로 전락한다. 무릇 그러한 종교와 정치의 종합·통일은 국가생활을 그 자체로 신성화하고 그럼으로써 국가 절대성의 이론을 도출하려는 것이라고 생각된다. 헤겔은 더 이상 고대국가관념과는 달리, 자유의 이념에서 출발하고 그것을 포섭할 것을 주장하고 있음에도, 이른바 변증법적 종합의 결과로 생겨난 위와 같은 국가의 '절대성'으로 인해 이후 독일을 중심으로 결성된 국가 만능의 주장과 반동 사상에 대한 책임이 그 자신에게 있다고 하지 않으면 안 된다.[46]

그리하여 불행한 것은 헤겔에게 구체적 보편인 국가에 상호 간 서로를 조정하거나 혹은 규율해야 할 대법관도 근본규범도 없게 되는 점, 그저 모든 국민은 세계역사의 심판 아래에 서고 오로지 세계정신이 그것을 결정하게 된다는 점이다. 그 의미는 세계정신이 개개의 민족정신을 초월해 제3자로서 외부에 독립하여 존재한다는 것이라기보다는, 결국 세계정신이란 그 시대의 정신을 짊어지고 일어나는 **특정**한 민족정신이라는 것인바, 헤겔에게 그것은 곧 게르만 민족국가에 다름 아니었다. 이제 게르만국가가 시대의 문화의 최고봉에 서며 그 스스로 땅 위의 신의 나라이지 않으면 안 된다. 이것은 실로 근세 그리스도교의 입장에서 본 독일 이상주의 철학의 발전 속에서 헤겔의 절대적 관념론철학이 귀결하고 있는 곳이었다.

그런 절대적 관념론에 맞서 머지않아 극단적인 반동이 일어났던 것은 오히려 당연한 일이라고 해야 한다. 그 광범위한 '정신'의 철학도 마치 중세 그리스도교의 신학적 형이상학이 그랬던 것처럼 머지않아 분열과 붕괴의 운명을 더듬기에 이르렀다. 본래 헤겔에게 신적인 절대적 세계정신으로서 사고되었던 것이 그저 단순히 **인간**의 발전이 되고, 모든 것이 인간적 존재의 제약 아래에 서게 되며, 결국에는 인간존재 특하나 그 **물질적·경제적** 존재의 방면만이 강조되는바, 그러한 인간의 물질적 존재의 관계 곧 경제적 생산관계가 본래 정신의 운동인 변증법을 이번에는 그 자신 쪽으로 끌어당겨 자기 자신의 발전

---

46 Vgl. Ernst Cassirer, *Freiheit und Form*, 1922, S.570.

을 위해 이용하기에 이르렀다.[47] 그것은 마르크스 및 엥겔스의 경제적 유물사관, 이른바 '물구나무 선' 정신의 변증법으로부터 '진정'한 유물변증법으로의 전환이다. 그리고 특히 그것이 헤겔 철학의 핵심이었던 **종교**를 둘러싸고 행해졌던 것은 우리의 연구에 극히 흥미로운 사례가 되는 것이다. 헤겔 이후, 그 철학은 실로 종교철학을 문제로 하여 분열됐던 것이고, 이른바 헤겔 좌파에 속하는 포이어바흐를 통해 마르크스 및 엥겔스가 종교를 어떻게 취급했던가는 현대인이 너무도 잘 알고 있는 것이다.

다만, 그러하되 거기서 '신의 나라'라는 관념은 새로이 인간의 자유와 평등의 공동체인 공산주의사회로 옮겨 놓아지고 있으며, 그것을 이상으로 삼는 사회와 세계의 현실에 의해 비로소 사회와 세계의 일변 및 참된 인류 역사의 개시가 설파되는바, 그들 또한 근세 자유주의와 자연법사상을 통해 본래 그리스도교적 관념을 섭취 및 변용하지 않고서는 그들의 세계관을 구성할 수 없었던 것이다. 그 경우, 일체의 초험적인 가치들을 제거해가면서 그 위에서 스스로 하나의 정돈된 세계관을 주장하고자 한다는 점에 자기모순이 있음은 차치하더라도, 그 세계관 혹은 철학이란 극히 피상적이고 일면적인바, 그들의 공산주의 이상사회는 근저에서 그리스도교의 이상과 어떻게 격절히 있으며, 또 플라톤의 공산주의국가와는 어떻게 근본적으로 상이한 것인가. 그것은 이제 '신의 나라'의 가치전환임과 동시에 플라톤 국가이상의 폐기이다. 그것은 문제의 발전이 아니며 문제의 몰각 이외에 다른 게 아니므로, 우리는 거기서 더 이상 오래 사색하며 걸을 필요가 없다.

---

47 Vgl. R. Eucken, *Die Lebensanschauungen der grossen Denker*, SS.481~482.

4. 문제에 대한 비판적 해결의 길

여기까지 서술해왔던 것처럼 근세사회 사상의 발전의 결과가 끝내 종교 부정으로 귀결됐던 것에 맞서 뒤이어 곧 반동이 개시되지 않을 수 없었다. 사람들은 거기서 현대에서의 '종교부흥'에 관해 이야기할 수 있을 것이다. 그것에는 여러 원인들이 있고 또 다양한 분야에 걸쳐 논해질 수 있는 것이지만, 지금 우리의 고찰과 관련해서 중요한 점은 그것이 헤겔의 절대관념론철학에 대한 반동으로서의 마르크시즘의 반종교운동에 대한 재반동으로 생겨났다는 것이다. 근대실증주의와 그 기초 위에서 발전했던, 근대사회 사상의 지극히 피상적인 종교관에 대해 ─ 일반적으로 종교에 대한 무관심으로부터 끝내 유물적·무신론적인 것으로 귀결되었던 것에 대해, 다시금 정신의 고양을 논하고 인간과 사회생활에서의 종교의 가치를 강조하는 한에서는 길어올려야 할 의의가 있지만, 그럴 때 우리가 간과하지 말아야 할 것은 그런 종교부흥운동이 마르크스주의에 대한 반동으로 다분히 **정치적 = 사회적** 동기에서 유래하고 있었다는 점이다. 즉 그것은 근대국민생활로부터 소실되어버린 종교를 원래의 왕좌로 되불러 다시금 종교의 신적 권위를 중심으로 국가사회의 재구성을 주장한 것이다. 그렇기에 대부분 역사적 관습과 강고한 법률적 형식의 울타리 안에 유폐되어 있던 신앙을 고취하지만, 때때로 정신적으로 참된 경건과 정열 없이 그저 정치적 동기로부터 그것을 절규하는 것이다. 그 결과로 특정 종교의 신조를 신봉하지 않는 자는 자칫하면 저주받은 이단자 혹은 반역자로 각인되지 않으면 안 되었다.

그것은 우리가 플라톤에게서 그 가장 깊은 형이상학적 구성을 발견했던 것처럼 고대적 신정 국가 사상의 부흥이다. 이스라엘의 인격적 유일신의 신정

형태는 잠시 별도로 해두고, 일반적으로 고대세계에서의 국가는 여러 씨족신·종족신 혹은 민족신을 중심으로 형성된 공동체생활에서 제각기 고유한 신들을 갖는바, 신은 국가를 통해서만 인간과 관계 맺는 것이 보통이다. 거기서 정치적 통치자는 곧 종교적 신앙의 대상이 되며, 국가는 절대적인 신적 조직으로서 현현하는 것이다. 이런 형태 아래에서는 국가의 주권자란 동시에 종교상의 수장이다.[48] 이는 '신정정치'의 형태에 다름 아니며, 그것은 오래된 건국 역사의 첫 시작처럼 정치와 제사란 언제나 하나로 결합되어야 한다는 주장을 포함하고, 이를 철저화하면 하나의 '국가'제도에 대한 요청에 귀속되는 것이 된다. 즉 그것은 그 나라의 정령政令과 도의가 일체임과 마찬가지로 종교와 국가도 분리불가능하게 융합되지 않으면 안 된다는 요구이다.

그와 같은 사정 아래에서 땅 위의 '왕국'이란 그것 자체로 '신의 나라'이며, 동시에 '신의 나라'는 그런 '땅 위의 나라'를 말고는 어디에도 존재할 수 없다. 그러한 고대세계가 지닌 의의는 종교를 본질적으로 민족과 결합된 형식으로서 파악하고 민족적·조국적 감정의 표현으로서 인식하려했던 데에 있다. 그리고 국가는 인민에 관계된 종교의 승인을 충분히 유효하도록 할 수 있을 힘을 구비하고 있었다. 생각건대 그 경우 종교적 신성은 인간의 순수하게 내적인 심정에서보다는 신적인 종교적 행위, 즉 예배·제전·의례 등에 관계되어 있었던 것이기 때문이다. 즉 거기서 사회생활 전체는 종교적 전통과 권위에 의해 규율되며, 모든 의무는 초개인적인 권위의 힘에 의해 부과되며, 사람들에겐 단지 그것을 신봉하고 실행하는 것만이 중요했다. 그렇게 국가적 권위

---

48 라틴어 rex(국왕)은 본래 그리스어 rexein(희생을 바치는 것)에서 나온 것으로, 국왕이 동시에 제사(祭司)를 뜻하는 것은 이런 관계를 보여주는 것으로서 흥미롭다(Hegel, *Philosophie der Geschichte*, S.383).

가 설정한 교의·신조에 복종한 결과로서, 일반적으로 학문적 사유의 발전이 배제됨과 동시에 정치사회에 관해서도 이론적 고찰이 저지되며, 국가생활과 행동에 관해서도 더 이상 그 의미와 가치를 질문할 여지가 존재하지 않게 된다. 왜냐하면 정치적 영역의 사항은 결국에 그것 자체로 신성한 종교적 비의와 동일한 것이었고, 그런 비의에 접촉하는 일 없이는 정치적 영역의 근본적인 성찰 또한 불가능하기 때문이다.

이와 마찬가지의 관계는 플라톤에게서도 보이는 듯한데, 거기서는 신들과 개인과 사회가 국가에서 하나로 결합되며, 국가공동체 주위에 종교적 정열과 모든 도덕적 의무와 사회적 이해가 응집되어 있다. 그런 까닭에 국가철학은 그것 자체로 전체적 생[명]의 철학·형이상학, 그렇다, 하나의 신학이기조차 할 수 있는 것이다. 국가를 떠나 종교적 공동체 없이 그리고 국민의 공동생활을 제외해서는 종교의 영역은 승인될 수 없는 것이다. 거기서 종교는 권력이 설정한 특정한 신조와 국민의 전통 위에 세워진 하나의 예배(컬트[숭배]) 또는 제사로서, 신성한 제사로서 드러난다. 그것은 고대 그리스의 도시적 국가형태처럼 그것 자체로 이미 응고된 하나의 조직형태에 다름 아니다.『법률국가론(노모이)』은 그런 이론적 귀결을 무엇보다 잘 보여주는 것으로서 의의를 가지며, 이는 앞서 서술했던 바와 같다. 역시 앞서 설명했던 것처럼 근래 플라톤에 새로운 해석을 가함으로써 그 부흥을 생각하는 자는 플라톤의 그러한 그리스적·이교적 요구를 역설하는 것으로서 주의에 값한다. 근래 종교부흥의 모든 외침들은 그리스도교 바깥에서, 그러한 이른바 **이교적** 분위기 속에서 현저한 듯하다. 그것은 대체로 민족공동체의 전체적 국가관의 부흥 또는 강조의 표어로서 외쳐지고 있다. 그럼으로써 사람들은 고대적인 신정국가 또는 신정정치의 이상으로의 복귀를 지향하며, 그것은 현대에 넘쳐흐르는 복고주

의 정치 사상의 표징이라고 생각된다.[49]

그러나 우리는 그런 사정과 동시에 **그리스도교**의 세계에서도 근래 동일한 경향이 드러나고 있음을 간과해서는 안 된다. 그 첫째는 중세로의 복귀를 위한 운동, 곧 가톨릭주의의 입장에서 종교를 강조함으로써 다시 종교와 정치사회의 결합을 주장하는 것이다. 이는 마르크스적 공산 사상의 폐해를 두고 거슬러 올라가서는 근세 자유주의의 상대주의적 주관주의의 결함에 따른 것으로 간주하고, 나아가 본원적으로 프로테스탄티즘의 종교개혁정신에 내재된 오류에 기초한 것으로 보는바, 시대의 극복은 오로지 중세적 가톨릭정신의 부흥에서 구해지지 않으면 안 된다고 주장한다. 즉 그것을 통해 종교와 근대문화 사이의 잃어버린 통일을 회복하고 그리스도교적 통일문화를 확립함으로써, 특히 근대 정치사회 사상의 분규에 유기적 통일을 부여하고 스스로가 시대의 구제임을 선양하려는 것이다. 둘째는 프로테스탄트주의의 입장에 서서 새롭게 헤겔철학을 재생시킴으로써 종교와 국가 간의 결합의 회복을 향하는, 이른바 신헤겔주의의 주장이다. 이는 마찬가지로 프로테스탄티즘에 근거한 칸트철학 및 신칸트주의에 대한 반대의 운동으로 이해될 수 있다. 자세히 말하자면 칸트에 의해 정초된 비판주의의 결과는 각 문화영역의 자율을 선언한 것일 뿐으로, 이것이 전체적 종합을 결여한 점, 나아가 일반적으로 현대

---

49 독일·나치스에서 로젠베르크 일파의 운동이 '본원적인 게르만 감정' 혹은 '게르만적 도의감'에 호소함으로써 배타적 종족의식과 국가의식을 고취했던 결과는, 종래 그리스도교회의 종교운동에 반대한 것임은 물론이고 유대적인 그리스도교 그 자체에 만족하지 않고 오딘의 오래된 국민적 '신화'와 '신비'를 강조함으로써 일종의 게르만적 민족종교부흥의 경향이 되어 드러났음은 여기까지의 관계에서 이해될 수 있을 것이다(Vgl. Alfred Rosenberg, *Der Mythus des 20. Jahrhunderts*, 1934; *Das Wesensgefüge des National-sozialismus*, 1933). 자세한 것은 이 책의 4장을 참조. 그리고 마찬가지로 독일에서 게오르게 일파의 플라톤 해석 ― 그 신화적 원[형]상으로서 플라톤 국가의 부흥이 주장됐던 것은 내겐 로젠베르크 일파와 일맥상통하는 것으로 생각된다. 이 책 1장을 참조.

를 문화의 분열상태로까지 이끌고 따라서 종교와 국가생활도 분리되었던 점, 더욱이 사회생활이 주관적 상대주의로 돌아갔던 점에 대한 불만과 항의였던 것이다. 여기에 프로테스탄트철학의 입장에서 헤겔적 형이상학을 재흥시킴으로써 전체적 생[명]의 통일, 문화의 통일적 체계를 구성해 시대의 위기를 극복하고자 했던 것이다.

그리고 위와 같은 가톨릭으로의 복귀와 헤겔철학의 재흥이야말로 앞 장에서 논했던 플라톤적 고대국가이념과 그리스도교적인 새로운 신의 나라의 이념 간에 시도된 종합의 부활인 것이다. 거기서는 무엇보다 정치와 종교 간의 종합이 사고되며, 그로써 신의 나라의 구체적 현실화 및 땅 위에서의 조직화가 행해진다. 다만 그 경우에 가톨릭은 '교회'를, 헤겔철학은 '국가'를 각기 전면에 표출시키는 상이함이 있을 따름이다. 더불어 그리스도교적 '신의 나라'의 정치적 제도화와 법률적 질서화에 이르러서는 서로가 마찬가지인바, 가톨릭으로부터는 '교회국가주의Kirchenstaatstum'가 헤겔철학으로부터는 '국가교회주의Staatskirchentum'가 성립하는 것이다. 동시에 중세적인 혹은 근세적인 '신정정치'로의 복귀를 주장한다는 점에서는 그 둘은 동일하다. 그 어느 쪽도 강조하는 것은 구체적 보편의 관념이고, 그것이 가톨릭의 경우에는 보편적인 '그리스도교 교회', 헤겔주의의 경우에는 절대적인 '민족적 국가'의 개념이다. 거기서는 무엇보다 개인의 자유 — 개성의 개념이 배후로 퇴거되며 사람들 각각의 정신생활이 교회의 권위에, 또는 국가의 권력에 의존하게 되는 것은 앞 항에서 각각 비평했던 바를 따라 명확한 것이다. 그리하여 그것들은 그 어느 쪽도 고대적 신정 정치 사상을 나눠 가지는, 일반적으로 신정정치의 특징을 띤 것이라고 하지 않으면 안 된다. 또 현대의 이른바 이교부흥의 운동이 그것 자체로 복고정치를 뜻하는 것과 마찬가지로 그리스도교의 지반 위에서 그 둘이 시도하는 종교부흥의 정신도 일종의 복고정신 ― 반동적 경향을 갖는 것으로 생각된다. 그럴 때 현대 이탈리아에서의 파시즘의 세계관적 정초를 다름 아닌 가톨릭종교를 통해 시도하는 자가 있을지라도[50] 그것 자체로 의아할 것이 없으며, 동시에 신헤겔철학이 애써 나치즘을 뒤쫓아 따라가면서 그 철학적 기초이고자 하는 것도[51] 우리에게 이상할 것은 없는 것이다.

위와 같은 현대의 정세 속에서 좀 전에 논술했던 **원시** 그리스도교의 의의는 다시 고려되지 않으면 안 된다. 왜냐하면 그것은 그리스도교 발전의 역사에서 그리스도교의 본질이 문제가 되는 경우에 언제나 되돌아왔고, 거기서 생명과 원형을 구하지 않으면 안 되었던 것이기 때문이다. 고대의 민족적 종교에 대해서는 별도로 할지라도, 본래 예수가 설파했던 '신의 나라'는 그런 신의 나라의 정치적 조직화 혹은 법률화로부터의 초월이었던 것이다. 또 그것은 일반적으로 그리스·로마적인 고대세계에 대비되는 그리스도교 출현의 세계역사적 의의이지 않으면 안 된다. 그런데 신정 정치 사상은 오히려 그러한 고대국가관으로의 복귀에 다름 아니다. 그리고 중세 로마교회가 본질에서 고대 로마제국의 계승·발전이라고 한다면, 위와 같은 관계는 중세 신정정치를 이상으로 하는 경우에도 상이함은 없다. 그런 까닭에서야말로, 중세와 근세 어느 쪽에서도 그리스도교가 조직화되고 체계화되는 과정에 플라톤이 이용될 수 있는 것이다. 그만큼 플라톤 철학은 깊은 종교적·형이상학적 요구

50　이탈리아에서의 무솔리니와 교황청 사이의 실제 정치적 협력에 대해서는 잠시 불문하고서, 가톨리시즘과 파시즘 간의 결합을 일찍부터 시도한 것으로 참조할 수 있는 것은, J. S. Barens, *The Univelsal Aspects of Fascism*, 1928; The same, *Fascism*, 1931.

51　이미 나치스 이전부터 이런 경향을 대표하는 자로서 슈판은 말할 것도 없고, 신헤겔주의의 대표자 빈더의 나치스로의 접근을 보여주는 것으로는 그의 『법률철학』 개정판(Julius Binder, *System der Rechtsphilosophie*, 1937)을 거론할 수 있다.

에 근거한 것이었지만, 그리스도교의 복음은 플라톤의 이데아론까지 초월하는 것인 이상, 우리가 보았듯 '신의 나라'는 플라톤의 이상국가로부터도 구별되어 사고되지 않으면 안 되는 것이다.

예수가 설파한 신의 나라의 특질은 종교를 정치적·국가적 의식으로부터 해방시켜 인간의 정신적 내면성으로까지 순수하게 심화했던 것에 있었다. 한편 신정 정치 사상 아래서는 그것이 어떤 유형일지라도, 인간은 어떤 '권위' ― 그것이 교회 또는 국가 어느 쪽이든지 ― 를 매개로 해서 신과 결합하기에 그 신앙은 하나의 '권위신앙'[52]인 것에 대해, 원시 그리스도교가 지닌 의의란 종교를 그러한 권위에 대한 신앙으로부터 해방시켜 무엇보다도 인간 개인의 양심 문제로 삼았던 것에 있다. 각각의 개인이 아무런 매개자도 경유하지 않고 직접 신 앞에서 짊어져야 할 책임이 기초가 되며, 이를 한 측면에서 볼 때 신앙의 자유가 존립하는 것이다. 거기서 우리나라를 위시해 근세 국가들의 헌법조직에 있어 정치와 종교의 **분리**가 전제되고 신앙의 자유가 존중되는 것은 당연한 것이라고 하지 않으면 안 된다. 이는 실로 근세 종교개혁의 성과이고, 특히나 칼뱅주의 발전의 결과라고 생각된다. 종교와 정치의 결합 위에 선 신정 정치 사상과는 반대로, 종교와 국가의 분리라는 오히려 **소극**적인 관계야말로 그리스도교가 가져온 문화적 의의로서 중요한 진리인 것이다. 그리고 그것은 단지 그리스도교에 대해서만이 아니라, 무릇 종교가 참으로 인간 영혼의 구제임을 요구하는 한에서 반드시 용인되지 않으면 안 되는 진리이다. 이 점에서 고대국가관은 물론 일반적으로 국가철학은 중요한 한계에 놓여있다고 하지 않으면 안 된다. 거기에는 현대의 어떤 전체주의 국가관도 ― 그것

---

52 이런 뜻에서 '권위신앙(Autoritätsglaube)'이라는 단어를 사용했던 것은 피히테이다 (Fichte, *Staatslehre*, 1813, SS.129~130).

이 파쇼적이든 혹은 나치스적이든 — 위의 관계 속에서 개인의 인격과 자유를 침해해서는 안 되는 또 침해할 수 없는 것이 있다. 그것은 실로 그 어떤 사회유기체 이론을 통해서도 또 변증법적 국가사변을 통해서도, 중세에서처럼 또 헤겔에서처럼 형이상학적 독단을 무릅쓰지 않고서는 교회 또는 국가의 개념으로 지양하고 포섭할 수 없는 것이다.

그러면 종교와 정치란 영구적인 분리에 멈추는 것인가, 거기엔 무언가 **적극적인** 관계가 있는 것은 아닌가. 여기서 상기해야 할 것은 그리스도교적 '신의 나라'의 개념은 결코 개인 인격과 자유의 개념에서 끝나지 않는다는 것이다. 우리들의 앞선 고찰에 따르면 신의 나라의 선포는 새로운 개인 인격의 창조와 동시에 '사랑의 공동체'로서 새로이 사회공동체의 이념을 제기했음을 뜻한다. 종교를 오로지 개인 인격과 자유의 문제로만 사고해 왔던 것은 자유주의의 유물이지 근본에서 개인주의의 윤리관으로부터 나온 것이 아니다. 하지만 신의 나라는 어디까지나 '나라'이다. 그것은 개성적 인격과 모순되어서는 안 되는 것이지만, 개개의 사람들과 그 단순한 교호관계의 이론으로는 설명이 끝나지 않는 사회공동체의 관계 그 자체의 문제가 포함되어 있는 것이다. 앞서 본 것처럼 그리스도교의 이념이 한편에서 절대적인 '개인주의'를, 동시에 다른 한편에서 절대적인 '보편주의'를 요청했던 것, 그리스도교 윤리의 그런 '양면성'은 매우 중요한 의의를 시사하는 것이라고 생각된다. 이 양자는 종교의 이념에서 — 그렇다, 종교적 '신의 나라'라는 이념에서야말로 — 하나로 종합되지만, 우리들 학문적 사유에서의 사회적 원리로서는 각기 고유한 원리로서 발전될 수 있는 것인바, 하나가 다른 하나에 의해 요청되고 또 제약될 두 관점인 것이다. 즉 개인주의는 개인 인격의 가치에 관계하는 원리이고 보편주의는 사회공동체의 가치에 관계하는 원리이다.

원래 종교 ─ 특히 그리스도교의 초월성은, 앞서 그리스주의와의 대비 속에서 서술했었지만, 그럼에도 그러한 종교의 초월성은 이 세상 현실의 영위와 결합을 부정하는 것이 아니다. 왜냐하면 종교는 스스로 고유한 문화영역을 형성하는 것이 아니라 문화의 가치를 넘어가는 것이기에 오히려 갖가지 문화영역 속에 파고들어 그것들에 새로운 내용과 생명을 공급할 수 있는 것이기 때문이다. 바꿔 말하자면 종교적 체험이 우리의 도덕적·사회적 관계의 체험과는 다른 만큼, 그것은 오히려 인간의 도덕적 노력에 무한한 과제를 주며 사회적 관계에 새로운 이해를 주는 것이다. 거기에서 새로운 개인 인격의 개념이 성립하듯이 새로운 사회공동체의 이상이 형성되지 않으면 안 된다. 사람들은 다른 빛에서 스스로의 이성적 활동과 사회적 현실 속으로 걸어 들어가지 않으면 안 되는 것이다. 그리스도교의 그러한 차안적 현실성, 땅 위에서의 생활의 윤리화가 지닌 의의는 불교의 '정토淨土' 사상 등에 비해 극히 현저한 요소인바,[53] 순수하게 피안적 초월성을 가지면서도 스스로가 사회적 개혁의 사명으로서 작용했던 사실은 달리 비교될 수 없는 사실이다. 참으로 하나의 종교가 초월세계에서 높은 이상을 보유하면서 동시에 이 세상의 공동체생활에서 정신적 지반을 확보했던 것은 역사상 이제껏 없었던 일이라고 해도 좋을 것이다.[54]

특히 인류가 서로 협력하여 공동의 사회를 건설하고 이로써 질서가 유지되는 국가적 정치생활에 있어 그리스도교란 얼마나 새로운 정신과 정열을 불러일깨웠던 것인가. '신의 나라'가 뜻하는 '사랑의 공동체'라는 이념은 인류의 사회생활에서의 협동에 관계없는 것이어서는 안 되며, 이웃사랑隣人愛의 정신은

---

53 와쓰지 테쓰로, 『원시 기독교의 문화사적 의의』[1926], 221쪽.
54 A. Harnack, *Das Wesen des Christentums*, S.108.

이윽고 국민공동의 요구에 의한 결합관계에 새로운 생명을 공급하기에 마지 않는다. 각 개인의 영혼이 다른 무엇으로도 대체될 수 없는 무한의 가치를 갖는 것이기에 한편에서 새로운 개인 인격의 개념이 도출될 수 있는 것과 마찬가지로, 다른 한편에서 신에게서의 인류 사랑의 공동체라는 이념으로부터 결합·통일하는 보편주의의 사회적 원리가 추출될 수 있다. 종교는 그저 개인의 구제로 끝나는 것이 아니라 널리 국민과 국가, 마침내는 인류사회 전체의 구제이지 않으면 안 된다.

거기서 사람들은 예수 자신이 본디 하늘에 깊게 뿌리내렸으되 동시에 땅을 위한 평화와 정의의 나라를 간과하지 않고 있음을 생각할 필요가 있을 것이다. 그는 '신의 나라'라는 개념을 순수하게 영적으로 내면화한 점에 새로운 의의를 부여했지만, 동시에 좀 전에 다뤘듯 그가 결코 종말관적 '신의 나라'라는 개념을 부정하지 않았음은 주의해야 할 사실이다. 한쪽으로는 현재 이미 개시되는 내적인 신의 나라와 다른 한쪽으로는 장래 현현될 신의 나라의 질서가 서로 상반되는 것이 아니라 오히려 공존할 수 있다는 인식은 그 경우에 매우 중요하다. 그가 물리쳤던 것은 단순한 행복주의 또는 권력주의의 지배 즉 악에 속한 나라이지 공동사회의 건설과 지배 그 자체가 아니었다. 이 세상의 불법과 해악에 대한 싸움이 결코 인간의 의무로부터 제외되었던 게 아니다.

그리스도교적 '신의 나라'라는 이념에 의해 고대적 국가의 이념이 개인의 양심과 자유를 한계로 하여 의미를 상실했음 — 적어도 제한되었음을 앞서 서술했었지만, 다른 한편에서 국가는 다시 새로운 이상적 과제를 담당하면서 드러나게 되었다고 볼 수 있을 것이다. 즉 인류의 국가생활은 비단 땅 위의 평화와 정의만을 위해서가 아니라 이제 인류를 내적으로 깊게 결합하는 '신의 나라'를 향해 사회공동생활과 그 질서를 만들어내는 것이었다. 정치는 단지 생활과 권력만의 문제가 아니라 인류 공동생활체의 이상과 세계의 질서에 관계된 문제이다. 정치의 이상은 그 위의 것이 아닌 동시에 그 아래의 것이어서도 안 된다. 여기서 국가는 고대세계에서 볼 수 없는 새로운 사명을 짊어지고 등장했던 것이고, 그 점에서 고대적 국가이상은 한편에서 잃어버렸던 것을 회복하기에 남음이 있다고 해야 할 것이다. 다만 중세 가톨릭주의에서처럼 교회가 스스로 독립된 정치적 사회질서로서 그 존재와 권위를 주장하는 것에서는 국가에 직접적으로 그러한 이상과 과제를 용인한 게 아닐 것이다. 그러나 국가의 정치적 공동체는 단지 외적인 강제의 문제가 아니라 궁극에서 절대적인 가치에 관한 문제이다. 즉 그것 스스로 사회공동생활의 관계를 올바른 것이게 하는 가치의 문제인 것이다. 그러한 것으로서 국가는 단순한 수단가치의 영역이 아니라 도덕적으로 완성된 사람들 사이에서도 타당한 것이며, 도덕적 인격과 나란히 함께 '신의 나라'에 직접 이어지는 것을 방해하는 것이 아니다. 그런 뜻에서 저 고대 이스라엘 국민의 마음이 오래도록 현실에서의 신의 왕국의 지배를 대망해왔던 것에도 그 의의를 멸각해버려서는 안 되는 것이 있다. 아니 그저 이스라엘에 한정되지 않고, 일반적으로 예로부터 종교가 다른 한편으로 정치적 요소를 갖고 국가에서 신적 통치의 관념과 결합하여 발달했던 것은 위와 같은 관계에서 의의가 없다고 할 수 없는 것이다.

그러나 그것은 역사적 현실의 국가를 즉각 신의 나라와 동일시하거나 그 구체적 실현으로 간주하는 것은 아니다. 신의 나라는 어디까지나 경험적 실재를 넘어선 문제이고, 다만 우리가 절대적 가치의 타당성을 생각할 때에 그 실재를 확신하지 않을 수 없는 저변의 형이상학적 확신에 속한다.[55] 현재적

---

55 W. Windelband, *Einleitung in die Philosophie*, 2. Aufl., SS.394~395.

인 신의 나라 — 신의 나라의 **실재성**은 종교적 신앙에서 살아있는 사실이지만, 우리의 이론이성에서는 인식의 한계를 넘어서는 문제이고, 그것은 이른바 사유의 '국한'의 문제이다. 아마도 인류·종·속의 노력 전부를 기울여서도 역사적 현실 속으로 가져올 수 없는, 그런 뜻에서 실재적으로는 어디까지나 불가촉적인 이념이지만, 그렇기에 인류는 **실천적**으로는 더욱 그것의 실현을 향해 끊임없이 노력하지 않으면 안 되는, 인류의 이성적 행위에 있어 무한한 과제이지 않으면 안 되는 것이다. 신의 나라의 실재성은 신의 절대적 실재와 마찬가지로 **종교적 비합리**의 문제에 속하며, 우리의 직접적인 신앙의 '체험' 속에서 살아있는, 앞서 서술했듯 종교적 '사랑'에서야말로 살아있는 생생한 사실이지만, 그것을 인식을 통해 파악하려고 할 경우 우리의 이성은 그 앞에서 멈춰 스스로의 제한을 자각하지 않으면 안 된다. 그것은 향후 그 어떤 철학이 사유하고자 할지라도, 설령 그 어떤 방법이 지식과 신앙 간의 종합을 시도하려고 할지라도 반드시 보유하지 않으면 안 되는 종교적 '비합리성'의 문제이다. 혹여 그러한 비합리성이 무시되고 신의 실재가 이론적 체계의 중심을 이루게 될 때, 혹은 신의 나라의 실재가 조직적으로 존재화될 때 거기서는 형이상학적 **독단**과 정치적 **독재**가 성립하게 될 것이다. 이는 중세 및 헤겔 모두에서 우리가 보았던 바이다.

그러하되 여기까지의 견해가 종교 문제에 대한 개념이나 이론의 개입을 배척한다고 말하는 것이 아니다. 학문에서 필요한 것은 종교의 비합리성에 신앙체험의 무한한 영역을 주면서 어디까지나 비합리성을 비합리성으로서 그 필연적인 내적 연관 속에서 세우는 것이지 않으면 안 된다. 거기에 종교와 철학 간의 결합점이 있으며 일반적으로 문화의 영역이 열리는 것이다. 우리는 종교적 체험의 세계 속에서 신적 실재와 사귀며 거기서 모든 것의 조화와 휴식의 원천을 발견하지만, 동시에 우리는 거기에서 나와 문화의 세계 속에서의 온갖 분열과 대립을 넘어 싸우지 않으면 안 된다. 그리스도교의 본질은 그것 자체로 인간적 문화의 세계를 초월한 문제이지만, 그렇다고 그런 연관에서 인간의 이성적 노력을 배제하는 것이 아닌바, 결코 문화적 작업을 부정하는 것이 아님과 동시에 결코 낭만적인 본원적 생[명]의 비합리성에 숨겨진 장을 구해야 하는 것 또한 물론 아닌 것이다.

그런 관계 속에서 근래 독일에서 창도된 '위기의 신학Theologie der Krisis' 혹은 '변증법신학Dialektische Theologie'이 비합리성을 강조하고 문화에 대한 전면적 부정의 입장에 서는 것은 종래 너무도 합리주의적으로 조직된 근대신학에 대한 반동으로서의 의의는 인정될 수 있겠지만, 스스로 제한을 갖는 것이라고 하지 않으면 안 된다. 그리고 그 경우의 비합리성은 본디 순수하게 신학적 입장에서의 종교적인 고유 문제이고, 따라서 종종 오해되듯이 그것 자체로 즉각 현대 나치스·독일의 국가관에 기초가 되는 것은 아니다. 그러나 혹여 그것이 정치적 비합리성과 결속될 때는 나치국가관과 제휴할 가능성과 문제성이 있다. 즉 그 경우에 그것은 일종의 낭만주의적 요구가 되며, 과거 19세기의 낭만주의가 그러했듯 신의 실재 문제와 역사적 국가의 실재를 결합하기에 이르는 것이다.

현대국가철학의 동향은 좀 전에 지적했듯 근대에서의 종교부정의 경향과 국가 개념의 빈곤 현상에 대해 그것을 종교적·비합리적 실재의 문제와 관련하여 마치 정치적 국가의 실재 문제가 후퇴한 것으로 간주하며, 따라서 새로이 정치적 국가의 실재를 정초하려는 까닭에 다름 아닌 종교적 실재 문제를 거론하는 것과 같다. 근래 그리스도교의 세계 바깥에서 국가권위의 부흥을 외치는 목소리가 국민적 종교의 문제와 관련된 것도 그러한 사정 때문이고,

따라서 그 나라의 국가조직과 철학은 궁극에서 그 국민의 신학 ─ 종교적 비합리성의 문제로 귀착하는 것이라고 할 수 있을 것이다. 또한 저 중세철학으로의 복귀라고 말하는 것 혹은 헤겔철학의 부흥이라고 말하는 것도, 결국엔 그러한 사정과 다름없으며 그 어느 쪽도 종교적 실재가 철학적 인식의 문제가 되며 철학적 인식이 세계실재의 질서 문제로서 사유되는 것이다.

더 나아가 이제는 종교적 실재의 문제가 아니라 오히려 역사적 ＝사회적 실재가 중요하게 되며, 그것이 전면에 드러나게 될 때 거기서는 종교적 신비를 대신한 국가관, 종교적으로 보편화된 국가실재론이 대두하는 것이다. 마찬가지로 근대독일에서 유행했던 '생철학Lebensphilosopie' 및 '현상학Phänomenologie'이라는 것은 그 어느 쪽도 그런 경향을 더듬어가는 것이라고 말해야 하며, 그 기초에서 생명의 신비적 요소 혹은 사회적인 바이탈리즘[생기론生氣論·활력론]의 계기를 발견하는 것은 어렵지 않다. 이제 실로 온톨로기[존재론]의 문제는 정치적 ＝사회적 비합리성의 문제로서 국가**본체**론에 집중하는 것과 같다. 여기에 근대에 고조된 국가실재론이 시대의 요구와 결속하는 이유가 있으며, 그것이 나치스 혹은 파쇼적 국가와의 공동전선에서 발전되는 이유가 이해될 수 있을 것이다. 그들에게 중요한 것은 '실재'의 문제이고, 그것은 이제 우리 인식의 관심이 접근해가는 객체로서가 아니라 오히려 인식에 앞서 존재하는 객관적인 완전질서로서의 실재이다. 그리하여 전前과학적인 보편적 실재로서의 국가의 존재가 최초이자 최후의 개념이 되어 드러나게 되며, 국가실재의 생명 ─ 실체적 국가의 개념이 절대적인 신적 실재를 대신하게 되는 것이다. 그로써 국가는 생명의 실체 ─ 자기 안쪽에 스스로의 이념과 힘을 융합한 신비적 실재로서 우리 위에 임하는 것이다.

그런데 어디까지나 우리는 무릇 그런 국가의 실재에 대한 인식이 어떻게 가능한지를 질문해야 한다. 그것은 국가의 '실재적 존재'의 문제가 아니라 '권리근거'의 문제이지 않으면 안 된다. 나아가 그것은 국가로 하여금 참으로 국가이게 하는 규범적 당위 또는 가치의 문제이다. 그 경우 '정의'는 정치의 합리적 정신, 또는 국가의 가치적 원리로서 국가의 실재를 넘어 타당한 근거이지 않으면 안 되는 것이다.

그렇게 논하게 될 때에는 다시금 플라톤의 의의가 고려되어야 한다. 플라톤의 철학도 일면에서는 그러한 본체론적 = 형이상학적 성격을 띠며, 특하나 그것을 정치적 상징에서 포착하려는 한에서 국가를 객관적 정신실재로 파악한다고 볼 수 있는 것이며, 그런 이유 위에서야말로 그의 국가론이 중세철학 및 헤겔철학과도 결합될 수 있었던 것이다. 그러나 그럼에도 플라톤에게서 중요한 의미라고 생각되는 것은 오히려 철학이 하나의 테오리아[이론(진리를 봄)]이기 때문에 로고스의 정신 — 인식의 최고원리에 관한 철학적 사유요소라는 것이고, 그리고 그것에 기초한 윤리적 당위 — 실천적 행위로까지 이르는 규범의 확립이라는 것이다.

그것은 그의 이데아론을 어디까지나 선험성에서 포착하고 가치의 통일적 관점으로서 이해하는 것이다. 그러한 것으로서 이데아론은 실재의 세계를 초월하고 나아가 그럼에도 그 스스로 객관적 타당성을 요구할 수 있는 것이라는 데에서 이데아론의 불변하는 의미가 사고되어야 한다. 거기서 플라톤의 이상국가는 모종의 역사적 실재로 구상되었던 것이 아니라 세계 그 어디서도 또 어떤 시대의 경험에서도 실현될 수 없을, 오로지 인류의 실천적 노력의 영원한 과제로서의 이념이라는 의의를 갖는 것이다. 국가의 정의가치는 그러한 이념에 의해 가능한 것으로, 그것은 본디 문화의 세계에서 현실재와 결합해 있기에 국가현상은 그런 가치에 관계시켜 고찰되어야 하는 것이지만, 본래 그 둘은 **융합**될 수 있는 것이 아니며 가치 그 자체는 실재를 넘어 타당한 것이다. 그런 뜻에서 국가의 가치를 — 이념을 세웠다고 이해되는 곳에 정치철학사에서 플라톤이 갖는 불후의 의의가 있다. 그가 현대국가철학에서 갖는 그런 의의에 대해 나는 좀 전에 논했으므로 여기서는 더 서술하지 않는다.[56]

다만 그 경우, 플라톤의 종교·윤리·정치 등 모든 가치의 본원적 통[합]체로서의 절대적 국가관, 포괄적인 형이상학적 문화국가관이 비판적 분석을 받지 않으면 안 되었듯이, 우리가 현대국가철학 위에서 플라톤의 의미를 길어올리려는 경우에도 그러한 비판적 재구성을 행해야 할 필요가 있다. 특히 여기 본론의 관계에서 중요한 것은 그가 말하는 철인정치의 원리가 이제 단지 철인왕 한 사람의 '교리(도그마)'의 지배여서는 안 된다는 것이며, 만인이 마찬가지로 이성적인 자로서 살면서 무릇 인간의 사회공동생활에 합리적인 지배의 원리가 세워지지 않으면 안 된다는 것이다. 인간의 자유의 확신과 이성적 요구가 그 기초여야 하며, 거기에 정치의 합리주의가 성립하는 근거가 있다. 그것은 이제 아무리 깊은 철학적 의의에서일지라도 무릇 '신정정치'로부터의 탈각을 의미하고 교리의 지배와 그 어떤 형태의 '권위신앙'으로부터도 해방된, 사람들 각각의 양심과 이성에 의해 이해되고 요구되는 정치적 공동생활로의 발전이지 않으면 안 된다. 그것에는 플라톤과 고대 그리스의 세계 일반에서 아직 발견되지 않은 인간인격과 자유의 형성이 전제되어야 한다. 이와 더불어 그런 전제와의 상관관계에서 공동체의 가치를 세우는 것이 새롭게 과제가 되는 것이다.

그것은 궁극에서 역사적 = 실재적인 국가를 넘어 나아가는, 칸트가 말하는

56　이 책 1장 23~30쪽 참조

"순수실천이성의 나라와 그 정의"[57]의 문제이다. 하지만 그것은 이제 단순히 그리스적인 정의에 머물지 않으며 사람들 각각의 자유의 신앙에 의해, 그리고 플라톤 그조차도 아직 인식하지 못했던 새로운 세계, "신의 나라와 그 의로움"[58]에 의해 항시 지탱되며 인도되는 바의 것이다.

57 Kant, Zum ewigen Frieden, S. 159(펠릭스 마이너 출판의 전집에 의거함). ["우선 순수 실천 이성의 왕국과 그 정의에 도달하려고 노력하라. 그러면 너의 목표(영원한 평화의 은총)는 필연적으로 달성될 수 있을 것이다."(임마누엘 칸트, 이한구 역, 『영구 평화론』, 서광사, 2008, 75쪽); 백종현 역, 『영원한 평화』, 아카넷, 2013, 173쪽. 이하 각각 '『영구평화를 위하여』①, 쪽수', '『영구평화를 위하여』②, 쪽수'로 표기)]
58 「마태복음」 6장 33절.

제3장

칸트의 세계질서 이념

1. 철학의 과제

근세역사는 '인간'의 발견으로 시작한다.[1] 긴 중세를 통해 신학과 교회가 모든 것의 중심을 점했던바, 철학과 과학은 신학의 시녀로 사용되는 데서 머물렀고 국가와 정치는 교회와 종교에 대해 종속적 가치를 승인받는 데에 지나지 않았다. 르네상스란 신적 계시의 학문에 맞선 철학적 사유의 독립, 또는 교회의 권위에 맞서는 국가권력의 독립, 바꿔 말하자면 인간과 그 작업으로서의 문화의 가치의 회복이었다. 그것이 그리스주의로의 복귀이자 인문주의의 주장이었음은 말할 것도 없다. 그러나 단지 오래된 정신의 부흥만이 아니라 시대는 동시에 종교개혁을 불러일으켰다. 이로써 이윽고 강고하게 지탱될 수 있었던 인간개인의식은 고대 그리스철학을 새롭게 했던 르네상스의 정신과

---

1 Burckhardt, *Die kultur der Renaissance in Italien*[1860], 2. Aufl. SS.241f. [야콥 부르크하르트, 이기숙 역, 『이탈리아 르네상스의 문화』, 한길사, 2003, 385쪽.]

초탈해왔던 중세 스콜라철학의 정신 사이의 결합을 문제로 삼았고, 이는 생각건대 학문적 사유발전의 필연적 과정이라고 해야 할 것이다. 이를 17〜18세기까지에 걸치는 넓은 뜻에서의 계몽시대라고 한다. 이제 인간 스스로를 중심으로 하고, 인간의 경험과 이지理智를 통해 자연과 세계, 인생과 도덕, 국가와 법률, 그뿐만 아니라 신과 신의 나라 등 일체를 논증하고 비판할 수 있는 능력을 자기 스스로 요구하기에 이르렀다.

그런데 르네상스라고 말하든 계몽이라고 말하든 그 주요 계기가 되었던 것은 자연과학의 정신이다. 그런 까닭에 이 시대의 모든 학문적 사고에서는 자연과학적 연구의 정신이 흥미의 중심이 되며, 따라서 세계와 인생의 자연기계론적인 또는 결정론적인 관찰이 주요한 동향이 되었던 것은 결코 우연이 아니다. 이는 이 시기 철학의 양대 계통인 유리唯理학파 및 경험학파 모두에 공통되는 경향이었다. 따라서 그들이 파고들었던 인간은 요컨대 자연기구에서의 원자적 개[체]이거나 심리적・경험적인 개인에 다름 아니었다.

그런 계몽시대만큼 각 '개[체]'가 높이 균등하게 가치를 갖고서 '개인'을 강렬하게 의식했던 시대는 없을 것이다. 마치 그리스 계몽기와도 같이 인간이 만물의 척도가 되고 개인의 이지가 모든 평가의 기준이 되었던 것이다. 이미 교권에서 해방된 종교에 있어서는, 한편으로 간신히 자연결정론적인 신학설을 세움으로써 전통적 종교와의 결합을 시도하거나 또는 신이나 영혼에 관한 철학적 사변을 통해 전통적 교의의 이론적인 정초를 시도했던 것에 반해, 다른 한편에서의 유물적・심리적 연구 결과의 극단은 종교 및 교회가 아닌 단순한 국가적 정치의 수단가치를 인정받는 것에 불과했던바, 일반적으로 회의적・무신론적 귀결을 더듬기에 이르렀다. 또 르네상스에서 확립된 국가법률질서에 있어서도, 한편으로는 간신히 자연기계관적인 형이상학적 기초 위에서 국가권력의 절대주의를 지지하는 자가 있음에 반해, 다른 한편으로는 어디까지나 개인을 중심으로 하여 국가에는 단순히 수단가치만을 인정하는 등, 일반적으로 권력에 대한 회의적 논결을 내리기에 이르렀다. 그 어느 쪽에서도 개인이 출발점이며 자연법과 계약설에 의거했던 것은 마찬가지이다. 국가 상호 간의 관계에 있어서는, 한편에서 국가권력의 절대주의를 지지하는 입장은 물론이고 어떤 의미에서든 국가권력을 용인하는 자들과 함께 한결같이 국가 간 자연상태를 전제로 하여 국제적 질서를 완전히 부정했던 이들에 반해, 다른 한편에서의 작업은 그러한 국가 간의 대립 사이에서 겨우 계약설의 유추를 통해 법적 관계의 존재를 논하거나 자연법설과 개인주의의 이론을 철저화하거나 단순한 세계주의를 논하는 데에 지나지 않는 것이었다.

마침 이 시대는 현실정치 위에서는 혁명과 항쟁의 시대였다. 잉글랜드혁명과 프랑스혁명, 아메리카 합중국의 독립과 이른바 유럽의 권력평형주의를 가져왔던 이 시대는 일반 정치사상에서는 자유와 독립의 세기이다. 국내에서는 개인의 자유와 권리가 주장되고 국가 상호 간에는 국가의 자유와 독립이 고창되었다. 그것은 자유의 정신의 자각이고 인도주의의 의식의 발현이었다. 그럼에도 '자유'란 무엇인가, '인도'란 무엇인가에 대해 그 본질에서의 적극적 설명은 당초의 자유사상가들에게도 감히 불가능한 것이었던바, 그들이 취급했던 것은 단지 정치사회제도로서의 합법성 문제에 머물렀다. 따라서 일반적으로 역사 및 전통의 질서권위에 대해서는 회의적·소극적 경향을 취하게 되었던 것이다.[2]

개인의 자각, 자기 자신의 이성으로 시도하는 비판, 그것은 모든 참된 학문

---

2   Janet, *Histoire de la science politique dans ses rapports avec la morale*[1887], Tome II, p.573.

적 사유의 출발점인 그리스철학의 전성기를 먼저 달렸던 것이다. 종교가 그 신성의 가람으로부터, 입법이 그 권위의 왕좌로부터, 한번은 나와 인간이성의 비판에 복종하지 않으면 안 되었다. 칸트도 이러한 '비판의 시대'의 정신에 의해 키워진 계몽의 아이였다.[3] 무릇 계몽사상의 공헌은 특히 소극적 의의를 갖는다는 점에 있었다. 인간이 자기 스스로에게 불려 일깨워지기 위해서는 전통적 정신과 외적인 습률로부터 먼저 이성 자신이 자유롭게 될 것을 필요로 하는 것이었기 때문이다. 그러나 다른 한편 계몽사상이 이룰 수 없었던 것은 적극적 구성이다. 그렇기 때문에 근본에서 결여됐던 것들 중 하나는 인식론적 근거였던바, 당시 사변적 형이상학이 구상되든가 또는 감각적 경험론, 그 궁극에서는 회의론이 설파됐던 것은 그 때문이다. 다른 하나는 도덕설에서도 또한 보편타당한 객관적 원리 위에 설 수 없었던바, 주관적 행복주의가 설파되든가 혹은 인식 근거의 부정과 더불어 회의설로 끝났던 것이다.

현대가 새로이 발견한 인간이성에 의해 모든 것이 비판되고 있던 와중에, 더욱 근본적으로 '이성' 그 자체에 비판을 행함으로써 '인간'에 대한 비판을 시도했던 것이 칸트이다. 그렇게 『순수이성비판*Kritik der reinen Vernunft*』(1781)과 그 이후의 비판서가 작성되었고 비판철학이 수립됐던 것이다. 지금 그 비판서들의 내용과 철학의 전체조직·구조를 차례로 설명하는 것은 원래 이 책이 감

---

3 *Kritik der reinen Vernunft*, Vorreds, S.15, Anm. 여기 인용한 칸트의 저작은 펠릭스 마이너 출판의 칸트 전집에 의거한다. [해당 부분은 "성숙한 **판단력**" 혹은 "**법정**"으로서의 "**순수 이성비판**"에 관한 설명에 이어져 있다 : "우리 시대는 진정한 비판의 시대요, 모든 것은 비판에 부쳐져야 한다. **종교**는 그 **신성성**에 의거해서, **법칙수립[입법]**은 그 **위엄**을 들어 보통 비판을 면하고자 한다. 그러나 그럴 때 종교와 법칙수립은 당연히 자신들에 대한 혐의를 불러일으키는 한편, 꾸밈 없는 존경을 요구할 수는 없을 것이다. 이성은 오직, 그의 자유 롭고 공명한 검토를 견뎌낼 수 있는 것에 대해서만 존경을 승인한다."(임마누엘 칸트, 백 종현 역, 『순수이성비판』1, 서광사, 2006, 168쪽.]

히 기도했던 바가 아니지만, 그럼에도 본론과 교섭을 갖는 한에서 전체의 연관을 개관할 것이다.

우선 『순수이성비판』에서 제1의 과제가 인식 그 자체를 문제 삼아 경험이 어떻게 가능한지를 논증하는 데에 있었음은 계몽사조에 대한 칸트의 새로운 위치에서의 전개를 보여주는 것이다. 이로써 오성[지성]의 법칙에 근거한 순수수학 및 순수자연과학을 기초로 일반적으로 '지식'의 선천적 원리를 설정함과 동시에 종래의 본체론적 형이상학의 가능성을 부정했던 것이다. 이는 사변철학의 독단에 대한 논란이었던바, 감성의 세계, 자연의 세계에서 순수(이론)이성이란 무력한 것으로 여겨졌고, 이성의 세 이념인 '의지의 자유'와 '신의 존재'와 '영혼의 불멸'은 단지 규제적 원리를 이룰 뿐인 것으로 경험의 대상이 될 수 없으며 따라서 지식의 한계 바깥에 있다고 간주되었다. 그러나 자연의 세계에 대립하는 자유의 세계에는 이성의 실천적 사용을 위한 광대한 영역이 남겨져 있었다. 아니, 도덕 및 종교론의 초석은 이미 『순수이성비판』에 놓여 있었던 것이다.

어떤 뜻에서 『순수이성비판』에서 칸트의 주된 관심은 오히려 실천도덕철학의 수립에 있었다고도 보이지만, 나아가면 도덕의 선천적 원리를 정립했던 것은 『실천이성비판Kritik der praktischen Vernunft』(1788)과 그것에 앞선 『도덕형이상학의 정초Grundlegung zur Metaphysik der Sitten』(1785)이다. 거기서 감성계의 필연적 인과법칙으로부터 전적으로 독립한, 실천이성 그 스스로의 법칙으로서 보편타당한 도덕법칙이 정립되었다. 그것에는, 이후 조금 더 상세히 서술되겠지만, '의지의 자유'가 필연적으로 요청된다. 이 도덕론에 있어서는 유리唯理철학의 완성설도 경제철학의 행복설도 마찬가지로 타율적인 것으로서, 경험적 조건에 제약된다는 점에서 아무런 차이점이 없는 것이다. 거기서도 계몽철학을 넘어가는 칸트의 사고가 인정된다. 칸트에게서만큼 자연과 자유, 존재와 당위가 엄격하게 대립됐던 일은 없을 것이다. 인간은 그런 이원성에 의해 한 편으로는 다른 실재와 마찬가지로 단지 자연적 존재자로서 필연의 세계의 예속자인 동시에 다른 한편으로 이성을 가진 자로서 자유의 세계의 입법자인 것이다. 앞의 의미에서 인간은 단순한 자연기계적 인과법칙에 지배받는 것이지만, 뒤의 의미에서는 인과법칙에 의존하지 않는다는 뜻에서 자유의 법칙의 원인이며, 사람들은 자유의 주체이다.

이론 및 실천이라는 두 세계에서 이성 그 자체를 비판함으로써 칸트는 '인간'을 비판했다. 인간이 인간일 수 있는 특질로 그가 중심에 두었던 것은 '현상인現象人, homo phaenomenon'으로서의 인간이 아니라 '본체인homo noumenon'으로서의 인간이었다. 본체인의 선천적 밑바탕에서 사람들은 비로소 자연인과 다른 도덕적 인격자일 수 있다. 칸트는 르네상스가 발견한 '인간'을 비판함으로써 '인간 그 자체Menschheit', '인격Personalität'을 발견했던 것이다. 그것은 인간의 이념이며 경험적·자연기계적인 인간은 그런 이념으로까지 고양되기에 이르렀다. 이제 일자란 타자와 비교·추측되는 '개인'이 아니라 그것을 초월하는 '인간 그 자체'였다.

그렇게 『순수이성비판』에서 비판의 대상이 되었던 것은 필연적 인과율의 세계이고, 『실천이성비판』에서는 자유의 세계였다. 거기서 자연과 자유라는 두 세계는 대립되며 영구적인 이율배반을 구성한다. 이율배반에 대한 제1비판서의 해답(거기서는 주로 인과율과 자유를 문제로 삼는 제3안티노미에 대해 말하고 있지만)은 종국적 해결을 주는 것이 아니었던바, 자연감성계는 '물物자체'에 대한 '현상'의 세계로서 그 둘이 제각기 자신의 법칙형식을 가질 수 있음을 증명하는 단순한 소극적 해결일 따름이었다. 그러하되 나아가 자연과 자유의 종합을 가능케 하는 적극적 해결은 없는 것일까. 그런 종합의 형식 하나는 이미 『실천이성비판』의 '최고선最高善' 개념에서 인정될 수 있다. 그것은 뒤에서 다시 자세히 설명되겠지만, 도덕적 원리로부터 거부·배척되었던 자연적 요소를 덕의 원리를 제약함으로써 도입해 들여와 자유와 자연의 이원적 분리를 종합하는 개념이다. 순수이론이성의 비판에서 단지 인식의 규제이념으로 경험의 한계에 놓였던 '신의 존재'와 '영혼의 불멸'은 이제 적극적으로 '의지의 자유'와 마찬가지로 확신의 대상이 되고 '최고선'의 개념에 근거해 실천이성의 필연적 요청이 되는바, 거기서 이른바 '실천이성의 우위'가 주장되며, 칸트 『종교론 *Die Religion innerhalb der Grenzen der bloßen Vernunft*』[『단순한 이성의 한계 안에서의 종교』](1793)의 단서 또한 거기서 개시되는 것이다. 그러나 다른 한편에서, 자연 자신에 대해 기계적 인과율에 의한 별개의 해석을 가함으로써 지식의 문제로서 자유와 자연 사이의 이율배반을 해결할 수는 없을까. 그것은 자연을 전체로서 보고, 그것에 '합목적'적인 해석을 부여함으로써 수행되었다. 『판단력비판*Kritik der Urteilskraft*』(1790)의 한 가지 과제는 미의 선천적 원리를 발견하는 데에 있었으며 동시에 다른 중요한 과제는 그러한 자연의 합목적관에 관계된 것이었다. 일단 준별된 자연과 자유의 두 세계는 이로써 종합되기에 이른다. 게다가 그것은 형이상학적인 것이 아니라 도덕적 관점에서 인간이 이성을 가진 자로서 그 본분을 실현하는 한, 전체로서의 자연에 있어 인정되는 목적관에 다름 아니었다.

제3비판서로 칸트 철학체계는 [집]대성되며 인간이성(넓은 뜻에서)의 여러 능력들인 지식·도덕 및 심미審美의 여러 영역에서 제 각기 보편타당한 선천적 원리를 세웠던 것이되, 그 철학은 필경에 '인간의 철학'이고 그 철학전체의 조직을 통관할 때 중핵을 이루는 것은 '인간'의 개념이다. 그것은 필연의 법칙에 종속되는 자연적 존재자로서의 인간이 아니라 도덕법칙에 근거한 의지의 자유의 주체, 그런 주체로서의 인간이다. 칸트에게서만큼 '인간'이 무엇보다 존귀한 상으로서 표상되었던 일은 없을 것이다. 그것이 루소의 『에밀』과 얼마나 밀접한 사상적 관련을 맺는지는 너무도 분명한 사실이겠지만, 칸트가 시도한 표출은 낭만적인 것이 아니라 근세과학적 지식의 비판적 기초에서 행해진 것이다. 르네상스에 의해 발견된 인간이 거기서 비판적 방법의 차원에서 윤리적 근거를 부여받는다. 그것은 동시에 종교개혁이 깊게 하고 또 단단하게 했던 개인 인격 사상의 철학적 구성이기도 했다.

그런데 칸트의 철학 사상이 그것만으로 완결되었다고 말할 수는 없다. '인간'의 관념은 개인에게서 시종하는 것이 아니며 필연적으로 사회에서의 개인 상호 간의 결합관계를 예상한다. 사람과 사람의 결합관계에서 무엇보다 중요한 것은 공적인 공동체로서의 정치적 사회체이다. 그것은 본디 개인에게서 출발한 도덕철학 외에 정치철학의 영역이 존재하는 이유이다. 플라톤 및 아리스토텔레스처럼 칸트에게도 국가 및 정치론은 철학적 사유의 필연적 귀결이었다. 이제 국가 내부에서는 국가권력과의 관계에서 개인의 자유가 문제시되며, 국가 외부에서는 세계의 정치적 질서와의 관계에서 국민의 자유가 문제시된다. 그럼으로써 '인간'의 개념은 필연적으로 인간사회의 본질적 요소인 '인도人道'의 관념을 포함하게 되는 것이다. 그렇게 '인간의 철학'은 또한 '인도의 철학'을 뜻하게 되는 것이다. 본래 순수하게 개인에게서 출발한 도덕적 관념으로부터 어떻게 사회공동체적인 정치상의 관념이 도출되는 것일까. 칸트에게서 보이는 그 이론의 자취는 정치의 도덕적 기초를 규명하는 다음 절에서 서술하도록 하고, 여기서는 그의 정치론이 자주 말해지듯 단순히 당시 아메리카 합중국의 독립 또는 프랑스혁명의 경험적 정치현상에 자극받아 시도되었던 우연한 하나의 단위가 아니라, 다름 아닌 도덕철학에 근거하여 구성된 새로운 형이상학의 문제임을 주의해 놓고 싶은 것이다.

칸트의 비판철학은 일면에서 형이상학에 대한 싸움이라고 할 수 있는바, 그는 새로운 인식론적 근거에 기초하여 기존 형이상학을 부정함으로써 철학사의 일대전향을 이루었다. 하지만 그것은 예전의 위대한 철학자들도 그러했듯 인간의 형이상학적 요구를 부정했던 것은 아니다. 형이상학에 대한 칸트의 흥미는 코헨이 지적하고 있듯이 3비판서 이후에 더 진행되어 적극적인 비판적 논리구조를 이루게 되며, 일단 폐기됐던 형이상학이라는 낡은 명사까지도 배척하지 않고 새로운 의미로 다시 세우고자 했던 데서도 인정될 수 있다.[4] 즉 국가·법률의 문제에 관해 1797년에 공개한 『법률론의 형이상학적 원리 *Metaphysische Anfangsgründe der Rechtslehr*』는 그런 시도의 하나로 볼 수 있으며, 『덕의 형이상학적 원리*M. A. d. Tugendleher*』와 더불어 『도덕의 형이상학*Metaphysische der Sitten*』 1789)으로 정리됐지만, 이는 『실천이성비판』의 보완적 지위를 점하는 것이다. 그 내용은 이미 1793년의 『속언[속설]에 대하여—이론에서는 옳을지 모르지만 실천에 대해서는 쓸모없다는*Über den Gemeinspruch: Das mag in der Theorie richtig sein, taugt aber nicht für die Praxis*』에서도 설파되는바, 그 마지막 절은 동시에 국제법률질서 및 정치조직에 관한 서술이다. 이와 연관하여 인류영구평화의 철학적 고찰을 시도한 것이 특하나 『영구평화를 위하여*Zum ewigen Frieden*』(1795)의 논고이다. 칸트의 정치론이 한층 더 역사철학과 연관되어 일찍부터 구상됐던 것으로는 1784년의 『세계공민적 관점에서 본 일반역사의 이념*Idee zu einer allgemeinen Geschichte in weltbürgerlicher Absich*』이 있다. 인간이 개인 또는 민족으로서가 아니라

---

4   Cohen, *Kants Begründung der Ethik*[1877], 2. Aufl, S.329.

인류·종·속 전체로서 국가의 내외부적 관계에서 완전한 정치질서를 세우고, 그럼으로써 보편적인 세계공민적 상태를 만드는 것이 역사의 종국목적이라는 것이다. 이런 역사철학과의 관계는 중요한데, 이에 대해서는 그것 이외의 일련의 다른 논고들에 기초해 본론 끝에서 서술하고자 한다.[5]

다만 그 자신은 정치에 관해선 다른 영역에서 완수했던 체계적 논리구조 없이, 또 굳이 그런 체계화를 기획·시도하지 않았지만 위의 논저들은 서로 어울려 칸트의 정치철학 사상을 형성하는바, 정치에 관한 새로운 형이상학적 연구로서 3비판에 대한 보충적 위치를 점한다. 그런 까닭에 그의 국가·법률론은 때때로 평가받듯 그저 노후의 저술이 아니라 다름 아닌 철학의 과제로서, 칸트 철학체계 전체에서의 사유발전에서 필연적인 연관을 맺으면서 그의 철학 사상 전체가 완결되는 것이다. 동시에 국가·법률론의 궁극목적인 세계질서론이 그의 철학 사상 전체의 종국을 형성한다고 할 수 있게 되는 것이다. 아래부터는 칸트의 논저들에 관해 국가 특히 세계질서론을 주제로 약간이나마 그의 철학 사상 전체와의 근본적 관련 속에서 해명해가면서, 그것이 세계의 새로운 정치질서 문제에 어떤 기초를 제공하고 어떤 이상을 부여했는지, 그럼으로써 일반 정치 사상에, 특별하게는 새로운 국제정치학에 어떤 업적과 문제를 동시에 남겼는지 고찰하고자 한다.[6]

5   역사철학에 관한 문헌으로서는, 또한 1786년의 『인류 역사의 억측적 기원(Mutmass-licher Anfang der Menschengeschichte)』 등이 있다. 이외에 1784년의 『계몽이란 무엇인가라는 물음에 대한 해답(Beantwortung der Frage : Was ist Aufklärung?)』, 1798년의 『[학부]분과들의 논쟁』(Streit der Fakultäten) 및 『실용적 관점에서의 인간학』(Anthropologie in pragmatischer Hinsicht)은 함께 정치 및 역사철학에 관한 저작이다.

6   칸트철학 일반에 관한 참고문헌은 여기에 일일이 셀 수 없을 정도며 그럴 필요도 없을 것이다. 그러나 특히 그 정치이론을 다뤘던 것은 다음과 같이 비교적 적다. Lefkovits, *Die Stsstslehre auf Kaantischer Grundlage*, 1899; Ralischer, *Kants Staatsphilosophie*, 1904; Weisfeld, *Kants Gesellschaftslehre*, 1907; Vorländer, *Kant und Marx*, 1911; Dreecken, Staatsleh-

2. 세계질서의 도덕적·종교적 기초

칸트 철학체계의 전체구조에서 그 정점을 장식하는 것은, 앞 절에서 서술한 전체의 조직 개요를 통해서도 명확하듯 '도덕'이라는 것이다. 그 자신이 설명하는 바를 따르면, 도덕철학이야말로 "인간의 이성적 목적에 대한 모든 인식관계의 학[문]"으로서의 철학체계에 있어 "인간의 전적인 규정"을 뜻하는 인간의 "종국목적"의 학[문]이다.[7] 그렇다면 칸트 철학체계의 통일적 정점을 차지하는 도덕과, 내가 좀 전에 그의 철학 사상의 완결이자 철학체계 전체의 종국이라고 말했던 국가·법률 간의 관계는 어떻게 사고되어야 하는가. 그것이 먼저 우리의 고찰을 요하는 문제이다.

칸트 도덕학설의 핵심은 "정언斷言명령"이고 무제약적인 당위이다. 다른 무언가에 의해 제약되는 당위는 타협적인 것이며 그 명령이란 가언적인 것에 지나지 않는바, 그러한 도덕상의 "중간물"을 배척하고 그것 자신을 목적으로 하는 순수실천이성의 법칙이야말로 실천도덕의 원리인 것이다. 그것은 모든 경험적 실질에 종속되지 않는 보편타당한 형식적 원리이며, "당신의 의지의 격률이 동시에 보편적 입법의 원리로서 타당할 수 있도록 행위하라"는 것에

---

ren bei kant. (*Zeitschrift für die gesamte Staarwissenschaft*, Jahrgang 1921, SS.338ff.); Dünnhaupt, *Sittlichkeit, Saat unf Recht bei Kant*, 1927; Borries, *Kant als Politiker*, 1928. 다른 문제로부터 칸트의 정치론을 연관하여 설명한 것으로는 한정이 없지만, 우리나라에서는 이마나카 쓰기마로 씨의 「칸트의 정치 사상」(『도시샤 논총』8) 및 후나다 교지 씨의 저작 『칸트의 법률철학』[1923] 등이 있다. 거기서 취급하는 세계의 정치질서에 관해서는, Will Moog, *Kants Ansichten fiber Krieg utnd Frieden*, 1917; F. Staudinger, *Kants Traktat: Zum ewigen Frieden*, Kant-Studien, Bd. I [1897], SS.301ff.); Vorländer, *Kant une der Gedanke des Völkrbundes*, 1919; H. Kraus, *Das Ploblem internationaler Ordnung bei Kant*, 1931; 이에나가 사부로 박사의 저작 『칸트의 평화론』[1950] 등이 있다.

7   *Kritik der reinen Vernunft*, S.691.

제3장 / 칸트의 세계질서 이념   117

잘 표출되고 있다.[8]

그렇게 도덕법칙이 순[수]형식적이라는 데에, 실질적 경험의 법칙에 의존하지 않는다는 데에 의지의 '자유'가 존속한다. 즉 도덕법칙이 보편타당하게 정립되는 선천성에서 '자유'의 관념이 인식되는 것이다. 자유는 이론인식의 영역에서는 하나의 규제적 이념이며 오성[지성]의 법칙에 의해서는 논증할 수 없는, 단지 그 개연성만이 상정되는 것에 멈춰있는 것이지만, 실천이성의 도덕 영역에서는 그 선천적 필연성이 확인되는 것이다. 거기서 이성은 자연의 인과적 법칙에 종속되지 않는다는 소극적인 의의 말고도 자기 자신의 법칙을 정립하는 데에 있어 한층 더 적극적인 의의를 가져왔던 것이다. 이것이 '의지의 자율'이고 스스로 선 자기 본래의 법칙 이외의 다른 것에 종속되는 '타율'과는 구별되는 것이다. 칸트는 동시에 도덕법칙의 **실재**근거로서의 자유를 전제로 삼음으로써 도덕법칙의 형식적 성격을 증명했음에도, 그의 비판철학에서 중요한 것은 오히려 보편타당한 도덕법칙을 **인식**근거로 삼음으로써 자유가 확립되게 했다는 것이다. "당신은 하지 않을 수 없기 때문에 할 수 있는 것이다Du kannst, denn du sollst."

이것이 칸트에서의 '자유'와 도덕의 '법칙'이 맺는 관계인바, 도덕법칙이 표현하는 것은 자유에 다름 아니며 자유는 실천이성의 법칙 그 자체인 것이다. 그 둘은 동일하며 함께 순수이성의 본질로부터 나온 개념이다. 그렇기에 칸트철학을 '자유의 철학'이라고 부르는 것은 '법칙의 철학'이라고 말하는 것과

---

8 *Kritik der praktischen Vernunft*, S.39. [§7의 표제 "순수 실천 이성의 원칙" 아래의 문장. "너의 의지의 준칙이 항상 동시에 보편적 입법 수립의 원리로서 타당할 수 있도록, 그렇게 행위하라."(임마누엘 칸트, 백종현 역, 『실천이성비판』, 서광사, 2002, 86쪽] Vgl. *Grundlegung zur Metaphysik der Sitten*, S.44. [임마누엘 칸트, 이원봉 역, 『도덕 형이상학을 위한 기초 놓기』, 책세상, 2002, 72쪽. 이하 책 제목만 표기한다]

동일한 뜻이다. 이는 어떤 의미로는 이론철학에 관해서도 말할 수 있는 것이지만, 특히나 실천철학에 있어서는 도덕법칙의 선천적 필연성에서 자유가 존속하며 '자유'는 곧 '법칙'에 있는 것이다.

그러한 자유가 '인격'의 관념을 구성한다. 즉 사람들은 의지의 자율에 의해 그 자신의 법칙을 자기 안쪽에 지니는바 자기 스스로가 그 입법자이다. 이것이 곧 '인간'의 이념이며, 앞 절에서 설명했듯 칸트철학은 궁극에서 '인간'의 비판적 건설이었던 것이다. 본디 인간은 한쪽에서 '현상인homo phaenomenon'으로서 자연의 구성에 종속되지만, 다른 한쪽에서 '본체인homo noumenon'으로서 자유의 주체이다. 단순한 인간이 인격자일 수 있는 것은 그 이후의 의의 속에서이다. 자연의 인간은 본디 너무도 신성하지 못하지만不神聖, 인간 그 자체 곧 인격으로서의 인간은 신성하다.[9] 인간이 목적 자체인 것은 그런 인격자임에 의거한 것이다.

'인간 그 자체' '인격'의 관념은 인간의 이념이고, 인류가 설령 유일한 개[체]적 실재인 경우를 상정할 때에도 타당한 개념인바, 앞서 보인 "당신의 의지의 격률이 동시에 보편적 입법의 원리로서 타당할 수 있도록 행위하라"는 원리는 인간이 설령 도덕법칙 앞에 유일자로 서있는 경우에도 자기 자신에 대해 반드시 준수되지 않으면 안 되지만, 인간은 다수 개인의 공존을 전제로 하기에 그런 도덕법칙의 형식은 사람과 사람의 교호관계를 예상하는 것이다. 그 경우 제각각의 인간이란 자유의지의 주체인 인격으로서 보편객관적 법칙을 자기의 의욕에 대해 입법하는 존재자이며, 그런 까닭에 모든 것이 동일한 도덕법칙에 의해 조직적으로 결합된 하나의 '나라'를 형성한다. 그것은 인간

---

9 *K. d. p. V.*, S.112. [『실천이성비판』, 274쪽]

서로가 자타의 인격을 제각기 자율적 의지의 주체인 '목적 자체'로 만드는 윤리적 공동체이다. 이것이 "목적의 나라Reich der Zwecke"[10]이며, 도덕적 존재자의 공동체이고, '인격' 이념의 객관적 실재로서 "도덕의 나라Reich der Sitten"[11]인 것이다. 거기서 정언명령은 다른 형식으로 표현된다. "당신의 인격 속에 있는 인간성과 마찬가지로 저마다의 다른 인격 속에 있는 인간성을 그저 단순한 수단으로서만 필요로 하는 게 아니라 동시에 언제나 목적으로서도 필요로 할 수 있게 행하라."[12] 만물은 인간이 원하는 대로 단지 수단으로 사용되는 것을 허용한다. 하지만 인격자인 인간은 그 어떤 경우에도 결코 다른 목적에 대한 수단으로서만 취급되지 않아야 하며 동시에 반드시 목적 그 자체로서 조우되어야만 한다. 왜냐하면 인간이 도덕행위의 주체인 동시에 도덕행위의 객체로서의 인격자인 까닭이다.

'자연의 나라'에 대한 '목적의 나라'로서의 윤리적 공동체인 '도덕의 나라'에서 사람들 각각은 인격자로서, 그 나라의 객관적 법칙의 입법자이면서 또한 그 법칙에 복종하는 신민臣民이다.[13] 사람들은 윤리적 공동체에서 자유이면서 또한 동시에 도덕법칙에 의해 제약된다. 아니, 도덕의 보편객관적 법칙에 근거해서만이 사람들은 자유의 주체일 수 있는 것이다. 그렇다면 목적의 나라에서의 정언명령은 다른 형식에 의해서도 표현될 수 있다. "오직 가능한 목적의 나라에서 보편적 입법을 행하는 구성원으로서의 격률을 따라 행위하

---

10 *Grundlegung*, SS.59f. [『도덕 형이상학을 위한 기초 놓기』, 90쪽]
11 *K. d. p. V.*, S.107. ["우리는 자유에 의해서 가능한, 실천 이성을 통해 우리에게 존경토록 제시된 윤리 왕국의 법칙을 수립하는 일원이기는 하지만, 그러나 우리는 그 왕국의 신민이지 군주가 아니다."(『실천이성비판』, 186쪽]
12 *Grundlegung*, SS.54. [『도덕 형이상학을 위한 기초 놓기』, 84쪽. 저자의 일어번역문 및 국역본을 독어 원문에 비춰 수정했음]
13 ebd., S.59. [『도덕 형이상학을 위한 기초 놓기』, 91쪽. '신민'이 **구성원**'으로 옮겨져 있다]

라."[14] 이것이 칸트가 말하는 사회공동체의 윤리적 원칙이다. 자주 칸트를 단순한 개인주의적 윤리 사상으로 평하는 이가 있지만, 무릇 개인주의란 칸트의 철학 사상으로부터는 먼 것이었다. 그는 개인을 초월함으로써 개인 — 계몽사상이 발견한 개[체] — 에 보편객관성을 부여하고자 했던 것이다. 이는 마치 그리스 계몽기에 소피스트에 의해 문제로 제기된 '인간'에게서 보편적 기초를 발견하고자 했던 소크라테스의 사업을 성취했던 것으로도 여겨진다. 개인주의의 도덕설도 아니려니와 또 즉각적으로 사회단체를 기초로 하는 윤리설도 아닌, 그 순수한 형태에서는 초개인·초단체의 도덕학설이었던 것이다. 그런 까닭에 곧잘 개인과 동시에 사회공동체의 윤리로서 타당할 수 있는 것이다.

이미 서술했듯이 인간은 의지의 자율에 의해 스스로 도덕법칙의 입법자일 수 있지만, 이른바 '의지의 자유'란 하나의 당위이고 '선善의 원리'가 끊임없이 실현을 요구하는 영원한 과제이다. 다른 한편 인간성의 본원에서 모든 도덕적 심정을 파괴하여 도덕적 원리에 등을 돌리게 하고 자연적 경향성이 행위의 격률로서 최고의 타당성을 요구하게 되는, 칸트가 '근본악radikal Böse'으로 규정했던 문제가 있기에, 이제 전적으로 인간의지를 지배하는 도덕행위의 심정에 관하여 인간 자신으로써는 어떻게 할 수가 없는 상태를 생각해보게 된다.[15] 이 왜곡된 인간의 심정을 바꾸어 도덕적 선의지로 향하게 하는 '선'의 원리의 승리와 '악'으로부터의 해탈에 도달하는 것은 그저 도덕적 노력으로써는 기대

---

14 ebd., S.65. [『도덕 형이상학을 위한 기초 놓기』, 100쪽]
15 *Religion innerhalb der Grenzen der bloßen Vernunft*, SS.32ff. [백종현 역,『이성의 한계 안에서의 종교』, 아카넷, 2011, 200쪽 : "그것은 언제나 자기 죄책적인 것일 수밖에 없으므로, 그것 자신을 인간의 자연본성 안에 있는 **근본적인**, 선천적인 (그럼에도 불구하고 우리 자신에 의해서 초래된) 악이라고 부를 수 있다."]

될 수 없는바, 사람들은 필연적으로 종교로 향해가지 않으면 안 되는 것이다. 곧 우리의 모든 의무를 인간 자신의 의지의 원리로서가 아니라 신의 명령으로서 인식하는 것에 의해, 인간 무력함의 보충으로서 신의 의지가 '협력'해오는 것이다. 하지만 그 경우는 칸트 도덕론의 핵심인 의지의 자율과 어떤 관계를 맺는 것일까. 그럴 때 종교는 도덕과 비교하여 어떤 점에서 본질적 차이를 인정받을 수 있는 것일까. 과연 칸트는 종교가 지닌 고유한 의미원리를 분명히 밝힐 수 있었던 것일까. 어쨌든 그의 종교론은 전적으로 도덕을 기초로 성립한 것이고, 그것이 그의 도덕설을 심화시켰던 이유인 동시에 그 종교론에 부정할 수 없는 난점을 남긴 이유이기도 한 것이다. 이에 관해서는 이 장의 마지막에 다시 논하게 될 것이다.

이리하여 칸트 철학체계 전체의 중심인 도덕설은 논의를 종교로 이끈다. 그리고 도덕이 그저 개인도덕에 머물지 않고 필연적으로 인격자 상호 간의 관계인 공동체의 윤리로 이끌었던 것처럼, 종교는 개인의 문제에 머물지 않고 필연적으로 신과 인간 전체의 보편적 공동체의 관계로 이끈다. 거기서 윤리적 공동체인 '도덕의 나라'는 필연적으로 '신의 나라'에 이어지는 것이다. 그것은 선의 원리가 영원히 확립되는 세계이고, 거기서는 더 이상 인간 스스로가 입법자이지 않으며 말하자면 보편타당성의 구현자인 신 자신이 입법자인바, 인간은 '신의 나라의 시민'으로서 신민의 위치에 선다. 그것은 인격 전체의 내면적 갱생을 완수한 모든 자의 공동체, 이른바 '보이지 않는 교회'의 관념이고 역사적인 '보이는 교회'의 이념이지 않으면 안 된다.[16]

---

16 ebd., SS.112~117. [백종현 역, 『이성의 한계 안에서의 종교』, 아카넷, 2011, 308~314
    쪽] 후술하게 될 국가와 나란히 교회의 고유한 존립근거가 거기에 있으며, 국가와 교회
    의 그러한 분리의 사상은 본래 루터에게서 연원하지만, 오히려 칼뱅주의의 발전을 통한
    것이라고 할 수 있는 점이 있다.

그렇게 도덕은 인간행위의 동기·심정·의지의 내적인 자유를 문제로 하여 결국 종교로 이끌고 신의 나라를 요청하기에 이르렀지만, 다른 한쪽으로 심정은 행위에서 실현되고 내적인 자유는 외적인 자유를 요구한다. 거기서 '도덕의 나라'의 원리는 외적인 '법률의 나라'로서 국가의 관념으로 이끈다.

국가는 다수 개인의 단순한 집적이 아니라 경험적인 행복의 원리로부터 독립하여 선천적 법률원리에 기초한 결합으로서, 그것 자신 또 하나의 이념에 다름 아닌 것이다.[17] 거기서는 도덕법칙과 나란히 국가의 법률이란 "한 사람의 자의가 자유의 보편적 법칙을 따라 타인의 자의와 조화될 수 있기 위한 여러 제약의 총체"이다. 이 제약 아래서 사람들 각자의 격률은 "당신 자의의 자유로운 사용이 보편적 법칙을 따라 사람들 각자의 자유와 병립할 수 있도록 외적으로 행위하라"는 데에 있다.[18] 법률의 그러한 형식적 원리는 좀 전에 예거했던 『도덕형이상학의 정초』에서의 정언명령 제1형식이 외적인 사회생활에 응용된 것으로 이해해야 한다. 도덕의 나라를 내적인 자유의 공동체라고 부를 수 있다면, 국가는 그 필연적 자유의 외적인 형식으로서의 법적 공동체이다. 이는 칸트의 '도덕성Moralität'과 '합법성Legalität'에 대한 구별로부터 생기는 귀결이며, 도덕성이 덕의 고유한 의무의 동기에 의거해 행위할 것을 명하는 것임에 반해, 합법성은 다른 동기를 용인하는, 행위의 합법칙성의 문제이다. 원래 도덕은 필연적으로 행위를 문제 삼고 법률 또한 심정을 따지는 경우

---

17 *Metaphysische Anfangsgründe der Rechtslehre*, § 45. [백종현 역, 『윤리형이상학』(1부 '법이론의 형이상학적 기초원리'), 2012, 아카넷, 266쪽; 이충진 역, 『도덕형이상학』(1부 '법론의 형이상학적 기초원리', 2018, 한길사, 160쪽. 이하 각각 '『법이론』①'과 '『법이론』②'로 표기함]

18 ebd., Einleitung, §§ B·C. ["그러므로 법이란 그 아래서 어떤 이의 의사가 자유의 보편적인 법칙에 따라 다른 이의 의사와 합일될 수 있는 조건들의 총체이다."(『법이론』①, 151쪽); 『법이론』②, 55쪽]

가 있기에 반드시 도덕의 나라와 법률의 나라를 제각기 심정과 행위를 구별한다는 뜻에서 내적인 공동체와 외적인 공동체로 나눌 수는 없을지라도, 동일한 행위에 대해서도 가치판단의 관점은 양자가 제각기 다른 것인바 도덕의 중점은 내부관계에 있고 외부관계는 법의 문제로서 중요해지는 것이다.[19] 그런 의미에서 도덕의 나라와 법률의 나라는 내외적으로 상호 관련되는 것으로, 한쪽에서 외적 자유로 내적 자유를 보증함으로써 국가는 개인 인격 및 그 공동체인 도덕의 나라의 외적인 제약이 되며, 다른 쪽에서 그러한 국가의 강제를 도덕적 자유의지에 정초시킴으로써 법적 명령에 따를 것을 도덕상의 의무로 삼을 수 있는 것이다.

그것은 칸트에게서 도덕과 법률 곧 정치의 내면적 관련으로 해석될 수 있는 것이지만, 여전히 도덕과 법률의 상관관계는 도덕의 나라와 마찬가지로 법률의 나라에서도 사람들 각자가 보편적 법칙의 복종자로서의 신민인 동시에 스스로 보편적 법칙의 입법자인 점에서 인식될 수 있다. 그것은 법률에 있어 의지의 자율이라는 문제이고, 거기에 국가적 질서의 기초가 놓인다. 도덕의 경우와 마찬가지로 일체의 경험적·실질적인 원리로부터 독립한 선천적·형식적인 국가의 보편적 법률에서 '자유'가 존속하는 것이다. 그런 까닭에 사람들 각자의 자유는 국가의 개념과 분리불가능한 선천적 원리이고[20] 자유는 국가의 객관적 질서를 근거로 할 때 비로소 가능한바, 보편적 법률에 의

---

19 Radbruch, *Grundzüge der Rechtsphilosophie*[1914], SS.44~46.
20 *Über den Gemeinspruch u. s. w.*, SS.87ff. *Rechtslehre*, § 46. [『법이론』①, 266~269쪽; 『법이론』②, 160~162쪽. 그중 160쪽과 161쪽의 두 문장만 옮긴다. 그것은 본문에서 다뤄지는 루소 '일반의지'와 칸트의 관계를 알려준다 : "**입법** 권력은 오직 국민의 통합된 의지에만 귀속될 수 있다. (…중략…) 모든 사람의 일치되고 통합된 의지, 즉 보편적으로 통합된 국민의 의지만이 입법적일 수 있다."]

해 개인 상호 간의 자유와 평등의 관계가 성립하는 것이다. 이와 같은 것은 또한 '인격자는 서로 간에 언제나 목적으로서 만나야 하며 단지 수단으로서만 만나서는 안 된다'는 도덕의 나라의 원리가 응용된 것으로, 그럴 때 '인간'의 철학은 또한 '인도'의 철학을 의미하는 것이다.

여기까지 서술된 것처럼 칸트에게서는 도덕을 중심으로 논의의 한쪽은 종교로 이끌고 다른 쪽은 법률로 이어지며, 그럼으로써 '종교의 나라'와 '법률의 나라'는 '도덕의 나라'를 경계로 서로 접합하게 된다. 어느 쪽도 목적 자신, 인격자 상호 간의 관계에서 성립하는 체계적 결합이며, 무질서의 나라 아닌 법칙의 세계, 목적의 나라이다. 그것은 필연의 법칙에 기초한 '자연의 나라'의 여러 체계와 비교되는 자유의 세계의 결합체계이다.[21] 이를 플라톤의 『국가론Politeia』과 비교할 때 우리는 깊은 의미를 발견할 것이다. 왜냐하면 플라톤의 그 책을 읽는 이는 그것이 윤리의 책이고 그 국가는 윤리적 공동체일 뿐만 아니라 나아가 신정 정치 사상을 예시한다는 것을, 그 속에는 후세에 도덕·종교 및 정치사회의 각 영역들로 나눠 이해되지 않으면 안 되는 여러 계기들이 뒤섞여있음을 알 수 있을 것이기 때문이다.[22] 플라톤철학이 진·선·미의 각 문화가치에 대한 비판적 분석을 아직 거치지 않은 형이상학적 구조임과 달리, 칸트철학은 그것들 각 영역에 고유한 가치원리를 정립한 비판적 방법의 결과인바, 그것은 플라톤처럼 선의 이데아 또는 그것 이외의 다른 하나를 최고의 절대가치로 삼는 것이 아니라 오히려 종교·도덕 및 정치의 각 영역들에서 문화의 가치의 자율과 그 상관관계의 사상이 확립됨을 아는 것이다. 그렇게 저 플라톤의 위대한 이상국가의 구조가 칸트에 의해 비로소 비판적 구성

---

21 *Grundlegung*, S.65. [『도덕 형이상학을 위한 기초 놓기』, 100~101쪽]
22 Hildebrand, *Geschichte und System der Rechts- und Staatsphilosophie*, Bd. I, S.167.

을 얻게 된다고 해도 과언은 아닐 것이다.

이러한 관념 속의 국가에서 인류의 결합이라는 것은 다른 사회적 결합과는 달리 '자유적'이고 인간의 외적인 공동관계에서의 "무제약적인 제1의무"이며, 다른 모든 외적인 의무의 불가결요건conditio sine qua non인 최고의 형식적 제약으로서[23] 그 상호관계에서 제각각의 "도덕적 인격"으로 인정되지 않으면 안 되는 것이다.[24] 그렇게 국가를 그 자체로 초개인적인 인격, 목적 그 자체로서 파악했던 점에서, 저 계몽의 개인주의 사상으로부터 출발하여 국가에 그 자체의 가치를 인정치 않고 국가를 단지 자연적 기구로 사고하거나 인격완성을 위한 수단으로 간주하는 다수의 자연법학자를 넘어선 칸트의 특질을 발견할 수 있는 것이다. 그도 법률 및 국가를 도덕법의 실현을 가능케 하는 외적인 조건으로 사유했었지만, 그것은 단지 목적에 대한 수단의 종속적 관계가 아니라 도덕의 나라와 법률의 나라가 내면적 연관을 유지하는 위에서 서로 나란히 각각의 가치로 인정되는 것이다. 그에게 윤리설이 도덕의 객관적 세계질서의 정립인 것에 반해, 법률론은 그것의 응용으로서 객관적 법률국가질서의 세계를 설정하는 것이었다. 이는 '법률의 나라'를 도덕과 같이 실천이성 그 자체의 요구에 정초하고 그것 자체를 하나의 정언명령으로 삼았던 이론의 필연적인 귀결이다. 그것이 칸트의 국가론을 윤리설과 함께 개인주의의 학설이라고 보는 많은 이들의 견해에 내가 즉각 찬동할 수 없는 이유이다. 본디 국가가 목적 그 자신이고 도덕적 인격자인 것은 하나의 실재로서 그러한 것이 아니다. 개인의 경우에서도 개인이 인격자인 것은 앞서 말했듯 구체적 실재자로서가 아니라 도덕적 당위의 가능성에서 성립한 자유로운 주체로서의 '인간의 이념'에

---

23 *Gemeinspruch*, S.87.
24 *Rechtslehre*, § 53. [『법이론』①, 308쪽; 『법이론』②, 199쪽]

서인 것처럼, 국가의 경우에서도 국가가 인격자인 것은 보편타당한 법적 규범을 가능케 하는 이념으로서의 공동체에서인 것이다. 다만 칸트의 국가론은 주로 법적 관점에서 구상되었고, 따라서 그 국가는 전적으로 법률국가였다는 점에서 제한적이다. 나아가 피히테에서 발단하는 낭만주의 등에 의해 행해진 국가철학의 전개로서 독자적 '민족'공동체의 개념을 인정하고 국가를 유기체적 생[명]의 전체로 설파하기에 이르렀던 것은 거듭 비판적 재음미를 행하지 않으면 안 되는 것으로, 이에 관해서는 다음 절에서 서술될 것이다.

그러나 도덕철학에서 출발한 칸트가 개인을 초월하는 목적 그 자체로서, 하나의 도덕적·법적 인격으로서 국가를 정초했던 것은 국가철학을 향한 새로운 기여이면서 동시에 세계정치질서의 윤리적 근거를 포착한 것이라고 할 수 있다. 거기서 세계의 국가 간 관계의 윤리적 당위란, 국가가 그 자체로 통일적 인격으로서 자타의 국가를 언제나 동시에 목적으로서 만나야 하며 단지 수단으로서 사용해서는 안 된다는 것을 말한다. 그런데 국제정치의 현실은 마치 그런 [정언]명법을 배반하는 격률에 의해 지배되고 있는 듯하다. 그 격률이란 무엇인가. 현실의 전쟁행위이며, 그렇지 않으면 전쟁의 끊임없는 위협이다. 칸트의 정신에 비춰보면, 각국은 한쪽으로는 자타의 국가 그 자체를 목적으로서 만나지 않음과 동시에 다른 쪽으로 자국 및 타국의 인민을 수단으로 사용하고 있는 것이다. 국제법과 국가법은 그런 사실을 규정하며 국가에 대한 국가의 "전쟁의 권리"와 국가가 인민을 전쟁에 종사시킬 수 있는 권리를 인정한다. 생각건대 그것은 단지 현실의 국제정치조직과 국제적인 객관적 법률질서의 흠결 때문에 "허용되었던 권리"인바,[25] 그것은 여전히 "자연상태에

---

25 *Rechtslehre*, §§ 55·56. [『법이론』①, 310~313쪽; 『법이론』②, 201~203쪽]

서의 슬퍼해야 할 긴급수단"에 다름 아닌 것이다.[26]

그런데 '전쟁' 그 자체란 무엇인가. 칸트에게서 전쟁은 "무엇보다 커다란 재난"[27]이고 "인류의 채찍"[28]이었다. 그러나 다른 한편 그에게 전쟁은 그것이 질서와 법의 존중 아래서 행해질 때는 인간에게 장려한 아름다움의 감정을 환기시키는 동시에 위기에 노출된 국민의 사상을 고양시키는 것이었으며, 이에 반해 도리어 오랜 평화가 만족할 줄 모르는 영리심을 만연케 하는 동시에 저열한 아욕과 유약한 마음을 가져오고 국민의 사상을 저하시키는 경향이 있음을 지적했었다.[29] 또한, 뒤에 서술될 것처럼, 역사철학의 문제로서 인류역사의 진행에 있어 자연의 합목적적 관계로부터 보아 전쟁을 문화발전으로 이해하는 데에 주저하지 않았다. 그럼에도 우리 안의 실천이성은 요구하면서 말한다. '전쟁이 있어서는 안 된다'라고. 그것은 거부할 수 없는 이성, 이성의 '비토Veto[거부권]'이다.[30] 왜냐하면 전쟁은 인격으로서의 개인 및 국가 상호 간의

---

26 *Zur ewigen Frieden*, S.122. [『영구평화를 위하여』①, 20쪽; 『영구평화를 위하여』②, 108쪽: "전쟁은 역시 (법적으로 효력 있게 판결할 수 있는 법정이 없는) 자연상태에서 자기의 권리를 폭력을 통해 주장하는 단지 비참한 비상수단일 따름이다."]

27 *Mutmasslicher Anfang der Menschengeschichte*, S.62.

28 *Religion innerhalb der Grenzen der bloßen Vernunft*, S.35. ['인류의 채찍'은 국역본에 "인류의 재앙"으로 옮겨져 있다: "이 작은 국가들은 하나의 국가연합(자유롭게 연맹한 민족들의 공화국)을 향해 노력하는 대신에, 다시금 그들 각각이 전쟁(이 인류의 재앙)을 정말로 끊이지 않게 하기 위해서 똑같은 놀이를 시작한다. 전쟁은 보편적 독재정치라는 무덤(또는 전제정치가 어느 단일 국가 내에서도 약화되지 않게 하기 위한 하나의 국제연맹)보다는 덜 구제 불능한 악이기는 하지만, 그럼에도 옛사람들이 말했듯이, 전쟁은 악한 인간들을 제거하기보다는 더 많이 만들어낸다."(백종현 역, 『이성의 한계 안에서의 종교』, 아카넷, 2011, 203쪽)]

29 *K. d. U.*, S.109. [백종현 역, 『판단력비판』, 아카넷, 2009, 507쪽: "[불가피한] 전쟁은 무의도적인(고삐 풀린 열정이 불러일으킨) 시도이면서도 최상 지혜의 깊이 숨겨진, 그리고 그로써 국가들의 도덕적으로 정초된 체계의 통일성을 세우고, 그렇지 못하면 그것을 준비라도 하려는 시도이다."]

30 *Rechtslehre*, S.185.

윤리적 명법과 서로 어울리는 것이 아니기 때문이다. 앞서 말했듯 전쟁이 현실의 실증적 정치법률질서의 조건 아래에서는 하나의 제도·권리로서, 설령 허용될 수 있는 논거를 가질지라도 도덕적 가치판단에서는 언제나 거부·배척되는 이유가 거기에 있다.

그런 까닭에 국가 간의 외적인 질서를 규율하는 국제법의 이념은, 국가 간 도덕적 질서의 법칙에 조응하여 국가 간의 그러한 자연상태로부터 탈각할 것을, 마치 개인 서로가 그 자연상태를 벗어나 국가로서의 공민적 상태로 들어가는 것과 같이 국제적인 공민적·국가적 상태의 창설을 요구한다. 그것은 전쟁의 일시적 휴지가 아니라 제도·권리로서의 전쟁의 지양을 의미하는바, 세계의 완전한 정치질서의 요청인 것이다. 그렇게 그 자체로 타당한 국가 간의 객관적·보편적 법칙질서를 세우는 것에 의해 국가와 국민 제각각의 자유가 확립되지 않으면 안 된다. 칸트의 정치이론은 도덕학설과의 관련에서는 '자유' 곧 '인격'의 관념에 근거하는바, 그것은 한쪽으로는 국가에서 개인이 갖는 자유의 이론이고, 다른 한쪽으로는 국가 간에 국민이 갖는 자유의 문제였다고 할 수 있을 것이다. 나아가 그 어느 경우에도 자유는 주관적 자의가 아니라 그것 자체로 타당한 실천이성의 객관적 법칙에 의해 확립되는 것이다. 그리하여 결국에 세계의 완전한 보편적·공민적 질서에 기초해 국민의 자유와 더불어 개인의 자유도 완성되는 것이다. 생각건대 그것은 인도人道 관념의 궁극적 요청이며, 국제정치 혹은 세계질서론은 '인간'의 철학에 근거한 인도의 철학의 정점을 장식한다. 거기서 17·8세기에 고창된 '자유'의 권리와 '인도' 관념의 비판적 기초가 발견되었던 것이다.

여기까지는 칸트 도덕철학의 핵심인 '자유' 곧 '인격'의 관념을 중심축으로 하여 일반적으로 국가를, 나아가 국제정치와 도덕 혹은 종교의 관계를 새겨

본 것이지만, 아래부터는 칸트 도덕철학의 정점을 포함하는 '최고선'의 개념을 중심으로 다시 논함으로써 세계정치질서의 도덕적·종교적 근거를 고찰하고자 한다.

앞 단락에서 우리의 출발점이 되었던 칸트 도덕설의 특질은 그것이 순수하게 형식적이라는 점이었다. 즉 그것은 모든 실질적인 자연적 경향성에서 독립하여 순수의지 자신의 법칙이 정립되었다는 점이다. 그러한 도덕의 보편·필연적 규정원리는 인간에 대해서는 명령이며 주관적인 감성적 동기에 대해서는 실천이성의 저항으로서 도덕적 강제를 동반하는바, 따라서 그것은 '의무'의 법칙에 다름 아닌 것이다. 그런 의무의 추구에서 우리 안의 도덕적 심정이라는 능력, 즉 도덕의 형식적 법칙에 의한 자유에 근거해 자연적 경향성에 대항하는 데서 성립한 인간격률의 강함에 '덕'이 존속하는 것이다.[31] 그런 까닭에 의무의 법칙은 '덕의 원리'이며, 주관적·실질적인 '행복의 원리'와는 전혀 어울리지 않는 것이다. 이것이 칸트가 당시 주로 경험철학에 기초한 행복설 또는 쾌락설의 도덕론에 대항하면서 "당신, 숭고이자 위대한 이름이여"라고 호소했던 '의무'의 교설인 것이다.[32] 의무 혹은 덕과 행복이 칸트와 같이 엄격하게 대립되는 것은 아닌바, 그 둘은 전혀 이질적인 개념이다. 그 점에서는 금욕을 가르쳤던 스토아의 윤리설도 쾌락을 설파했던 에피쿠로스와 다르지 않으며, 양자 모두 덕 및 행복원리의 동일성을 발견하고자 한 것으로서 다만 그 방법이 다를 뿐이다.[33] 따라서 행복을 배척하는 의무의 객관적 원리를

---

31 *Metaphysische Anfangsgründe der Tugendlehre*, SS.216·236, etc. [『윤리형이상학』(2부 '덕이론의 형이상학적 기초원리', 백종현 역), 494~495쪽, 『도덕형이상학』(2부 '덕론의 형이상학적 기초원리', 김수배 역), 286~287쪽. 두 번역본 모두 첫 문장은 동일하게 시작한다 : "덕은 의지의 도덕적 강함을 의미한다."]

32 *K. d. p. V.*, S.111, u. a.

설파했던 칸트의 도덕철학은 고대 그리스의 윤리학설부터 근세 잉글랜드 경험철학의 그것에 이르는 모든 도덕학설에 대한 비판적 고찰이고, 인식론에서와 마찬가지로 보이는 업적을 도덕론에서도 완수했다고 말할 수 있을 것이다. 의무와 행복 간의 대립, 그리고 의무의 법칙에 의거한 행복의 원리의 극복, 거기에 도덕률의 신성이 있으며 동시에 그의 도덕이 '엄격주의Rigorismus'로 불리는 이유가 있다.

그렇다면 칸트의 도덕철학 전체에서 '행복'의 요소는 영구히 부정되었던 것인가. 아니다. 의무가 유일한 실천적 원리이고 덕이 이성적 실재자의 욕구능력의 대상으로서 '최상의 선最上善, oberstes Gut'이었지만, 다른 한편에서 행복은 유한한 이성자로서의 인간이 피할 수 없는 요구이고, 또 덕에 값하는 행복의 향유를 거부하는 것은 완전한 이성자 ─ 그런 것을 상정할 수 있다면 ─ 의 의지와도 일치하지 않는다고 해야 할 것이다. 거기서 최상의 선과 구별하여 '최고의-완전한 선vollkommenstes Gut'으로서의 '최고선höchstes Gut'이라는 개념 속으로 행복의 요소가 포섭되며, 덕과 그것에 값하는 행복 간의 결합이 필연적으로 사고되지 않으면 안 된다. 그 경우에 덕과 행복은 최고선의 두 요소이며, 나아가 그 둘은 동질적이지 않은바, 그렇게 덕과 행복의 원리는 실천이성의 '이율배반'을 구성한다.

무릇 칸트철학 ─ 이론 및 실천 모두를 관통하는 ─ 의 기본문제는 이율배반이다. 이론이성에서는 인과적 법칙 속에서 어떻게 자연필연성과 이성의 자유가 결합될 수 있는지가 문제였고, 그 해결이 현상세계와 물자체를 구별함으로써 행해졌던 것은 앞서 다뤘다. 그렇다면 실천이성에서 덕과 행복의 원

---

33 ebd., SS.143, 144.

리 간의 이율배반은 어떻게 해결 가능했던가. 그 비판적 해결의 상세한 논리적 자취를 더듬는 것은 여기서 목적으로 삼는 게 아니지만, 요컨대 앞의 경우와 마찬가지로, 그리고 좀 전에 인격의 관념에서 간략히 설명했던 것과 마찬가지로, 인간을 한쪽으로 '현상적 실재자'로서는 자연의 기구에 종속되는 것인 동시에, 다른 한쪽으로 '본체인'으로서는 자연으로부터 독립된 주체, 스스로 도덕법칙의 입법자인 자유의 주체로서 사고함으로써 행해졌다. 즉 자유로운 인격은 도덕적 법칙에서 자연의 세계의 원인성을 규정할 수 있기에, 원인으로서의 도덕적 심정이 그 결과인 자연의 행복과 **어떤** 관계를 맺는다고 해서 모순될 것은 전혀 없다.[34]

덕과 행복 간의 결합인 최고선의 가능성은 첫째로 덕의 완성을 위해 영원히 계속되는 동일성이라는 것의 존재, 즉 인격으로서의 '영혼의 불멸'을 요청하며, 둘째로 덕과 조화되는 행복의 가능성을 위해 도덕성에 필연적 일치를 초래하는, 즉 자연의 최상원인으로서의 최고예지인 '신'의 존재를 요청한다.[35] 이는 실천이성의 필연적 요청이고, 거기서 도덕은 종교에 이어지는바, 칸트의 도덕설은 '최고선'의 이념에 의해 그 절정에 도달했던 것이다.

위와 같은 신의 존재와 영혼의 불멸을 필연적 제약으로 삼는 덕과 행복 간의 조화의 실현은 본디 감각의 세계에 속하지 않는 것으로서, 최고선은 실천이성의 대상의 '무제약적 총체', 그 '종국목적'으로서의 초월적·단절적 세계超絶世界에서 객관적 실재성을 갖는다. 그 의미는 결코 이론이성의 인식영역에서가 아니라 어디까지나 이성의 실천적 사용 문제로서 존속하는 것이기 때문에 독단설의 과오를 범하지 않고서 그 비판적 특질이 지탱될 수 있었던 것이다.

34 *K. d. p. V.*, Teil, II. Buch, 2. Hauptstück, I, II. [『실천이성비판』, 243~254쪽]
35 ebd., IV, V.. [『실천이성비판』, 258~274쪽]

한 번 거부·배척된 '행복'의 요청은 거기서 비로소 회복되며, 인간은 덕과 그것에 값하는 행복을 향유할 수 있다. 아니, 그렇게 희망할 수 있는 것이다. 좀 전에 서술했던 '도덕의 나라'에 이웃한 '신의 나라'는 거기서 인류의 윤리적 공동체에서의 신적인 도덕질서와 그것을 뜻있게 하는 데 적합한 지복의 나라로서 대망될 수 있는 것이다. 이는 동시에 인류 위에 놓인 영원한 과제이다.

의무의 객관적 도덕법칙과 주관적 행복의 원리 간의 대립, 그리고 최고선의 개념에 의한 그 양자의 종합을 설파하는 칸트의 도덕설은 우리가 당면 과제로 삼고 있는 세계정치질서와 어떤 관련을 맺는 것일까.

이미 보았던 것처럼 칸트에게 정치란 도덕설과 나란히 의무와 법의 개념에 기초한 선천적·형식적 원리로서, '자유'라는 이념을 확립하는 것이었다. 이는 선천적으로 인식될 수 있는 정치이며, 물질적인 또는 정신적인 그 어떤 뜻으로도 행복·이익·안녕 따위를 목적으로 하는 일체의 경험적 제약에 의존하지 않는다.[36] 혹여 그런 행복·이익이 목적이라면, 자연상태는 법적 상태의 창설보다 더 낫게 더 많은 것을 주는 것이기도 할 것이다. 그런데 칸트에게 정치란 그런 목적으로의 의욕을 대상으로 하는 경험적 원리가 아니라 순수하게 '정의'의 형식적 원리라는 점에서, 행복주의의 흔적을 남기고 있는 루소와는 ─ 많은 영향을 그로부터 받았음에도 ─ 근본에서 갈라지며 오히려 플라톤과 부합하는 것이 있다.[37] "혹여 정의가 멸절한다면 더 이상 땅 위에서 인류가 생존할 의미는 없으며", 또 "혹여 정의가 모종의 가치에 자리를 양보한다면 그것은 정의이기를 멈춘다."[38] 칸트에게 "정의로 하여금 지배케 하라, 세계가

---

36 Vgl. *Anthropologie in pragmatischer Hinsicht*, S.287.
37 Rousseau, *Du contrat social*, Liv. II. chap. III.[장 자크 루소, 박호성 역, 「일반의지가 잘못 될 수 있는가」(2부 3장), 『사회계약론』, 책세상, 2015]; Kuno Fischer, *Geschichte der neueren Philosophie*, Bd. V. S.140.

멸망할지라도Fiat iustitia, pereat mundus"라는 명제란 또한 정치의 원리였다.[39]

그런데 다른 한편으로 지복·안녕이란 인류에 결여될 수 없는 목적이고, 따라서 정치는 그러한 목적과 떨어져서는 존재할 없는바, 거기에 지복·안녕을 의욕의 대상으로 하는 공리주의 또는 행복주의의 원리가 성립한다. 그것은 앞서 서술한 선천적·형식적 원리에 맞선 경험적·실질적 원리이다. 형식적 원리가 도덕 및 법의 원리를 정치의 제약으로 삼는 것임에 반해, 실질적 원리는 정치상의 이익 아래 도덕 및 법을 종속시킨다. 전자에게는 정의 및 자유 그 자체가 제약임에 반해, 후자는 [주관적] 자의의 대상으로서의 이익과 행복이 최고의 제약이다. 칸트 자신의 설명에 의하면, 전자는 "정치적 사려叡智의 문제Staatsweisheitsproblem" 혹은 "도덕적 문제problema morale"로서, 자유의 선천적 원리에 근거한 목적달성을 우리의 의무로 삼음으로써 절대적 필연성을 갖는 것임에 반해, 후자는 "정치적 재능·슬기才智의 문제Staatsklugheitsproblem" 혹은 "기술적 문제problema technicum"로서, 오로지 자연의 기구를 이용하여 그 의욕을 달성하고자 하는, 따라서 언제나 경험적 제약을 전제하는 것이다.[40]

그런 까닭에 정의는 지복 또는 안녕과 서로 대립하고, 그 두 원리는 정치에서 다름 아닌 이율배반을 구성한다. 그런데 정치는 한편으로 도덕 및 법과 내면적인 관련을 맺는 까닭에 자유의 이념을 요청함과 동시에, 다른 한편으로 인류의 지복·안녕이 정치의 대상으로서 불가결하기 때문에 행복의 요소를 전혀 거절할 수는 없는 것이다. 따라서 그 둘은 모종의 방법을 통해 동일 개념으로 결합됨으로써 정치상의 이율배반은 해결되지 않으면 안 된다. 그러한

---

38 *Rechtslehre*, S.159.

39 *Zur ewigen Frieden*, S.160. [『영구평화를 위하여』①, 76쪽; 『영구평화를 위하여』②, 174쪽]

40 *Zur ewigen Frieden*, SS.158~159. [『영구평화를 위하여』①, 74~75쪽; 『영구평화를 위하여』②, 172~173쪽]

비판적 해결은 어떻게 가능한가. 그것은 좀 전에 서술한 도덕설에서 칸트가 꾀했던 덕과 행복의 이율배반에 대한 해결과 마찬가지의 논리적 방법으로 해결할 수 있을 따름으로, 그것은 실로 정치에서의 인류 최고선으로서의 '영구평화'라는 관념이라고 생각된다. 도덕상의 최고선이 덕과 그것에 값하는 행복의 비판적 종합으로서 요청되었던 것에 조응하여, '영구평화'는 정치가 의무와 법의 원리에 의해 규율되어 조화되는 데에서 인류의 안녕·지복이 종합된 것으로서, 다름 아닌 실천이성의 의욕의 총체이다. 다만 그 종합에서 도덕상의 최고선에 있어 언제나 덕이 최상의 제약이었던 것처럼, 영구평화의 제약은 정의의 형식적 원리이고 안녕·지복은 제약을 받는 것으로서 언제나 종속적 관계에 서있는 것으로 이해되어야 한다.[41]

그리하여 정치에서의 최고선으로서 영구평화의 기초는 도덕설이다. 그런데 도덕설이 필연적으로 종교로 인도되었듯이 영구평화의 정치론 또한 종교와 필연적인 관련을 맺는다. 영구평화가 가능하기 위해서는 개개의 인간 혹은 개개의 민족을 넘어선 인류·종·속 전체의, 그 역사에서의 무한한 정치적 세력의 진행이 전제되는 동시에, 인류의 그러한 노력과 일치하는 안녕·지복상태의 창조자로서 역사의 올바른 심판자 '신'의 존재가 요청된다. 그것은 정치가 한편으로 종교와 반드시 관련을 맺게 되는 이유인 동시에 다른 한편으로 역사철학의 문제가 되는 이유이다. '최고선'의 이념은 도덕적 질서를 뜻있게 가꾸는 일 속에서 그것에 어울리는 정복淨福을 통해 '신의 나라'를 가리키는 것임에 대해, 정치적 정의를 뜻있게 가꾸는 일을 인류의 안녕·지복으

---

41 여기서 시도된 것과 같이, '최고선'의 개념에서 도덕과 정치의 동일한 논리적 관계를 인정한 것으로는 Metzger, *Gesellschaft, Recht u. Staat in der Ethik des deutschen Idealismus*, SS.106~107.

로써 행하는 것이 '영구평화의 나라'이다. 칸트에게서 전자는 윤리적 공동체의 이념으로서 '신의 나라'를 지시하는 동시에, 후자는 법적 공동체로서 보편적 세계질서의 이념이다. 그런 영구평화의 정치적 국토와 신의 나라가 맺는 관계에 대해서는, 거듭 역사철학의 문제로서 뒤에 논술될 것이다.

그런 까닭에 칸트 자신이 인정하면서 말하듯이 영구평화는 철학에서의 "천년[지복]기千年期, Chiliasmus"[천년왕국설]이다.[42] 그것은 공상이 아니며, 그 가능성의 근거는 다름 아닌 순수실천이성의 도덕법칙에 있다. 실천이성은 도덕적 당위를 기준으로 하여, 최종적으로는 영구평화의 나라의 건설을 인류의 의무로 명하는 것이다. 이렇게 비판적 논구의 자취를 더듬어 온 끝에 영구평화론을 칸트 윤리설의 완성으로, 칸트 철학체계의 종국으로 부를지라도 그의 참뜻을 현저하게 상처 입히는 것은 아닐 것이다.

영구평화는 도덕상의 최고선과 함께 실천이성의 법칙에 근거한 하나의 이념이며, 경험적 현실의 세계에서 실현되는가 아닌가에 의해 털끝도 그 가치가 줄어드는 것이 아니다. 그런 까닭에 영구평화는 동일한 세기의 경과 속에서 생 피에르나 벤담이 고찰했던 경험주의 또는 공리주의의 원리에 기초한 계속적인 평화와는 다른 것이며,[43] 또한 좀 전에 특히 제1차 세계대전 이후 감상感傷적인 인도주의 혹은 종교적 독단에 의해 창도된 평화론과는 서로 멀리

---

42 *Idee zu einer allg. Geschichte u. s. w.*, S.16. [이한구 역, 「세계 시민적 관점에서 본 보편사의 이념」, 『칸트의 역사철학』, 서광사, 1992, 38쪽]

43 생 피에르의 『영구평화론』(Abbé de Saint-Pierre, Le projet de paix perpétuelle etc., 1713~1717)은 유명하며, 루소가 그것을 소개하고 칸트 또한 같은 마음으로 그의 저작 속에서 논급하고 있다. 벤담의 그것에 대해서는 많이 논의되지 않고 있지만, 그의 Principles of international law(Manuscript, 1786~1789)의 4장 "A plan for an universal and perpetual peace"는 '유틸리터리어니즘[실용주의]' 철학의 정치론을 아는 데에 간과할 수 없는 것이라고 생각된다.

떨어진 것이라고 해야 할 것이다. 그러하되 다른 한편에서 도덕적 의무에 관한 정치원리의 문제로서 영구평화의 도래를 위해 노력한다는 실천적 의미에서 그것은 객관적 실재성을 갖는다. 그러한 뜻에서 또한 그것은 결코 협애한 쇼비니즘[배외주의]이 배척하는 한 조각 공상이 아니다. 왜냐하면 영구평화는 실천이성의 정언명령에 그 윤리적 근거를 두는 것이기 때문이며, 영구평화의 국토의 건설은 인류의 끊임없는 정치적 노력으로서 여러 국민 위에 부과된 의무이기 때문이다. 우리는 먼저 '순수이성의 나라와 그 정의'를 요구해야 한다. 그러면 우리가 목적으로 하는 정치적 최고선으로서의 영구평화는 저절로 주어지게 될 것이다.[44]

3. 세계질서의 조직원리

칸트에게 정치란 법 개념에 근거한 것으로 도덕과 더불어 마찬가지로 인간의 '자유'에 관한 선천적·형식적 원리의 문제이며, 그런 자유는 내적이고 외적인 관계 어느 쪽에서도 법칙의 보편타당성 속에서 성립한다는 것, 아니 객관적 법칙과 자유는 동일한 뜻이라는 것, 거기서 도덕상의 '인격' 관념이 구성되는 동시에 국가는 내적 도덕의 나라에 대한 외적 법률의 나라로서 목적 그 자체이며 하나의 인격이라는 것, 따라서 국가 간의 관계에서 여러 국민의 자유가 결정되며 인류의 자유가 확립되기 위해서는 필연적으로 객관적·법적 질서의 창설이 요구된다는 것, 그런 한에서 정치의 주관적 격률에 기초한 전

---

44 *Zur ewigen Frieden*, S.159. [『영구평화를 위하여』①, 75쪽; 『영구평화를 위하여』②, 173쪽]; *Rechtslehre*, S.186.

쟁의 지양을 뜻하는 '영구평화'란 도덕론에서 덕과 행복의 원리의 종합인 최고선 개념에 조응하는 정치에서의 최고선으로서 정의와 그것에 동반되는 안녕의 종합이라는 것, 거기서 윤리적 공동체의 이념인 '신의 나라'와 관련하여 '영구평화의 나라'라는 이념이 요청된다는 것, 여기까지가 앞 절에서 서술한 것의 결론이다.

그렇다면 영구평화의 나라는 과연 무엇인가. 그 정치조직은 어떻게 되어야만 하는가. 이는 세계질서의 조직원리의 문제이고 새로운 국제정치학의 과제이다. 칸트의 저술에서 그것에 관한 의견을 궁구할 수 있는 것은 특히 『영구평화를 위하여』와 『법률론의 형이상학적 원리』에서의 국제법 및 세계공민법에 관한 부분이지만, 그 점에 관한 그의 논술은 당시의 정치적 경험에 의해 제약받고 있는 것이기에,[45] 이후의 국제법 및 국제정치의 발달을 거쳐 온 현대의 관점에서 볼 때는 많은 보정이 필요한 것은 부정하기가 어려운 사실일 것이다. 그럼에도 그의 논설이 세계정치질서의 원리에 관하여 현재 및 장래에 갖는 의의와 시사를 인정하지 않으면 안 될 것이다.

국제정치를 정초하기 위해 국제정치의 개념과 원리를 논하는 것은 이 장의 의도가 아니지만, 종래 정치학의 일반적인 연구에 대해 국제정치가 새로운 학문적 구성을 얻기 위해서는 독자적인 대상과 영역을 갖지 않으면 안 될 것이다. 이제까지 정치학이 주로 국가의 정치를 중심으로 하여 인류의 사회생활에 단순히 병립하는 것으로, 아니 대립관계에 있는 것으로 국가의 정치질서 및 조직을 연구를 했던 것에 반해, 국제정치는 국가 상호 간의 결합관계에

---

45 그의 평화론은 그것이 공개되었던 때와 같은 1795년 바젤평화조약에 자극받아 작성된 것으로 여겨지며, 이미 그 구성 자체가 평화안의 형식을 채용하고 있는 것도 이를 증명하기에 충분하다.

초점을 맞추고 국가 간의 보편적 정치질서 및 조직을 고찰한다. 전자가 그 세계관에서 개별적 국가를 정치의 궁극의 질서로 삼으려는 것임에 반해, 후자는 여러 국가 간에 객관적 정치질서와 그 조직의 가능성을 승인하는 세계관에 선다. 국가정치의 관점에서는 국가 상호 간 정치의 격률은 개별국가를 중심관념으로 하는 것으로 기껏해야 현재의 국제법 또는 외교정책의 규정원리를 이루는 것이지만, 국제정치는 국가정치의 격률과는 달리 국가 간의, 그러므로 또한 세계의 보편적 정치조직 문제를 중심으로 하여 그 스스로의 질서원리를 정립하는 것이지 않으면 안 된다.

그렇게 볼 때, 칸트가 때로 영구평화론의 '예비조항'으로서 때로 법률철학의 국제법 조규 아래에서 국가의 권리들로 거론했던 것은,[46] 아직 국제정치 그 자체의 객관적 규정원리를 이루는 것이라고는 할 수 없을 것이다. 왜냐하면 그런 규정들은 국가 간의 객관적 정치조직의 창설을 문제로 하지 않으며 현실의 여러 국가들 간의 대립관계를 전제로 하고 있기 때문이다. 곧 국가 상호 간의 관계는 개인이 국가를 창설하기 이전과 비교해 보면 아직은 '자연상태'이고, 국가 간의 정치는 개별국가를 중심관념으로 규율되는 것인바, 그 결

---

46 영구평화의 '예비조항'으로 거론됐던 것은 (i) 장래의 전쟁에 대한 재료를 비밀로 보유하면서 체결된 평화조약은 효력이 없다는 것. (ii) 독립국가는(그 크고 작음을 불문하고) 다른 국가로부터의 상속·교환·매매 또는 증여를 통해 승계되어서는 안 된다는 것. (iii) 상비군은 때에 맞춰 폐지되어야만 할 것. (iv) 국가의 외적인 분쟁에 있어 국채를 발행해서는 안 될 것. (v) 그 어떤 국가도 다른 국가의 헌법 및 정부에 강권으로 간섭해서는 안 될 것. (vi) 국가는 전쟁 중에 장래의 평화를 위한 상호 간의 신뢰를 불가능케 하는 적대행위, 예컨대 암살자의 활용, 항복조건의 파기, 교전국 내의 모반 교사 등을 해서는 안 될 것.(*Zur ewigen Frieden*, SS.118~122) 법률철학에서는 "전쟁을 향한 권리" "전쟁에서의 권리" "전쟁 이후의 권리" 및 "평화의 권리"로 분류하여 논술되고 있지만(*Rechtslehre*, SS.172~180) 깊은 철학을 내장한 것은 아니며, 그것들은 이후에 각기 전시국제법 및 평화국제법의 연구로서 발달해 온 흔적을 고려할 때 칸트 또한 당시의 정치적·법률적 경험에 제약받고 있었음을 보여준다.

과는 오히려 국가 상호 간의 대립을 중심으로, 특히나 전쟁을 중심으로 사고되고 있다. 그런 뜻에서 그것은 그로티우스가 국가 간의 상태를 '자연상태'로 파악하고 그 아래에도 가능한 자연법의 원칙에 근거해 전쟁 및 평화의 국제법 규를 설정했던 것과 — 설령 그와 칸트의 국가관이 근본에서는 다를지라도 — 동일한 길의 전개에 다름 아닌 것이다. 그런 까닭에 자연상태 아래에서도 가능할 여러 국가들 간의 단순한 동맹·연맹과 같은 것은 어느 쪽이나 국가 인격·국민자유의 보장이 아니며 국가 간의 물리적 권력의 평형에 지나지 않는 것이다. 그것은 칸트 자신도 스위프트의 풍자적 암시를 끌어와 비평하고 있듯이, 참새 한 마리가 멈추는 것에 의해서도 즉각 붕괴할 정도로, 그렇게 교묘하게 중력의 법칙에 기초하여 만들어진 건축물과도 같은 것이다.[47]

그렇다면 여러 국가들 간의 단순한 병립 혹은 대립의 관계가 지양·폐기되고 국가 간의 그런 자연상태를 바꾸어 영구평화를 가능케 하는 필연적 법칙으로서의 국가 간 객관적 정치질서의 조직원리란 어디서 구해질 수 있는가. 그것은 국제정치의 학문적 고찰을 위한 기초문제이다. 이 문제에 관한 칸트의 의견은 세계의 정치질서를 국가 간의 보편적 '연합'의 형식에 따르게 하는 동시에 그 위에 국제법의 이념이 새로이 근거할 수 있게 해야 한다는 주장에서 드러난다.[48] 일반적으로 정치를 법규범을 중심으로 보는 칸트는 국제정치조직의 문제를 법률질서와의 관계에서 논한다. 곧 국가조직에서 그 내부적 관계는 법률질서를 갖는다고 할지라도, 국가의 외부적 관계는 국가결합 이전의 개인 간 관계처럼 무법률상태로서의 자연상태이고, 그것은 반드시 현실적으

---

47 *Über den Gemeinspruch etc.*, S.112.
48 *Zur ewigen Frieden*, II. Definitivartikel. *Rechtslehre*, §§ 54 · 61. *Idee zu einer allg. Geschichte etc.*, S.12. [「세계 시민적 관점에서 본 보편사의 이념」, 34쪽]

로 항쟁관계에 있는 것은 아닐지라도 언제나 강자의 권리가 행해질 수 있는 상태인 것이다. 그런 까닭에 국제정치의 제1원리는 그러한 자연상태를 대신하는 것에, 개인이 국가에서 그러했던 것처럼 국가 간에 법적 공민상태를 설정하는 것이다.

거기서 객관적 질서원리로서의 국가 간 법적 조직과 각각의 국가가 가진 자유의 원리는 어떻게 결합될 수 있는가. 칸트는 국가의 경우에는 개인의 자유와 국가적 질서를 결합하기 위하여, 뒤에서 다시 설명될 것처럼, '원본계약'의 관념을 들어 설명했었다. 그것은 계몽시대의 자연법학설에 기초한 개인주의 이론의 국가계약과 동일한 형식이지만, 이미 서술했듯이 윤리상·정치상의 초개인주의에 입각한 칸트의 논설은 이른바 국가계약설과 구별하여 사고되지 않으면 안 된다. 즉 계약은 발생적 문제로서가 아니라 순수하게 논리상의 문제로서, 이념으로서의 원본계약을 뜻하며, 그 결과 국가도 단순한 기구가 아니라 사람들 개개의 의욕에 의존하지 않고 그것을 초월하는 보편적 의지로서의 법적 국가를 뜻한다. 이를 실천이성의 명법에 근거시킴으로써 개인은 필연적으로 국가조직에서 결합되며 국가의 강제적·법적 질서에서 비로소 개인의 자유가 존립하게 되는 것이었다.

국가 간의 경우에도 동일하게 원본적 사회계약의 이념에 기초해 객관적 정치질서가 요청되고 있지만, 그 정치형식은 개인과 국가 간의 유추로부터 생겨나는 국가적 조직이 아니라 '연합조직Föderalismus'이어야 하며, '국제국가Völker-staat'가 아니라 '국제연합Völkerbund'이어야 한다는 것이 특히 강조되고 있다. 생각건대 국가의 경우와 달리 국제정치조직은 각각의 구체적 국가의 의지에 의존케 하고, 국가 간의 객관적 질서원리와 그것을 구성하는 국가의 자유의 원리를 조화시키는 것은 여러 국가들 간의 자유로운 연합조직에서 꾀했던 것으로 이해된다. 칸트는 어째서 국제국가의 형식을 배척하고 여러 국가들의 연합형식을 채택했던 것일까. 그가 생각했던 바를 따르면, 국가조직이란 국제국가에서도 지배자와 복종자의 관계이고, 따라서 본래 스스로 주권의 주체인 국가가 세계적 국가의 주권적 지배 아래에 예속된다는 것은 그 자체로 국가관념의 모순이며, 또 그러한 국가 간의 법으로서의 국제법 관념과 서로 어울리지 않는다는 점에 그 논리적 근거가 있다.[49] 그는 여전히 실제적인 이유로서, 세계국가조직 아래에서도 여러 민족은 자유를 확보하고자 하고, 오히려 한층 더해진 자유를 위해 위험한 전제정치에 함몰되는 경향이 있으며, 또 세계적 국가의 광대한 영토적 외연은 언제나 통치상의 곤란을 초래하는바, 다시금 여러 국가들은 분열하고 전쟁상태를 드러낼 것이라고 말하는 것이다.[50]

그런데 본래 실천이성의 도덕법칙에 근거하는 추상적·일반적인 법률국가의 관념에는, 마치 개인이 국가를 조직했던 경우와 마찬가지로 국가들 간에도 여러 국민이 서로 결합해 세계에 하나의 국가를 구성한다는 것을 방해할 논리상의 이유는 없을 터이다. 실제로 칸트 스스로도 그러한 세계 그 자신의 보편적 정치조직인 '세계국가' 또는 '국제국가civitas gentium'의 관념을 긍정하고 있다. 이론과 실천 간의 관계를 다룬 앞의 논문에서 칸트는 개인의 공민적 헌법조직인 국가와의 비교를 통해 각각의 국가가 복종하지 않으면 안 되는 법적 강제질서로서의 '보편적 국제국가'가 영구평화를 확립하는 정치적 조직임을 승인하고 있다. 그것은 그저 이론상으로 정당한 것일 뿐 현실정치에서는 현학적인 구상에 지나지 않는 것이 아니라, 다름 아닌 법률원리에 근거해 국가 및 인류의 결합관계의 당위로서 제각각의 국가가 준수해야 할 원리인 까닭에

---

49 *Zur ewigen Frieden*, S.131. [『영구평화를 위하여』①, 37쪽; 『영구평화를 위하여』②, 130쪽]
50 *Über den Gemeinspruch etc.*, S.110. *Religion innerhalb etc.*, S.35. Anm.

또한 실제로도 가능한 것이다. 곧 법과 의무에 대한 실천이성의 당위에 근거하게 됨으로써 '국제국가'의 객관적 실재성을 주장하고, 그럼으로써 그것의 요청을 국제정치의 근본원칙으로서 정초했던 것이라고 이해할 수 있을 것이다.[51] 이는 칸트가 특히 '세계왕국Weltmonarchie'에 맞서 구별했던 '세계공화국 Weltrepublik' — 그가 말하는 '공화정'의 고유한 의의에 관해서는 뒤에서 서술한다 — 이며, 그것은 계몽사상가 볼프 등이 개인의 행복을 궁극의 목적으로 삼아 그것의 달성을 위해 군주의 전제정을 주장했던 것과는 정치의 근본원리를 달리하는 것이기는 해도, 그러한 이른바 계몽적 전제 정치 사상이 자연법에 근거해 인류정치조직의 극한에서 사유했던 '세계국가civitas maxima'와 동일한 이념이라고 하지 않으면 안 되는 것이다.[52]

그런데 앞의 영구평화론 등을 다룬 칸트의 논술에서는 그런 '국제국가' 또는 '세계국가'의 관념은 이론으로서in thesi만 정당하다고 간주되며 현실정치의 가정으로서in hypothesi는 포기되는바, 그것은 단지 국제정치를 지도하는 '적극적 이념'으로서만 타당하기에 이제 그것을 대신하여 '소극적 대용물negative Surrogat'로서 '국제연합'이 제창되는 것이다.[53] 그 둘의 관계는 인류 전체를 통합하는 일대 세계공화국의 이념이란 실제로는 달성이 불가능하지만 경험계에서 가능한 그 원인요소로서의 국제연합이 영구평화의 외적인 제약으로서 논해졌던 것이라고 이해함으로써 일단 모순 없이 설명될 수 있을 것이다. 그런 까닭에 그 점에서 칸트의 논술은 오히려 경험적 현실정치의 관점을 따른

---

51 *Über den Gemeinspruch*, SS.112~113.
52 Gierke, *Johannes Althusius u. die Entwicklung der naturrechtlichen Staatstheorie*, 3. Aufl., S.236.
53 *Zur ewigen Frieden*, S.134. [『영구평화를 위하여』①, 37쪽; 『영구평화를 위하여』②, 131 쪽] *Rechtslehre*, S.186.

것이고, 자연인식과 선의지에 관한 것처럼 보편타당한 필연적 법칙을 논증해야 할 그의 철학방법을 철저하게 수행한 것이라고 말할 수는 없을 것이다. 생각건대 슈탐러처럼 순수하게 형식적·개념적인 법률철학의 입장에서 보면, 칸트의 선험적 비판철학의 방법이 최후까지 철저화되지 않은 것으로서 비난받게 되는 것이다.[54] 실제로 칸트는 영구평화론에서 그러한 [소극적 대용물로서의] 국제연합의 객관적 실재성을 논증하면서 어떤 강대한 계몽적 국민을 중심으로 조직될 수 있을 국제연맹과 같은 것을 거론했다. 또 법률철학에서는 18세기 초엽 헤이그에서 개최된 유럽 각국 간의 국제회의를 예로 들어 설명하면서, 평화를 유지해야 할 국제조직은 각 국가들의 임의적인 가입·탈퇴를 인정하는 국제회합에 있다고 했다.[55]

그러나 칸트가 현실정치의 문제에 입각하여 고찰했던 국가 간의 '연합'이라는 형식을 계기로, 더 나아가 우리는 세계의 정치질서 및 조직의 원리를 세울수 없을까. 그가 **이념**으로서 승인했던 '세계국가'란 개인이 국가를 구성했던것과의 비교론에서 인류 전체가 세계공민적 조직으로서의 하나의 세계적 국가질서 아래로 통일되는 것이었고, 그런 세계국가와 개인 중간에 주권적 국가조직들이 존립할 여지는 없었다. 그것은 오래전 그리스에서 스토아가 자연법사상에 기초하여 요청했던 '인류국가' 또는 '세계국가'의 이상이고, 스토아의개인주의 계열을 이루어 원자적 개[체]로 이어지는 추상적 보편에 다름 아니다. 그러한 것으로서 인류국가·세계국가는 곧잘 로마의 세계적 법률국가의이념일 수 있었다. 이들 그리스·로마의 유산을 이어받은 중세는 충만해진그리스도교적 신앙의 내용을 통하여 인류 전체를 포괄하는 세계에 하나의 '그

---

54 シュタムラー, 拙訳,「近世法学の系列」,『国家学会雑誌』第37巻 9号, 136~137쪽을 참조.
55 *Rechtslehre*, S.181.

리스도교 국가'respublica christiana'를 건설하고자 했고, 그것을 하나의 보편적 실재로 개념화했던 것에 그 특색이 있다. 하지만 그것은 그런 보편적 실재 개념에서 출발한 스콜라철학의 '실념론実念論, Realismus'의 형이상학적 사변과, 근본에서 '신의 나라'의 가시적 실재로서의 보편적 교회를 중심으로 한 중세 고유의 종교적 도그마를 전제로 한 것이었다. 그러한 중세적 그리스도교 세계관의 붕괴, 따라서 보편적 개념을 단순한 명목에 지나지 않는 것으로 간주하고 오직 개[체]의 실재를 주장한 '유명론唯名論, Nominalismus'의 승리는 근세 르네상스에서 인간개인의 자각을 불러 일으켰다. 나아가 그렇게 극복해왔던 중세적 보편과의 종합을 모종의 형태로 다시 요청하지 않을 수 없었고, 그 지점에 스토아적 자연법사상의 부흥과 함께 광대한 근세적 형이상학에 근거하여 앞의 볼프 등의 세계국가가 구상되었던 것이지만, 그것은 근저에서 마찬가지로 계몽적 개인주의와 구별될 수 없는 것이었다. 그리고 그 영향 아래에서 칸트가 이념으로서의 '세계국가'를 승인했었음은 부정할 수 없는 것이다.

그런데 개인의 자각과 더불어 동시에 발흥했던 근세 주권국가, 그중에서 특히 점차로 형성되어온 민족적 국가에 특수한 전체성을 주장하고 그것에서 개인과 세계의 중간이 갖는 구체적 보편을 사고하기에 이르렀던 것은 의미심장하다. 그리하여 세계주의에 맞서 국가주의가 확립되었던 것은 세계질서의 기초가 되어야 할 민족적 국가의 윤리적·문화적 가치를 발견한 것이라고 해야 하며, 새로운 도덕적＝정치적 재화의 획득을 위한 이상적인 노력이라고 할 수 있는 것이다. 그러나 민족적 국가의 특수적 보편으로 절대성을 주장하는 것은 세계에 다수의 동일한 국가가 공존한다는 사실을 살필 때, 필경 각 국가를 자기중심적인 입장에서 벗어나지 못하게 하고 세계적 보편성의 이념을 부정하는 길로 이끌지 않을 수 없을 것이다. 이런 사정은 설령 동맹·연결이

성립되었을지라도 다를 바가 없다. 그것은 여전히 원리적으로는 국가주의를 벗어나는 것이 아니며, 앞서 설명했던 물리적 강[제]력에 의한 기계적 평균을 의미하는 '권력평형'일 따름으로, 그 평형의 틈새를 이용해 언제나 강자의 권리에 의한 지배의 상태가 표출될 것이다.

그러한 근세 국가주의의 귀결에 맞서 모종의 의미에서 다시금 세계주의로의 요망이 고양되는 것은 당연한 것이라고 해야 한다. 그러하되 우리는 중세적 보편주의로는 물론, 고대 세계주의와 그 근세적 형태인 세계국가의 이상으로도 복귀할 수는 없다. 왜냐하면 그것이 의거해 있는 종교적 도그마 혹은 형이상학적 사변은 그것을 새로운 세계질서의 기초로 도저히 승인할 수 없게 하는 것이기 때문이다. 이 점에서 장래에 그 어떤 세계의 질서가 사고될지라도 근세의 국가, 특히나 민족적 국가의 이상은 불변하는 초석을 형성하는 것으로서 어디까지나 유지되지 않으면 안 되는 것이다.

그렇다면 국가주의와 세계주의라는 두 요소를 종합할 수 있는 길은 없는가. 서로 대치하는 국가원리를 부정하지 않고서 그 위에서 그것을 넘어선 세계에서의 객관적 정치질서의 원리는 세울 수 없는 것일까. 여기서 우리는 칸트가 제기했던 '연합Föderalismus'을 새로운 관점에서 사고할 필요가 있을 것이다. 일반적으로 국가 간의 '연합'이라고 불리는 것에도 두 종류의 개념이 사유될 수 있는바, 그 하나가 여러 국가들의 단순한 연합주의에 기초한 결합임에 반해, 다른 하나는 여러 국가를 통괄하는 그 자체로 하나의 독립된 정치적 공동체로서 연방주의에 의한 세계적 국가가 그것이다. 왜냐하면 모든 '국가연합Staatenbund'이 반드시 '연방국가Bundesstaat'인 것은 아니지만 연방국가는 반드시 연합조직이기 때문이다. 그리고 국가 간의 연합주의는 연방주의에서 추진됨으로써 세계주의와 근세 국가주의 간의 비판적 결합으로서 곧잘 국제정치질서의 새로운 원리가 될 수 있고, 그것에 근거해 인류공동체의 보편적 정치조직으로서 '세계연방국가'의 이념이 요청된다고 할 수 있다. 거기서 국제정치는 세계의 보편적 정치질서를 확립하려는 인류 전체 공동의 이상적 노력으로서의 '세계정치'이고, 그 조직은 국가 간의 단순한 연맹 또는 연합이 아니라 인류 전체의 단일한 보편적 공동체로서의 '세계국가'이며, 그것과 더불어 그 법적 규범은 현실의 국제법 관념으로부터 '세계법'으로의 전회를 성취하게 되는 것이라고 할 수 있을 것이다.

칸트가 구상했던 국가 간 '연합'으로부터 여기까지의 '세계연방국가' 관념에 도달할 때 국제정치의 객관적 질서의 문제는 해결되리라고 본다. 그런데 칸트가 세계적 국가의 형태를 부정하고 단순히 여러 국가의 연합을 설파했던 이론적 근거는 여러 국민들이 제각각의 국가를 조직하고 있는 관계 속에서 그것들을 하나의 국가로 융합할 수는 없으리라는 것이었다. 그러나 칸트처럼 실천이성의 명령에 근거하는 법률론을 중핵으로 정치국가를 논하는 입장에서는, 개인들이 서로 결합하고 여러 국가를 구성했던 것과 마찬가지로 여러 국민들이 거듭 결합하여 보편적 공동의 법률적 강제 아래서 고차적인 하나의 국가를 구성하는 것을 부정할 이유가 없다. 다만 그 경우에서는 개인과 보편적 세계국가 사이의 중간조직으로서 여러 민족에 의해 형성된 각각의 국가를 용인해야 할 이론적 근거를 발견할 수 없을 것이다.

세계국가주의와 민족국가주의의 비판적 결합으로서 '세계연방국가'의 이론적 기초를 단지 실천이성의 법칙과 그것에 근거한 정치이론만으로 모두 다 설명하기란 곤란할 것이다. 그것은 칸트처럼 단순히 법률조직적인 형식에서가 아니라 오히려 그의 이후에 나오는 낭만주의나 역사학파의 영향 아래 발전한 민족의 관념과 민족공동체의 기반에서 파악하는 것이 중요하다. 그 조건은 이른바 민족을 단순히 생물적·종족적인 존재로서가 아니라 정신적·문화적 본질과의 관계에서, 민족 '개성'의 개념에서 파악하는 것, 그리고 그러한 개성가치의 정치적 표현으로서 역사적 현실성에서 국가를 이해하는 것이다. 그럼으로써 제각각의 국가공동체는 유일하고 독자적인 역사적 개성의 가치로서 스스로 그 존재를 유지하고 또 주장하지 않으면 안 된다.

그러나 국제사회는 그러한 국가 상호 간의 공존을 이뤄야 할 장소인 한에서, 서로 그 개성을 존중하며 적어도 위해를 가해서는 안 된다. 이런 뜻에서 칸트가 말했듯이 각각의 국가는 서로를 '목적' 자체로서 만나야 하며 결코 단순히 수단으로 취급해서는 안 된다. 거기서 국제정치의 원리는 바로 그런 다양한 국가의 개성적 요구의 종합·조화에서 구해져야 하며, 지구상의 여러 국민들 상호 간의 결합에 의해 세계에 보편적인 질서와 조직의 수립이 요청되지 않으면 안 된다. 그것은 이제 한 국가만이 아니라 다른 국가에서도 타당한, 따라서 그것 자체로 초국가적인 규범을 전제로 한다. 세계 그 어떤 지역에서의 부정·불법도 다른 장소에서 동일하게 느껴질 수 있을 만큼 여러 국민들이 밀접하게 서로의 결합을 의식해 왔던 현대의 상황에서, 여기까지의 설명은 결코 단순히 공상적인 혹은 추상적인 정치개념으로서가 아니라 칸트적 의미에서 인류가 영구적인 평화에 근접해가기 위해 여러 국민들 간 협동의 노력을 기울여야 할 실천적 과제이지 않으면 안 된다.

그것은 일찍이 벤담이 공리주의의 원리에 기초해 고안하고 다분히 제1차 세계대전 이후 국제연맹의 사상적 근거가 되었던, 즉 국내와 마찬가지로 국가 간에도 단순히 '안전'을 유지하기 위해 국가 간 이익의 계량과 균형 위에 만들어진 기구와는 원리적으로 구별되 사고되어야만 한다. 그러하되 또한 그 점에서, 칸트가 그 기초를 파내려가 실천이성의 법칙에 깊이 근거시켰던, 즉 도덕적 인간과의 유추를 통해 일반적으로 '법률적 인격'으로서 추상적 형식성 위에 세웠던 '법률국가'와 그것들 간의 연합으로써도 아직은 매우 불충분한 것이라고 하지 않을 수 없다. 그것은 앞서 서술한 바와 같이, 이제 한쪽으로 각각의 개성적인 여러 민족국가의 자각과 다른 한쪽으로 세계인류의 공동사회의 인식을 통해, 여러 민족들 간 협동의 노력을 통해 초국가적인 정치질서를 건설하는 것이 국가 간의 정치원리가 되어야 함을 말한다. 그것은 단순히 국가 간 연합주의라기보다는 오히려 세계의 보편적 질서의 창설이다.

그런 주장은 여러 민족적 국가를 부정해버리고서는 결국 세계에 하나의 국가를 세우자고 말하는 것이 아니다. 각 국가와 세계의 정치질서 간의 관계는 국내의 경우와 같은 개인과 국가 간의 관계에 비교해서는 사고될 수 없는 것이다. 세계는 민족적 국가처럼 그것 자체로 개성을 갖는 하나의 전체자가 아니라 오히려 다양한 민족개성국가의 일반적 포함자이기 때문이다. 그러한 포함의 조직과 형태가 어떻게 존재하는 것일지라도, 필요한 것은 각 개성국가의 자기한정적인 자유의 의지를 제약으로 삼아 여러 민족공동사회의 보편적 질서를 건설하는 일이어야 한다. 그것은 기존의 국가주의처럼 자기중심주의적인 입장에서 국가를 세계의 궁극적 질서로 사고하는 것이 아니라, 또한 세계주의처럼 개인과 세계를 두 극으로 하여 결국에는 그 사이에 민족공동체 자체의 고유한 질서를 해소하는 일을 이상으로 삼는 것이 아니라 민족개성국가의 본원적인 가치를 승인하고 그것들 상호 간 협동을 통해 국가적 질서를 넘어서는, 세계에 새로운 질서를 창조하는 이상인 것이다. 그럼으로써 국가 간의 전쟁을, 적어도 그것으로의 끊임없는 위협상태를 대신해 객관적인 법적 상태를 확립하는 일이 가능해질 것이다.

어찌되었든, 칸트는 세계질서의 조직을 두고 인류 전체적 사회공동체의 단일한 공공적 강제조직으로서의 세계국가를 피하면서 여러 국가들 간 자유의 연합을 설파했다. 그렇다면 세계 속에서 여러 국민들 상호 간의 관계는 어떻게 사고될 수 있는 것일까. 그가 국법 및 국제법과 함께 공법의 일체계로서, 또 다름 아닌 영구평화를 위한 제약으로서 거론한 '세계공민법Weltbürgerrecht'은 보편적 '우호Hospitalität'의 원칙에 기초하여 국민 상호 간의 교통에 의해 가능해지는 여러 권리로서 드러나고 있다. 그 논거는 사법私法상의 점유 및 소유권을 정초하는 토지의 '원본적 소유Communio fundi originaria'라는 이념에 유비된, 지표면에서 모든 국민이 갖는 토지의 본원적 공유라는 관념이다. 단, 그것이 뜻하는 것은 토지의 법률적 공유communio가 아니라 한정된 지표면에서 상호 간의 교통에 의해 가능한 통상commercium의 권리였다.[56] 칸트가 그런 권리의 제약을 보편적 우호 또는 환대歡待에 있다고 했던 의미는, 제각각의 국민이 다른 국민을 서로 적으로 취급하지 않는다는 것이고, 따라서 그것으로부터 생겨나는 것은 '빈객권賓客權, Gastrecht'[손님의 권리]이 아니라 '방문권Besuchsrecht'인 바, 칸트는 그것을 다만 방문을 요구할 수 있음에 머무는 것으로 규정하고 그것을 강제하거나 하물며 그것에 의해 타국의 토지와 이익을 약탈하는 일은 그 원칙을 배반하는 불법행위로 긴주함으로써 근세 문명국가들의 식민정책을 공격했으며, 동시에 그러한 환대의 방법을 통해 서로 멀리 떨어진 땅 위의 여러 국민들 간에 결국에는 세계공민적 관계가 성립한다고 말한다.[57]

그러나 세계질서의 새로운 조직원리로서 칸트가 제언했던 병립적 주권국가 간의 연합을 여러 민족개성국가 간의 연방주의 속에서 이해할 때, 세계의

---

56 *Rechtslehre*, § 62.
57 *Zur ewigen Frieden*, III. Definitivartikel. [『영구평화를 위하여』①, 38~42쪽; 『영구평화를 위하여』②, 132~138쪽]

여러 국민 상호 간의 관계는 위와 같은 보편적 우호와 거기서 생겨나는 단순한 통상·방문의 문제에 그치지 않을 것이다. 전쟁의 방지와 평화의 확립은 칸트의 생각처럼 상업의 자유에 의해서만 보장되는 것이 아니며, 오히려 그것이 전쟁을 야기하고 적어도 전쟁 못지않은 커다란 해악을 양성한다는 사실은 인정되지 않으면 안 된다. 세계의 여러 국민들 간에는 그저 정치에서만이 아니라 나아가 경제·상업의 관계에서도 종합·조화를 필요로 하며, 그것을 위해 원료·노동력·시장 등의 유무에 관한 융통과 공정한 배분이 요구될 것이다. 그리고 그것은 그저 여러 국민들 간의 자유로운 교통에 의해서만 가능해지는 문제가 아니라 동시에 다른 영역들과 동등하게 경제생활에서도, 지구상의 여러 민족들 상호 간에 넓든 좁든 행해질 협동에 기초한 조직적 계획에서 기대되어야 할 것이다. 여러 국민이 서로 분리·격절되어 있던 시대엔 어떨지 모르지만 서로가 긴밀하게 접합되고 세계가 역사적 현실이 되어 온 현재에 위와 같은 것은 그 어떤 공상적인 요청도 아니며, 앞서 썼던 국제정치조직과 함께 칸트가 국제법의 보충으로서 내세웠던 이른바 '세계공민법'의 내용으로서, 인류가 영원한 평화로 향해 접근해 가는 조건이지 않으면 안 된다.

또한 거기서 중요한 것은 칸트가 세계의 정치질서를 논술하면서 오히려 국내정치의 문제에 속하는 각 국가의 공민적 헌법조직의 형태를 논급하고 그것이 '공화적republikanisch'이어야만 함을 설파하고서는 그것을 앞서 서술했던 국가 간 연합조직과 함께 영구평화의 외적인 제약으로 삼았다는 점이다.[58] 생각건대 국가법의 문제는 국제법 및 세계공민법과 함께 분리불가능한 관계로 칸트의 법률체계를 구성하는 것이기에 그 문제를 간단히 설명한 것으로 보인

---

58 *Zur ewigen Frieden*, I. Definitivartikel. [『영구평화를 위하여』①, 26~32쪽;『영구평화를 위하여』②, 115~123쪽]

다. 다만 그 형태는 그의 국가론의 핵심이고, 그것에 관해서 상세히 설명하는 것은 국가론 전체를 서술하는 것이 되기에, 여기서는 그가 사용했던 '공화적'이라는 관념을 살피는 것에서 멈추고자 한다.

국가는 국민의 보편적 결합의지의 공동체이다. '원본계약contractus originarius'은 역사사적으로 그 가능성을 증명할 수 있는 '사실factum'이 아니라 이성의 단순한 '이념'이다. 그러나 법률을 통해 입법자는 국민 전체의 결합의지로부터 생겨난 것처럼 행동해야만 하고, 신민은 그러한 결합의지에 일치한 것처럼 행동해야만 한다는 실천적 의지 속에서 그것은 객관적 실재성을 갖는다. 거기에서 자신이 동의한 것 이외에는 복종하지 않는다는 뜻에서 '인간'으로서의 '자유'가, 법률상 구속할 수 있는 능력을 승인받은 원수元首[최고통치권자]를 제외하고는 서로가 동일한 강제법 아래 선다는 뜻에서 '신민'으로서의 '평등'이, 공동체의 구성원으로서 자기 자신의 권리와 힘에 의한 것 이외에 타인의 자의에 그 존재를 의거하지 않는 뜻에서 '공민'으로서의 '독립'이 성립한다.[59] '공화적'이라는 것은 요컨대 그러한 여러 원칙들이 가능해지는 국가원본계약의 이념에 기초한 국가체제의 원리이다. 곧 그것은 국가가 국가이기 위해서 갖지 않으면 안 되는, 이성의 신천적 원칙에 근거한 국가근본조직의 이념으로서의 '순수공화정'이다. 그것은 분명히 루소 사회계약론의 내용을 집어넣어 그것을 비판적으로 구성했던 것이고, 칸트에게는 국가 그 자체의 본질로부터 유래하는 필연적 정치체제의 문제였다. 그것을 칸트는 '기본계약의 정신anima pacti originarii'이라고도 부르며, 그것을 단지 지배자의 수를 기준으로 군주·귀족 및 민주정으로 분류하는 국가의 '지배형식forma imperi' 개념으로부터 구별하여, 그

---

59   *Über den Gemeinspruch etc.*, SS.87～94; *Rechtslehre*, § 46.

렇게 분류된 것들이란 단지 국가헌법의 기구에 속하고 주관적으로 관습과 전통이 필요한 동안에만 계속되는 형식적 문자에 지나지 않는다고 했다.[60]

그런데 칸트가 공화정의 이념에서 도출했던 것은 전제정치 또는 독재정에 맞서 입법권과 집행권의 분리를 뜻하는 국가의 '통치형식forma regiminis'의 원리였던바, 그것은 국민이 대표자를 통해 권리를 행사하는 대의제에 다름 아니었다.[61] 이는 의심할 여지없이 몽테스키외의 권력분립 원칙이다. 알려져 있듯 루소는 '일반의지Volonté générale'에서 성립한 국가주권은 분리불가능하며, 그것은 입법권 그 자체이고 또 인민들 사이의 대의자에 의해 대표될 수 없는 것으로서 권력분립과 대의제를 배척했다.[62] 그러나 칸트는 몽테스키외의 삼권분립 관념을 이성의 정언명령에 의해 요청되는 법률원리로까지 높여 실천이성의 추론의 형식에 조응시키고, 또 국민의 보편적 결합의지를 제각각 세 개의 인격에 의해 대립시키면서 그 서로를 한편으로는 동격관계에 다른 한편으로는 종속관계에 놓았다. 그리고 공화정을 그러한 원리에 기초한 '그 자체로 합법적이고 도덕적'인 정치조직으로 삼았다.[63]

---

60 *Rechtslehre*, § 52.

61 *Zur ewigen Frieden*, S.129. [『영구평화를 위하여』①, 30쪽; 『영구평화를 위하여』②, 120쪽: "곧 **대의적**이지 않은 모든 통치형식은 **불구**이다."]; *Rechtslehre*, S.170.

62 Rousseau, *Du contrat social*, Liv. II. chap. II. · Liv. III. chap. XV.

63 *Rechtslehre*, §§ 45 · 48. [『법이론』②, 160 · 164쪽. 그중 160쪽의 문장들은 다음과 같다: "하나의 국가는 각각 자신 안에 **세 권력**을 포함하고 있다. 다시 말해 하나의 국가는 보편적으로 통합된 의지를 삼중의 인격 안에 포함하고 있다. 즉 **지배 권력**(주권)을 입법자의 인격 안에서, (법칙에 상응하는) **집행 권력**을 통치자의 인격 안에서 그리고 (법칙에 의거해서 각자 권리를 승인하는) **재판 권력**을 재판관의 인격 안에서 포함하고 있다(입법권, 행정권, 사법권)." 이 문장들 중 '세 권력'과 '삼중의 인격'은 『법이론』①에서는 "세 권력"과 "삼중의 인격(政治的 三位一體)"으로 옮겨져 있다.(266쪽) 271쪽에서 인용해 놓는다: "그 존엄성에서 볼 때 이 권력들에 대해서 다음과 같이 말할 수 있다. 즉 외적인 나의 것 너의 것과 관련하여 **법칙수립자**(立法者)의 의지는 비난할 수 없는(非難不可한) 것이고, **최고명령자**(最高統帥者)의 집행-능력은 저항할 수 없는(抵抗不可한) 것이며, 최상위 **재판관**

그렇게 권력분립과 대의제의 원리를 국가원본계약의 이념과 결합시키는 일을 '공화정'의 개념을 통해 시도했던 것은 단적으로 말해 몽테스키외와 루소의 두 정치원리의 종합을 시도한 것으로 이해될 수 있다. 거기서 칸트는 '공화정'을 '민주정'과 구별하여, 민주정은 인민 전체 인원이 입법자임과 동시에 스스로 집행권자임을 주장한 결과 필연적으로 전제적이며, 다른 한편 군주정은 입법 및 집행의 두 권력이 병합될 여지가 있지만 프리드리히 대왕처럼 국군國君 스스로가 국가의 공복公僕이 됨으로써 대의제의 정신에 적합하게 될 수 있는 것으로 보면서, 나아가 "국가권력을 쥔 인격자의 숫자가 적고 그렇기에 그 대표의 정도가 큰 만큼, 국가헌법은 공화적으로 될 가능성이 있다"는 일반원칙까지 설정한다.[64] 생각건대 현대의 용어로 말하자면 그것은 '입헌군주정'에서 이상적 정치형태를 인식하고자 하는 것으로 이해될 수 있다. 그러나 통치 방법으로서의 군주국에 관하여 의회제와 권력분립을 함께 논했다고 한다면, 또한 민주국에서도 인민이 직접 지배하지 않기에 대의제를 채용하고 또 입법권으로부터 집행권을 분리·독립시키는 방법도 사고될 수 있는 이치가 뒤따를 것이다. 특히 영구평화와 관련하여 그가 그런 형태를 거론했던 이유는 그 아래에서는 국민은 자신들에게 부담으로 남을 전쟁에 대해 그들 스스로가 용이하게 동의하지 않는다고 말할 수 있기 때문이고, 그렇게 공화정을 전쟁방지를 위한 유일하게 가능한 제도로 간주한다면, 마찬가지의 사정을 이른바 민주정에 있어서도 주장할 수 있을 터이다. 요점은 군주정·민주정 그 어느 경우에도 전제정 또는 독재정에 대한 입헌정의 주장이라는 것이고, 바로 그것을

(最上位 裁判官)의 판결은 변경될 수 없는(上告不可한) 것이다."] *Streit der Fakultäten.*, S.132. [오진석 역, 『학부들의 논쟁』, 도서출판b, 2012, 131쪽]

64　*Zur ewigen Frieden*, S.129. [『영구평화를 위하여』①, 31쪽; 『영구평화를 위하여』②, 121쪽]

영구평화의 제약으로 사고했던 점에서 칸트가 고려되어야 한다는 것이다.

그리하여 칸트 국가론의 핵심이 의회제와 권력분립의 형태를 통해 말하자면 순수입헌정의 정신인 인간자유의 확립과 국가적 법률질서의 정초를 시도했던 것에 있는 것처럼, 칸트 국제정치론의 의의는 여러 국가 간 협동의 결합조직에서 각 국민의 자유 보장과 국가 간 객관적 정치질서의 수립을 요청한 데에 있다. 그럼으로써 여러 국민들은 자연상태를 대신해 법적 관계 속에 들어가는바, 널리 세계의 공민을 간주될 수 있는 한에서 보편적인 세계공민적 질서의 이념이 요청되는 것이다.

4. 역사의 이념

칸트에 관해 앞 절에서 천명했던 세계의 객관적 정치질서의 원리, 곧 여러 국가들의 협동을 통한 국가 간 결합과 그것에 의해 가능해지는 세계의 보편적 공민질서는 역사의 진전 속에서 과연 달성될 수 있는 것일까. 애초에 정치의 최고선으로서 요청되었던 '영구평화'의 이념은 인류역사에서 실현성을 갖지 못하는 것일까. 그것은 역사 속의 정치적 진보의 문제로서 역사철학의 문제이지만, 칸트에게 그것은 어떻게 해석되어야만 했던 것일까.

그것에 관하여 우리는 무엇보다 먼저 『세계공민적 관점에서 본 일반역사의 이념*Idee zu einer allgemeinen Geschichte in weltbürgerlicher Absicht*』(1784)을 거론하지 않으면 안 된다. 인류를 종·속 전체로서 볼 때 개개의 인간 또는 민족이 때로는 현명하지만 많은 경우에 우매하고 열등한 의지와 행동을 보임에도, 인류 역사의 전체에서 그것에 대한 하나의 합법칙적 질서를 발견할 수는 없는 것일까. 즉 개인 또는 민족에게는 숨겨져 있는 것일지라도 그것들이 알지 못한 채로 추구하고 있는 '자연의 의도'가 있지 않겠는가. 인류 역사에서 그러한 자연의 의도를 발견하는 것이 위의 논문에서 칸트가 시도했던 일이다. 인간의 특질은 다른 피조물과 달리 땅 위에서 유일하게 이성적인 실재라는 점이다. 그런데 만물의 자연적 소실은 만물이 언젠가는 완전하게 발달하도록 정해져 있다는 것이고, 인간의 특질인 이성의 사용은 인류·종·속의 전체를 통해 발전되는 것이다. 인류에 대해 '자연'이 원하는 것은 인류가 이성을 통해 본능으로부터 자유로 향해가면서 스스로의 행복과 완성을 꾀하는 데에 있다.[65] 생생한 자연의 체계에서 인간의 특징은 그 자신이 설정하는 목적을 따라 자기를 완성하는 것, 바꿔 말하자면 자기 자신을 창조하는 것이다. 그것이 인간의 본분이고 인류·종·속 위에 부과된 무한한 과제이다.[66]

거기에 인간의 자연목적적 관찰로부터 윤리목적적 고찰로의 이입이 있고, 그 점을 강조했던 것이 『인류 역사의 억측적 기원*Mutmasslicher Anfang der Menschenge-schichte*』(1786)이다. 자연의 목소리에 복종하던 생활로부터 인간은 이성의 목소리에 의해 불러 일깨워져 다른 만물을 수단으로 삼고 스스로를 자연의 목적으로 정립하기에 이르렀다.[67] 주어진 자연과 타고난 모든 능력을 사용하여 인류는 자기의 운명을 스스로의 손으로 개척하지 않으면 안 된다. 거기에 인류

---

65 *Idee zu einer allg. Geschichte*, I. II. III. Satz. [「세계 시민적 관점에서 본 보편사의 이념」, 25~28쪽]
66 Vgl. *Anthropologie*, S.275.
67 *Mutmasslicher Anfang der Menschengeschichte*, SS.51~54. [「추측해 본 인류 역사의 기원」, 『칸트의 역사철학』, 82쪽: "즉 그 자신이 목적이어야 한다는 요구와 관련하여 다른 모든 인간들도 그렇게 평가되고, 또 다른 목적을 위한 한갓 수단으로 사용되지는 않게 되었다. (…중략…) 이러한 진보는 동시에 자연의 모태로부터 벗어남을 의미하는 것이며, 영예로운 것이면서 동시에 매우 위험한 변화이기도 하다."]

의 노고가 뒤따름과 동시에 진보가 존속하는 이유가 있다. 그것은 인간이 원시의 단순한 본능적 공동생활에서 벗어나 자각한 이성자로서 완전한 사회공동생활로 출발하는 것이다. 인간의 자연적 소질로부터 자유로의 최초의 한 걸음으로서 도덕성의 발전이 개시되고, 이성의 지배를 뜻하는 도덕적 자유가 인간이 도달해야 할 과제로서 세워지는 것이다. 메디쿠스의 해석을 따르면, 앞의 『일반역사의 이념』에서는 섭리로서의 자연 **추구하는** 목적에 대해 논해졌지만, 이제 인간이 이성적 노력을 행하게 됨으로써 오히려 자연이 **수용하게 되는** 목적에 대해 논해지는바, '자연의 의도'를 대신하여 '땅의 의미'가 태어나는 것이다. [68] 그 지점에 루소가 '자연'과 대립시킴으로써 한 번은 부정했던 '문화' 개념의 적극적 근거가 있고, 머지않아 루소 자신도 정초하게 되는 사회국가의 존재이유가 있는 것이다. [69]

인간이 사회적 공동생활에서 상호 간의 자유를 보장하고, 보편적 법칙에 의거해 사람들 각각의 자유가 공존할 수 있는 공적인 사회조직을 창설하는 것이 인류 이성의 과제로서 요청된다. 인류가 자연상태로부터 독립하여 그러한 완전한 공민적 사회를 달성하는 일에, 인류 자신의 작업 곧 문화의 임무가 있는 것이다. 이 공민적 사회조직을 단순히 국민의 **내부적** 관계에서만이 아니라 필연적으로 국민들 상호 간의 **외부적** 관계에서도 동등하게 설정할 것이 요구되고, 그럼으로써 세계의 보편적 공민사회조직의 달성이 인류의 최종과제가 된다. [70] 이것이 국가 간 정치질서의 문제이며 거기에 영구평화의 제약으로서 세계정치질서의 이념이 요청되는 것이다.

---

68 Medicus, *Kants Philosophie der Geschichte*[1902], S.42.
69 Vgl. *Anthropologie*, SS.281~282.
70 *Idee*, V. VII. Satz. [「세계 시민적 관점에서 본 보편사의 이념」, 31쪽, 32~37쪽]

그렇게 인류의 이성적 노력에 기초한 사회의 합법적 조직 아래에서만 인류가 가진 모든 자연적 소질이 완전하게 발전될 수 있다. 그런 까닭에 그러한 정치사회의 달성은 인류에 대한 자연의 의도이고 그것을 위해 자연도 수단을 제공하며, 그렇게 인류의 노력을 촉진하는 조력을 줌으로써 자연 자신의 목적을 달성한다. 이는 『영구평화를 위하여』에서 영구평화의 '보장'으로서 설파되었던 것으로, 자연은 우선 인류에게 필요한 상태를 준비해 인류의 쓰임에 도움이 되도록 한다. 이른바 자연의 '예비적 설비'라고 명명된 것으로서, 자연은 땅 위의 모든 곳에서 인간이 생활할 수 있도록 미리 만물을 준비하고, 인류를 그 의지에 관계없이 그 어떤 곳으로도 몰아넣으며, 거기서 사회를 조직하게 한다.[71] 그렇기에 또한 자연은 인간 자신의 안쪽에 필요한 소질들을 심어두고 있는 것이다. 인간의 '적대성Antagonismus' 혹은 '비非사교적 사교성ungesellige Geselligkeit'이라는 것이 그것이다. 인류는 한편으로는 서로 협력하고 서로 결합하는 성질을 갖지만 다른 한편으로는 서로 적대하고 분리되는 경향성을 갖는다. 도덕적 당위 및 이성적 법칙에 따르지 않고 타자를 배제하고 자기의 행복을 추구하는 이기심의 요인은 거기에 잠복해 있다. 하지만 그것이 있기에 인간이 타고난 모든 능력은 발전되며 문화는 촉진될 수 있다. 이는 정치에서도 이기심과 전쟁에 의해 인간을 국가 및 국제정치조직의 수립으로까지 이끈다.[72] 곧 일단의 인류는 외부의 공격에 대항하기 위해서도 공동의 법적 강제 아래서 부득이 국가적 질서를 만드는 것이다. 국가 간에서는 경쟁과 전쟁에 맞서 서로가 독립을 보장함으로써 오히려 상호 평형과 평화가 유지되는 것

---

71 *Zur ewigen Frieden*, SS.145~146. [『영구평화를 위하여』①, 48~50쪽; 『영구평화를 위하여』②, 143~145쪽]
72 *Idee*, IV. Satz. [「세계 시민적 관점에서 본 보편사의 이념」, 29~30쪽] Vgl. *Anthropologie*, S.286.

이다. 이러한 여러 국가 간의 대립은 현실의 국제법이 기초로 삼는 것이지만, 그것 자신은 아직 자연상태에 다를 바 없으며, 국민이 사람들 각각의 안전을 위해 내부의 투쟁상태로부터 벗어나 공동의 국가질서조직을 세웠듯이, 국가 간에도 여러 국민이 평화적 관계에서 서로의 상업적 이기심을 채우기 위해서도 결국에 전쟁상태로부터 이탈하여 보편적 세계정치조직의 설립을 촉구받게 되는 것이다.

인류가 그 지점에 이르는 것은 도덕적 의무에 기초한 당위를 따르는 인간의 노력을 통해서가 아니라 인간의 경향성 속에서 행해지는 자연의 기제機制[기구·제도(제어)]작용에 의한 것이다. 인간이 행해야 함에도 행할 수 없는 것을 자연이 보완하여 행하도록 하는 것이다. 그런 까닭에 세계공민적 사회조직과 영구평화는 입헌적 국가체제와 더불어, 인간이 설령 도덕적 이성자로서의 품성을 갖지 못하더라도 오성[지성]을 갖는 한에서 필연적으로 해결될 수 있는 것이며, 설령 '천사의 나라'에서가 아니더라도 '악마의 국민'에게서도 가능한 것이다.[73] 그렇다면 영구평화와 세계공민적 사회조직은 한편으로 도덕상의 의무의 법칙, 따라서 또한 자유의 원리에 근거하여 요청되었던 것임과 동시에, 다른 한편으로 자연의 기제에 의한 필연에 근거해 가능해지는 것이다.

그렇다면 자연이 인류에 대해 의도하고 또 경영하는 작용을 행함에도 그 속에서 인간 스스로의 이성에 기초한 자유는 어떻게 훼손되지 않고 그런 작용과 조화될 수 있는 것일까. 『세계공민적 관점에서의 일반역사의 이념』의 논고에서는 인간의 이성으로부터 숨겨진, 오히려 형이상학적 '자연'의 의도 혹은 '섭리'로서 관찰되었지만, 『영구평화를 위하여』의 고안에서도 또한 마찬

---

73 *Zur ewigen Frieden*, SS.145~146. [『영구평화를 위하여』①, 53쪽; 『영구평화를 위하여』②, 149쪽: "천사들의 국가", "악마들의 민족"]

가지의 논조가 이어지는바, 평화를 보장하는 것은 초감각적인 '위대한 예술가'로서의 '자연'의 세계과정을 예정하는, **좀 더** 높은 원인을 만드는 예지로서의 '섭리' 그 자체로서 설파되고 있다. 그러한 형이상학적 논조로부터 완전히 탈각하여 비판적으로 역사철학 사상을 구성했던 것이 『판단력비판』에서의 '자연의 합목적성'이라는 개념을 통해서이다. 인과적 필연의 법칙 아래에 있는 자연의 세계에 실천이성의 도덕 세계에서 비로소 문제되어야 할 목적의 관념을 도입함으로써 자연의 기계관 이외에 자연의 목적관을 세웠던 것이 그것이다. 『실천이성비판』에서 도덕의 문제로서 이론이성에 대한 실천이성의 우위가 주장되었던 것에 근거하여, 거기서는 거듭 지식의 문제로서 '자연'을 '자유'에 종속시킴으로써 오성[지성]의 세계와 이성(실천적)의 세계라는 두 본원의 종합이 가능해졌다. 그러한 종합을 가능케 하는 판단력(반성적) 작용의 비판적 해설에 의해 어떻게 선천적 원리가 발현되는지를 밝히는 것이 제3비판서의 과제였지만, 이제 여기서 우리가 문제로 삼는 것은, 그 결과로 자연을 전체로서 목적체계 속에서 관찰할 때 다름 아닌 인간이 자연의 '최종목적'이 되는 점이다. 그 이유는 인간이 자연에 의존하지 않고서 자연의 주체로서, 자연 및 자기 자신에 목적관계를 설정하는 의지를 갖기 때문이다. 그럼으로써 다른 모든 자연물은 서로 의존하는 목적 및 수단의 계열로서 사고된다. '문화'는 인간이 일반적으로 그 욕구를 위해 자연을 이용하는 일의 단순한 '숙련 Gechicklichkeit' 문제가 아니라, 자연적 욕구로부터 자유로운 이성적 목적을 위한 '훈련Disziplin'이라는 뜻에서 인류·종·속이 '자연'에 부여한 최후목적이다. 그리고 그 최후목적을 완성하는 외적인 형식이야말로 인간이 국가에서의 보편적 법률질서의 공민적 사회와 나아가 모든 국가의 조직적 결합으로서의 세계공민적 사회조직의 창설인 것이다.[74] 자연은 그것 자신의 기구에서, 또 인간의 자연적 경향성에서 기인하는 전쟁 등의 모든 현상을 통해서, 인류·종·속 전체의 문화적 작업으로서의 정치적 노력에 대해 합목적적으로 고찰될 수 있는 것이다. 거기서 자연은 이론인식의 영역과는 전혀 별도로 인간에 대한 관계에서 비로소 가치와 의미를 받게 되고, 인류 역사는 단순한 사회현상으로서만이 아니라 문화의 관계에서 의미와 가치가 발견되었던 것이다.

『판단력비판』에서 위와 같은 자연의 합목적적 관계로서 고찰됐던 세계공민적 정치조직의 문제는 마치 『일반역사의 이념』에서 인류 역사를 통해 '자연의 숨겨진 의도'로서 보편적 세계정치질서의 완성을 요청했던 것과 동일한 사상내용을 구성하는 것이다.[75] 그러나 그러한 구상은 당시 헤르더가 시도하고 또 이후에 별도로 헤겔이 전개했던 것처럼 역사의 형이상학적 구성이 아니다. 칸트에게 역사철학의 과제는 인류 역사를 하나의 체계에서 관찰할 때의 선천적 '향도 원리'를 세움으로써 일반역사의 '이념'을 부여하는 것에 있었다.[76] 이를 『판단력비판』에서의 비판적 표현을 사용해 말하자면, 자유의 법칙에 따라 결합하는 완전한 보편적 세계정치질서의 창설과 그것에 의해 최고선으로서의 영구평화의 실현에 만물의 종국목적을 세움으로써 역사는 비로소 의미와 가치를 획득하는 것이다. 그 이유는 인간이 오직 도덕적 의무의 법칙에 근거할 때 자유로운 인격자이기 때문인바, 따라서 칸트 역사철학의 중심은 윤리적 목적주의에 있고 역사의 의미는 인류의 자유로운 이성적 노력에 있는 것이다. 이는 칸트 이후의 독일 이상주의 역사철학이 발전시켰던 역사에서의 '자유' 개념이고, 칸트에게서 그것은 동시에 실천적 당위의 이상적인

---

74 *K. d. U.*, § 83.
75 *Idee*, VII. Satz.
76 ebd., IX. Satz.

노력의 역사에 다름 아니다. 그것은 결국에 세계의 실재와 여러 체계들 전체를 그 궁극원인과의 관계 및 도덕적 목적의 세계 속에서 최고입법자와의 관계에서 해석하는 '윤리신학'으로 귀결했다고 하지만, 본체론적 형이상학으로 함몰됐던 것이 아니라 어디까지나 실천적 의도에서의 확신이자 신앙에 다름 아닌 것이다.[77] 그렇다면 일반역사의 이념이고 또 자연의 합목적적 해석 속에서 만물의 종국목적인 보편적 세계질서의 창설에 대해, 그리고 그것과 분리 불가능한 관계에 있는 순수입헌정의 국가조직의 실현에 대해 우리는 역사 진행의 경험적 사실 속에서 그 무엇도 증명할 수가 없는 것일까. 칸트는 그런 증명이 '얼마간'은 가능하리라고 답한다. 그리고 그 얼마간의 증명을 『[학부]분과들의 논쟁*Streit der Fakultäten*』(1798)에서 시도했다. 그는 당시 위대한 역사적 사실·현상인 프랑스혁명을 지적하면서, 그것이 이미 서술했듯 그 성질상 공격적 전쟁을 불가능하게 하는 국가형태 이념의 구체적 입법이라고 하여 그것에 정치적 진보의 가능성뿐만 아니라 그 사실까지도 승인하고 있다. 그것은 단지 이념의 문제로서가 아니라 일정한 조건이 구비되면 사물의 원인·결과의 관계 속에서 경험계에 일어날 수 있는 사실로서의 이론적 논증에 다름 아닌 것이다.[78] 마찬가지로 세계대전 이후의 국제연맹을 보더라도 설령 그것이 극히 불완전한 조직이고, 그 기획·시도의 동기에 불순한 요소들이 많이 함유되어 있으며, 원리적으로도 잘못된 공리주의 사상 위에 건립된 것이라고 할

---

77 *K. d. U.*, § 89.
78 *Streit der Fakultäten.*, SS.131~132. [『학부들의 논쟁』, 131쪽: "나는 말하건대, 이 혁명은 그럼에도 불구하고 (그 자신 이러한 놀이에 휘말려 있지 않은) 모든 관객들의 마음들 속에서 소망에 따른 하나의 **참여**를 발견한다. 그 참여는 거의 열광에 가까워 있었고, 그 참여의 표현은 그 자체로 위험과 결부되어 있었다. 따라서 그 참여는 인간종 안에 있는 하나의 도덕적 소질 외에 다른 어떤 것도 원인으로 가질 수 없다."]

지라도 새로운 세계질서의 창설을 향한 이상적 노력의 현현으로서 장래에도 반드시 반복하여 일어나야 할 종류의 커다란 역사적 사실임을 우리는 부당하게 낮게 평가해선 안 될 것이다.

역사에서 그러한 사실·현상은 바로 의무와 법적 원리에 기초한, 자유와 자연을 종합하려는 이상적 노력이 드러나는 것이고, 그런 노력은 일반적으로 현실정치가 아무리 퇴폐해질지라도 영구히 소멸하는 일은 없으며, 그것에 반대하는 경험적 정치가의 그 어떤 계획으로도 결국에 그것을 빼앗아갈 수 없는 것이다. 역사를 개개의 인간 또는 국민의 관점이 아니라 인류·종·속의 역사로서 고찰할 때, 그러한 정치적 세력은 무한한 과정으로 여러 번 반복되며 아마도 많은 실패와 고된 경험 이후 언젠가는 달성될 수 있는바, 결국 칸트에게서 정치의 진보는 하나의 도덕적 확신이자 실천적 신앙이다.[79] 그는 순수이성비판으로서 행한 것처럼 역사적 경험의 가능성에 관한 법칙을 발견함으로써 이론과학으로서의 역사를 구성하고자 했던 것이 아니라, 어디까지나 역사의 철학적 사유로서, 역사적 사실·현상에 관계하여 그것에 선천적 **의미**와 **가치**를 부여했던 것이다.

그런 까닭에 정치의 진보는 직접 그것을 경험적 사실·현상 속에서 합법칙적으로 논증할 수 없는 것이며, 프랑스혁명과 같은, 또한 아마도 국제연맹과 같은 정치적 경험은 다만 역사의 '상징signum rememorativum'이고 전체로서 본 인류·종·속의 지향에 지나지 않는 것이다.[80] 그것은 무한한 인류 역사 속에서의 한 상징이며 한 단편이기는 하다. 그러하되 다름 아닌 그 상징이야말로 실천적 의의에 있어 객관적 실재성을 갖는 것이기에, 잘못을 바로잡기 쉽지

---

79 ebd., SS.134~135. [『학부들의 논쟁』, 134~136쪽]
80 *Streit der Fakultäten.*, S.13.

않은 인류의 현실정치에 대해서도 그 미래에 커다란 희망을 연결시키는 데에 부족함이 없다. 역사에서 자주 일어나는 그런 사실·현상에서 드러나는 이상적 노력 속에서 인류는 과거만이 아니라 종·속 전체를 통해 후세에 길게 진보가 계속되도록 한다. 그것이 인류의 '계몽'이며, 칸트가 말하듯이 계몽시대는 역사에서 이미 지나가 버린 한 시기가 아니라 역사 그 자체가 계몽의 연속에 다름 아닌 것인바, 인류는 언제나 '계몽의 시대'에 있으며 정치는 끊임없이 진보의 길 위에 있는 것이다.[81] 고대로부터 현대에 이르기까지 인류사를 통해 여러 국민들이 더 나은 공민적 사회조직의 건설을 위해 얼마나 노력해 왔던가 — 설령 그것이 자주 붕괴되어가면서도 여전히 잔존하는 계몽의 인자에 의해 얼마나 끊임없이 계속되어 왔던가, 또 각 시대의 철학자가 인류의 그런 노력에 대해 이상을 지시하고 원리를 수립하기 위해 얼마나 사색과 논구를 거듭 쌓아왔던가를 우리는 알 수 있을 것이다. 그리하여 칸트가 뜻하는 순수입헌정의 국가와 더불어 세계의 보편적 정치질서의 창설은 역사의 이념, 역사철학의 종국목적이고 인류에 부과된 영원한 이성적 과제인 것이다.

위와 같은 이념은 역사 속의 인류 — 자연적 종·속으로서가 아니라 사회적 결합을 만드는 전체로서의 인류 — 의 생활에서는 특히나 정치적·공민적 공동체의 이념이다. 그것은 앞서 서술했듯 칸트에게서는 행위의 합법성을 주요 문제로 한다는 뜻에서의 외적인 공동체이다. 그것에 반해 의무를 의무 자신을 위해 행해야 할 심정으로서 주요 문제로 삼는 도덕적 인격의 윤리적인 결합은 내적인 공동체이다. 그렇다면 인류의 그런 두 공동체는 역사 속에서 어떻게 관계 맺어야 하는가. 그것은 좀 전에 설명했던 윤리적 공동체의 이념

---

81 *Was ist Aufklärung?*, S.141.

으로서의 '신의 나라'와 정치적 공동체로서의 '땅 위의 나라'가 맺는 관계의 문제와 다르지 않다.[82]

칸트가 프랑스혁명에서 인류 진보의 상징을 보았던 것은 반드시 거기서 생겨난 국가조직의 변화나 위대한 정치가의 공훈 그 자체를 말하는 것은 아니며, 그런 역사적 사실·현상을 때마침 만나 일반공중에게서 인식되었던 '관찰자로서의 사유의 경향'을 지적한 것이다. 즉 그 사건에 대한 사람들의 거의 정열에 가까운 관심과 스스로 위험을 무릅쓰면서 감히 그것을 공공연히 표시하는 태도의 보편적이고 비이기적인 지점에서 인류·종·속의 도덕적 성격이 표현되고 있음을 인식한 것이다.[83] 순수입헌정이라고 해도 좋고, 국제적 결합이라고 해도 좋은, 역사에 현현하는 경험적 정치의 변화는 실제로는 왕왕 한 사람이나 소수의 정치적 명예심 또는 어떤 계급이나 민족의 경제적 이익이 동인이 되어 행해질 때가 있을지라도, 그러한 것들의 정치현상은 인간의 자유와 평화의 확립에 관하여 도덕과의 관계에서 의미와 가치를 인정할 수 있게 되는 것이다. 국가가 개인 간의 투쟁에 종지부를 찍는 것과 마찬가지로, 세계정치조직은 국민 간의 전쟁을 지양하는 것에서 인류·종·속의 도덕성 발달의 장애를 제거하고, 그럼으로써 정치는 도덕의 보장을 부여하는 것이

---

82 이 책의 98~99쪽을 참조

83 *Streit der Fakultäten.*, S.131. [『학부들의 논쟁』, 142~143쪽: "진보에 대한 인간들의 희망은 적극적인 조건으로서 단지 위로부터 아래로 내려오는 한 지혜(이것이 우리에게 보이지 않는 경우에 섭리라고 불린다) 속에만 있다. 그러나 여기서 이러한 목적을 촉진하기 위해 **인간들**에 의해 기대될 수 있고 요구될 수 있는 것에 대해서는 한낱 소극적인 지혜만이 기대될 수 있다. 말하자면 그 본성상 약화되지 않고 진정한 법의 원리들에 근거하여 불변적으로 더 나은 상태로 진보할 수 있는 하나의 헌정체제를 들여 놓기 위해 인간들은 도덕적인 것을 항상 역행시키는 **전쟁**을 처음에는 점점 더 인간적이게 하고 그 다음에는 더 드물어지게 하며, 종국에는 침략전쟁으로서의 그 전쟁을 완전히 사라지게 할 필요가 있음을 알게 된다는 것이다."]

다. 그것은 칸트가 사람의 마음이 선해지는 것을 기다려 비로소 좋은 정치조직이 생겨나는 것이 아니라 오히려 좋은 헌법조직의 발달에 의해 국민의 도덕적 교양이 기대될 수 있다는 플라톤적 사상을 개진했던 것의 의미이다.[84]

　국가 및 국가 간의 정치적 공동체는 인류로 하여금 국민 또는 세계공민으로서 정치선善을 위해서만이 아니라 나아가 도덕선으로까지 도달될 수 있도록 하기 위해 다양한 문화적 시설을 통해 지적·도덕적·종교적 교양까지도 전수한다. 그러나 정치적 조직에 의한 그 모든 기획과 시설을 통해서도 인류의 도덕적 진보란 쉽사리 실현될 수 없을 것이다. 생각건대 도덕선은 인간의 심정에 관한 문제이지 다른 것으로부터 서서히 습관화되어야 하는 것이 아니며, 자기 자신의 수양에 의한 내적인 변화나 나아가 개량이 아니라 심적 혁명에 의해 달성되는 문제이기 때문이다. 이에 관해서는 국민 교양의 임무를 맡는 정치가·교육자라고 할지라도 피교육자와 아무 다를 것이 없으며 우선 스스로가 교양되지 않으면 안 되는 것이다. 또 설령 플라톤의 이상국가에서 설해지고 있듯이 선의 이데아를 체득한 소수의 철인이 있을지라도 그들로부터 무언가를 기대할 수는 없을 것이다. 사정은 소수의 개인과 개인 간의 관계가 아니라 인류·종·속으로서의 전체의 문제이다. 역사에서 인류는 이성적 실재자로서 공동선의 목적에 설정되어 있고, 정치선을 위해서는 보편적 질서로서의 세계공민적 정치조직이 요구되는 것과 같이, 도덕선을 위해서는 보편적 결합으로서의 윤리적 공동체가 요청된다. 이는 외적인 강제를 수반하지 않는 도덕적 법칙을 따르는 자유의 '보편적 공화국'이지만, 그것의 건설은 인간 자신의 힘으로 할 수 있는 것이 아니라 다른 **좀 더** 높은 도덕적 실재자를 전제로

84　*Zur ewigen Frieden*, S.146.

한다. 인간의 심정 깊은 곳을 통찰하고 덕과 그것에 값하는 결과가 결합된 최고선을 전수하는, '도덕적 세계의 지배자로서의 신'의 실재를 전제로 하는 것이다. 거기서 신이 입법자로서 요청되고, 그 명령 아래에서 '신의 나라의 백성'으로서의 인류의 보편적 공동체가 요청되는 것이다.[85] 이미 보았듯 칸트에게 도덕의 나라는 필연적으로 신의 나라라는 이념으로까지 이끌며, 그것은 인류의 노력에 의해서가 아니라 최고예지자의 섭리에 의해 비로소 성취될 수 있는 것이다. 이런 뜻에서 인류의 진보는 그가 다른 곳에서 말했듯이 '아래로부터가 아니라 위로부터의 사건·사물의 순서'를 따르는 것이다. 따라서 윤리적 공동체의 이념인 신의 나라는 섭리에 의해 행해지는 역사 속 인류 진보의 '적극적 조건'이고, 정치적 공동체인 세계의 보편적 정치조직은 인류의 문화적 노력의 성과로서, 도덕적 진보와 모순되는 전쟁의 지양을 위한 '소극적 조건'이라고 부를 수 있을 것이다.[86]

그런 까닭에 신의 나라와 세계의 보편적 정치질서는 인류의 두 가지 조직적 전체로서 인류 역사가 지향하며 나아가고 있는 이념이다. 칸트의 역사철학에서 신의 나라는 내적인 본질을 이루며 세계의 보편적 정치질서는 동시에 그 외적인 형식을 이루는바, 그 둘은 분리불가능한 관계에 있다. 따라서 역사의 이념이 세계의 공민적 정치질서의 달성에 있다는 것은 또한 역사의 이념이 신의 나라의 실현에 있다는 것과 동일한 뜻이다. 그 둘 모두는 경험 가능한 대상이 될 수 없는 이상의 나라이며, 현실에 보이는 종교적 공동체로서의 교단

---

85 *Religion innerhalb u. s. w.*, S.111~113. [『이성의 한계 안에서의 종교』, 305~306쪽: "무릇 이것은 도덕적 세계지배자로서의 신의 개념이다. 그러므로 윤리적 공동체는 오직 신적 지시명령 아래에 있는 국민, 다시 말해 **신의 국민**으로서만, 그것도 **덕법칙들에 따르는** 신의 국민으로서만 생각 가능한 것이다."]

86 *Streit der Fakultäten.*, SS.140~141.

조직의 확대나 금후에 행해져야 할 여러 종류의 국제적 연합운동의 그 어떤 기획·시도로도 경험적 역사의 과정에서는 실현될 수 없는 밑바닥 저변의 것이다. 그것 자신은 '달성될 수 없는 이념'이며 구성적 원리가 아니라 '규제적 원리'이다.[87] 그 역사의 어떤 때의 경험으로써 어느 날엔가 그 실현을 주장한다면, 그것은 형이상학적 독단을 굳이 무릅쓰는 일이며 한바탕의 감미로운 몽상에 머물 것이다. 하지만 그러한 이념을 요청하고 사유의 대상으로 삼는 일은 철학자의 권리이고, 현실의 정치질서 및 가시적인 교단조직으로 하여금 그것을 향해 서서히 접근해 가도록 노력하는 일은 인류의 도덕적 의무이다.[88] 신의 나라와 세계의 보편적 정치질서는 여전히 실천적 의도에서 인류 영원의 과제이고 역사철학에서의 이념인 것이다.

세계에 가능한 최고선은 자유와 그것에 의해 제약된 지복의 종합이다. 역사의 종국은 그러한 최고선의 달성에 있다.[89] 인간이 도덕적 법칙에 기초한 덕과 그 덕에 값하는 행복의 종합인 최고선을 향유하는 것은 윤리적 공동체의 이념으로서의 신의 나라에서 가능하며, 정치적 정의와 안녕의 종합인 '영구평화'의 최고선을 가능케 하는 것은 세계공민적 공동체의 이념이다. 그런 까닭에 세계의 보편적 정치질서는 신의 나라와 마찬가지로 본래 '가상可想세계intelligible Welt'에 속하는 '목적의 나라', '예지적 공화국respublica noumenon'의 문제로서, 역사의 이념을 형성하는 것으로서 사고되지 않으면 안 된다. 그럼으로써 칸트는 아우구스티누스가 '신의 나라civitas Dei'로부터 분리했던 '땅의 나라civitas terrena'를 역사철학의 이념으로까지 높였다고 할 수 있을 것이다.

---

87 *Anthropologie*, S.288.
88 *Streit der Fakultäten.*, SS.140. Anm.
89 *K. d. U.*, SS.321f.

그리스의 고대로부터 근세에 이르는 정치철학사의 한 가지 주요 문제는 '신의 나라'와 '땅의 나라'가 맺는 관계를 중심축으로 전개되어 왔던 것으로 볼 수 있다. 플라톤의 이상국가론은 좀 전에도 서술했듯 정치적 요소와 윤리적 요소 및 종교적 요소까지도 본원적으로 합일시킨 것이었다. 아우구스티누스는 정치와 종교를 전적으로 분리하고 역사철학의 종국목적을 오직 신의 나라에 두고는 그것에 절대가치를 인정했던바, 그에게 정치적 국가는 경험적 역사의 진전 속에서 결국에는 소멸될 운명을 가진 것에 불과한 것이었다. 본디 그 관계는 비가시적인 신의 나라와 현실적 국가가 맺는 관계였다. 그런데 그가 땅 위에 신의 나라가 가시적으로 구체화된 것으로서의 교회를 국가에 대한 우월성을 갖는 것으로 인정했던 점에 근거하여, 중세에 고유한 이상은 양성되며 토마스에서 보이듯 그 결과는 교회에 대해 국가를 단순한 종속적 가치로서 승인한 것이었다. 이에 맞서 르네상스와 종교개혁정신 간의 교류가 갖는 의의는 종교의 개인적·내면적 심화를 가져왔던 것이며, 동시에 사회생활에 있어서의 정치적 국가 그 자체의 고유한 가치를 주장했던 것이지만, 그럼에도 그것은 아직 그 철학적 기초를 결여하고 있었던 것이다. 그것이 비판적 구성을 이루게 함으로써 비로소 땅의 나라에 그 자체의 가치가 인정되게 하고 신의 나라와의 관계에서 상호 간의 이론적 기초를 부여하고자 했던 것이 칸트라고 생각한다. 그것은 중세 그리스도교 사회이상의 비판적 분석이며, 그것에 의해 신에 속하는 것은 신에게로 카이사르의 것은 카이사르에게로 되돌아갈 길이 열렸던 것이다. 원시 그리스도교가 고대사회에 전적으로 새로운 세계인 '신의 나라'를 선포했던 동시에 그 공허를 고대 이상주의가 의도했던 것에서, 즉 정치적 사회를 인류의 문화적 작업영역으로서 별도로 그 자체의 규정원리의 발견을 위해 남겨놓았던 것에서 채웠던 단서가 그렇게 만들어졌던 것이다.

이 장의 서두에 서술했던바, 고대 그리스주의의 복귀를 의미하는 르네상스의 정신과 중세 그리스도교 정신 간의 종합 문제가 일단 거기서 해결되며, 계몽사상은 칸트에 의해 그 적극적 구성을 얻었던 것이다. 그것은 정치적 국토를 신의 나라와의 관계 속에서 인류 영원의 이성적 과제로, 역사의 이념으로까지 고양시키는 것을 통해서였다. 칸트는 그것을 근세 자연과학적 인식론에 근거하면서 도덕의 관념을 매개로 함으로써 수행했다. 곧 종교와 정치를 함께 실천이성의 선천적 원리에 근거시켜, 정치국가를 근본에서 도덕의무에 기초한 법률원리에 근거한 '법적 공동체'로 하고, 이에 대해 신의 나라를 도덕이성의 요청으로서 신의 존재를 전제로 하는 '도덕적 공동체'로 했던 것이다. 그의 종교론이 어디까지나 도덕주의 위에 선 합리주의의 당연한 결과로서 그 신국관은 필경 도덕의 응용에 지나지 않는, '덕의 법칙에 따른 공동체'론에 다름 아닙니다.[90] 그리고 그것은 중세의 오랜 기간 지식의 지도를 따랐던 사변적 '존재'의 개념으로부터 '인격적' '윤리적'인 것으로 이행했던 근세 종교 개혁 사상의 발전에 이어진 필연적인 과정이자 그 비판적 구성으로 볼 수 있을 것이다.[91] 그러나 칸트가 합리적으로 또 도덕주의적으로 너무 치우친 결과는 종교의 모든 표상을 오직 도덕법칙의 비판 앞으로 가져감으로서 신앙의 세계를 이성화하고 도덕화한, 많은 위험을 갖는 것이었다.[92] 그의 종교론의 주저인 『단순한 이성의 한계 안에서의 종교』도 종교철학으로서보다는 오히려 신학의 문제에

---

90 *Religion innerhalb*, SS.111f.
91 Eucken, *Die Lebensanschauungen der grossen Denker*, S.279.(아베 요시시게의 번역을 참조)
92 특히 『[학부]분과들의 논쟁』 제1편 「철학과와 신학과 논쟁」을 참조. 거기서는 그리스도교 신앙에 대해 이성적 설명이 시도되는바 그런 신앙의 불가능함, 나아가 실제로는 신앙의 중핵을 이루는 것이 얼마나 많이 부정되는지를, 적어도 쓸모없는 것으로 간주되는지를 알 수 있을 것이다.

응용된 도덕학설에 머물렀던 감이 있다. 거기서는 종교에 고유한 본질과 의미의 원리는 천명되지 않으며, 그것을 밀고 나갈 때는 일종의 도덕종교·이성신앙이 되는 경향을 부정할 수 없을 것이다. 일반적으로 독일 이상주의의 발전은 루터에게서 정신의 연원을 길어 올렸음에도 철학적 구성에 있어서는 루터로부터 점차적으로 괴리가 생겨나기에 이르렀다. 루터의 정신에 충실했다고 여겨지는 칸트에게서 우리는 이미 그런 계기를 인식할 수 있을 것이다.

그러나 칸트가 비판주의철학에 근거하여 한편으로 이론이성의 인식비판을 행함으로써 본체론적 형이상학의 가능성을 부정하고, 다른 한편으로 실천이성의 순수의지의 한계 안에서 신앙을 사유의 대상으로 함으로써 종교에 새로운 비판적 기초를 부여했던 것은 극히 중요한 의의를 갖는 것이었다. 그럼으로써 계몽적 이신理神론과 같은 사변적 형이상학의 종교론을 근저로부터 전복하고 이성적 인식의 피안에 종교 본래의 세계를 지시했던 것은 불후의 업적이라고 하지 않으면 안 될 것이다. 또 그것을 위해 적극적 기초를 실천도덕에서 구하고 그것과 종교 간의 필연적 의미의 연관을 이해하고자 했던 것은 매우 근거 있는 것이었다. 왜냐하면 종교는 무엇보다도 더한 도덕적 심정의 순수성, 양심에서 출발하는 것이며, 또한 절대자인 신과 인간적 자아 간의 인격적 결합관계를 본질로 하는 것이기 때문이다. 그리고 '신의 나라'는 그 핵심에서 그렇게 신을 중심으로 결속된 인격의 사랑의 공동체라는 이념 이외에 다른 게 아니기 때문이다.

칸트는 여기까지의 구상 속에서 마치 그런 '신의 나라'와 나란히, 말하자면 그것의 외적인 형식으로서 여러 국가들 간의 결합에 기초한 세계의 보편적 질서를 요청했고 그것에 역사의 이념적 의의를 부여했던 것이다. 그는 그럼으로써 이른바 '땅의 의미'를 부여할 수 있었던 것이다. 특히 인류 협동작업으로서의 정치 문제 속에서, 종래 국가의 정치에 대해 새로이 국제정치의 영토를 개시하고 세계의 보편적 정치질서와 영구평화의 이념을 지시했던 것은 정치 이론사에서 칸트가 행한 위대한 업적이다. 국제 정치 사상, 아니 일반적으로 정치국가론은 18세기 말엽, 칸트에 의해 비로소 인식론과 도덕론의 근거 위에 철학적 기초를 부여받을 수 있었던 것인바, 그것은 '인간'의 비판에서 시작하는 '인도人道'의 철학 사상의 체계 전체에서 종국을 구성하는 것이었다. 그러하되 그 구성은 오로지 도덕을 중심으로 하고 그의 종교론에서 보이듯 그 정치이론도 필경 도덕원리의 응용임을 면하지 못하는 것이었다. '인간'과 '인도'의 철학을 통해서는 본래 초개인적인 정치적 국가생활에 고유한 본질을 아직은 천명할 수 없는 것이다. 오로지 실천이성의 선천적·형식적 법칙에서 추출된 법률과 법률국가의 관념이 역사적 현실세계 속 정치적 국가생활의 의미를 이해하는 데에 충분치 않은 것은 이미 서술했던 것과 같다.

그러나 적어도 그러한 국가가 민족의 공동체로서 그 윤리적 목적을 질문받게 될 경우에는, 반드시 정의의 가치원리가 세워지지 않으면 안 되는바, 그것은 그저 특수한 민족, 특수한 국가만이 아니라 초민족적·초국가적인, 따라서 널리 인류세계에 타당한 규범이지 않으면 안 된다. 이런 뜻에서 칸트에 입각하여 우리가 연역했듯이 '정의'와 그것에 어울리는 인류의 '지복'을 종합하는 것으로서 '영구평화'의 이념이란, 아마 장래에 국가 간 전쟁이 그치지 않을 것임에도, 그것을 넘어서서, 아니 그 한복판에서, 반드시 여러 국민들 간의 협동을 통해 그것의 달성을 위해 끊임없이 노력해야 할 정치에서의 '최고선'이지 않으면 안 된다.

제4장
나치스 세계관과 종교

1. 근대 유럽 정신의 전개

근세 유럽문화의 통일과 종합은 일단 칸트에게서 발견될 수 있을 것이다. 우리는 그의 철학에서 근세 르네상스의 인문주의와 종교개혁의 프로테스탄티즘 정신 간의 종합, 그게 아니라면 적어도 종합의 계기를 볼 수 있는 것이다. 그렇게 그는 비합리적인 모든 것을, 따라서 종교적인 생명을 오성[지성]의 단순한 법칙 속에서 분해하고 제거한 계몽사조를 지양·극복했던 것이다. 그의 '이성 비판'과 비판주의 철학은 당시의 신학계로부터 의혹과 비난을 받았음에도, 실제로는 스스로가 말하듯 오히려 신앙에 그 장소를 부여하기 위한 것이었다.

그럴지라도 칸트철학은 인간 정신생활 각각의 영역에서 제각기 이성의 선험적 원리의 수립 ─ 이에 의한 여러 문화적 가치들의 자율 ─ 을 앞세우며, 그 근저를 이루는 그것들 각각의 포괄적 통일과 종합에 관한 사상은 그에겐 결정적인 의의를 갖는 것이 아니었다고 봐야 할 것이다. 그런 까닭에 국가의 영역도 결국 인격의 자유와 관련하여 도덕의 세계와 나란히 실천이성의 법률의 세계로서만 그 보편타당성의 근거가 부여될 뿐이었다고 하겠다. 거기서는 어디까지나 인간 이성의 자율의 사상이 중심을 차지하며, 따라서 신의 실재와 같은 것은 우리가 인식할 권능을 갖지 못한 것으로서, 종교의 본질은 오히려 사유의 극한 또는 이성의 한계 바깥에 놓인다는 주장에 멈추며 그렇기에 이성과 신앙, 철학과 신학, 국가와 종교 간의 종합·통일 그 자체는 달성되었다고 할 수 없는바, 오히려 거기서 그의 비판주의 철학의 특질을 인지할 수 있는 것이다.

그런데 그러한 두 항들의 **좀 더** 적극적인 종합은 독일 이상주의 철학의 발전과정 속에서 피히테를 거쳐 헤겔에 이르러 완성된 것으로 해석될 수 있을 것이다. 즉 헤겔에게 철학의 임무는 바로 '신의 인식'과 '세계의 예언'이었고, 이에 의한 신앙과 지식 간의 융합이야말로 그 철학의 근본 성격이었다. 그의 철학의 원리로 불리는 '정신' 또는 '이성'이라는 것은 절대적 로고스로서 필경 그리스도교의 '신' 관념 이외에 다른 것이 아니며, 그런 신의 실재를 세계와 국가에 결속시키는 역사적 현상 위에서 논증하는 것이 그의 과제였던 것이다. 따라서 세계역사를 절대정신의 발전으로 이해하는 그의 역사철학은 본질에서 신의 '섭리' 자체이고, 또 그러한 정신의 구체적인 객관적 실재로 파악되는 국가의 이념은 '신의 나라'의 철학적 표현 이외에 다른 것이 아니었다. 여기서 그리스도교가 이성 속으로 지양되며 종교적 신앙의 내실이 모조리 철학적 개념의 내용으로 포섭되고 있음을 알 수 있다. 이리하여 헤겔의 정신철학에서 전면에 표출되는 것은 종교적 이념이고, 그것은 독일 관념론의 완성인 동시에 근세에 행해진 그리스주의와 그리스도교 간의 가장 위대한 종합체계라고 할 수 있는 것이다. 여기서 우리는 헤겔을 종교와 국가, 신학과 철학, 신앙과 이성 각각을 결합했던 근세 최후의 사상가로 부를 수 있을 것이다.

그런데 헤겔에게서 종합은 어디까지나 인간 이성의 자율을 원리로 하여 종교적 신앙의 내실을 철학의 내용이 되도록 했던 것인 이상, 그것은 요컨대 그리스도교의 이성적 논증이며 거기서 체계화된 것은 하나의 철학적 신학 이외에 다른 게 아니었다. 그런 까닭에 그러한 종합에 내재하는 비판적 요소가 대두하고 인간의 자연적 이성이 그 자신의 독립적 권능을 주장하기에 이를 때, 그가 기획했던 '융화'는 파괴되며 체계는 붕괴의 과정을 더듬기에 이른다. 이는 필연적 운명이라고 할 수밖에 없다. 여기에서 헤겔을 최후로 하여, 그러한 신앙과 지식, 신학과 철학을 종합이 아니라 오히려 분리시켰던, 아니 그 각각에서 후자를 통해 전자를 내몰고 쫓아낸 정복의 사업이 개시되었던 것이다.

여기서 우리는 위에서 서술한 '이상주의'와 나란히 혹은 그것에 뒤이어 마침내 19세기 유럽을 지배하기에 이른 '실증주의Positivismus'의 흐름을 눈여겨봐야 한다. 이상주의가 오로지 중부 유럽의 독일을 중심으로 전개된 고유한 철학 정신이었던 것에 비해, 실증주의는 주로 서부 유럽의 영국과 프랑스에서 발효된 철학 사조이다. 대개 그것은 신학적·형이상학적 사변이 아니라 오로지 인식과 경험적 현실의 지반 위에 인간의 사유와 생활을 정초시키는 주장이다. 오직 경험적 현실의 세계에 우리의 생활을 결박한 결과, 그 너머의 공간은 어느새 내면적 정신의 세계가 아니라 근세 초기 이래로 이미 저변의 흐름이 되어왔던 자연과학적 인식에 의거하는바, 콩트나 밀에게서 보이듯 주로 인간 사회생활의 새로운 건설과 이를 위한 과학적 법칙들의 발견 및 수립이 그러한 것이다. 이 점에서 실증주의는 독일 이상주의와는 전혀 그 정신을 달리하며, 앞 시기 계몽적 합리주의 정신의 극복이라기보다는 오히려 그 계승·발전이고 한층 더한 철저화라고 할 수 있을 것이다. 왜냐하면 예전에 인간 이성의 법칙 속에는 종교적 내면성이 결합되어 있었음에 반해, 이제는 그런 신적인 혹은 형이상학적인 요소와는 완전히 절연하고 오로지 경험적 지반 위에 서서 인간 지성의 절대성을 주장하기에 이르렀기 때문이다. 설령 그것이 근대 '과학'의 세계에 결실 많은 성과를 산출했다고 할지라도, 인간 본래의 종교적·형이상학적 요구를 제외했던 결과는 당연하게도 철학적 예지를 결여한 단순한 지성으로의 변화를 불렀고 내적인 혼이나 정신의 요구를 채우는 문화의 창조보다는 **좀 더** 외적인 대상들과 밀접히 편성된 '문명'의 개발을 가져왔다. 요컨대 그러한 것은 근세 종교개혁 정신의 상실인 동시에 르네상스적 인문주의의 평면화라고 하지 않으면 안 된다.

이미 근세 초기에 드러나고 있었던 인간성은 그 신학적·형이상학적 요소를 탈각하여 이제는 현실적인 한 인간으로서 스스로를 나타내며, 사변적인 '호모 사피엔스'로부터 공작적인 '호모 파베르'로 그 본질을 명료하게 변환시키기에 이르렀다고 할 수 있다. 이와 동시에 본래 형이상학적인 자연법사상을 이루는 자유·평등의 선천적 개념을 대신하여 **좀 더** 경험적·직접적인 실용과 행복을 목적으로 세우면서 일체의 생활을 **좀 더** 현실적으로 만들고 내용적으로 풍부하고도 쾌적한 것으로 구성하기 위해 노력했다. 그것은 다름아닌 '근대정신der moderne Geist'과 '근대인der moderne Mensch'의 전형이었고, 우리는 대개 19세기 중엽 전후로 그것의 성립을 볼 수 있다. 그렇게 인간 개인을 중심으로 현실적 목적을 위하여 우리의 존재 전체를 그것에 끌어다 붙이는, 그중에서도 특히 정치적·경제적 사회생활의 영역을 향한 지향 속에서 독립의 건설에 노력케 했던 것은, 생각건대 이 시대를 빼놓고는 달리 없을 것이다.

이에 의해 자유주의는 한층 강고한 지반을 획득하게 되며 계몽의 유산인 인간 자유와 평등의 관념은 사람들이 적어도 동등한 권리를 확보하도록 했으며, 그것을 사람들 공동의 힘을 통해 조직적 전체로 구성함으로써 '최대 다수의 최대 행복[허치슨·벤담]' 또는 인류 '상호부조'의 이상사회를 건설하려는 근세 '민주주의(데모크라시)' 혹은 '사회민주주의(소시알·데모크라시)'가 발전될 수 있었다. 이를 다른 쪽에 보면, 근대 자연과학의 진보에 수반된 산업혁명의 결과로서 기계공작의 발달과 이에 의한 경제조직의 이상변동이 그 원인이 되었던 것은 말할 것도 없다. 거기서 복잡함과 동시에 곤란함을 더해왔던 근대 고유의 '사회문제'가 발생하고, 그것이 새로이 인간 사유의 대상과 주된 활동영역이 되기에 이르렀던 것은 실로 이 시대의 사정이었다. 그들에게 그런 문제의 해결을 위한 길은 단 하나로 자연과학적 법칙에 의거한 사회과학의 방법이었던 것이다.

19세기 후반 이래 갑자기 세계에 유행의 극한을 이뤘던 마르크스주의는 저 헤겔철학의 방법과 형식을 취했음에도 그 내용과 핵심에서는 결코 독일 이상주의의 정신이 아니라 앞서 서술된 서유럽 실증주의와 동일한 방법을 통해 전개됐던 것으로 봐야 한다. 이른바 유물변증법이라는 것이 설령 동일하게 변증법적인 기초 위에 선 것이라 할지라도 헤겔의 변증법과는 거의 대척적인 위치에 있다고 해야 하는바, 거꾸로 절대'정신'이었던 것이 경제적 '물질'이 되고 헤겔의 절대의 관념론철학과 그 역사철학이 흡사 그 반대의 유물론과 유물사관으로 완전히 바뀌기에 이르렀던 것은 상세히 설명할 필요가 없을 것이다.

그러한 것은 이미 헤겔철학 자체에 내재하고 있었던 모순의 노정을, 인간의 자연적 이성이 독립하여 신학적 요소를 배제하기에 이르렀음을, 더 이상 절대적 로고스가 아니라 상대적인 경제적 현실의 입장으로의 전환을 뜻하고 있다. 그것에 영향을 주었던 것이 포이어바흐들, 이른바 헤겔 좌파가 기획했던 것으로서 철학적 신학으로부터 자연감성적인 새로운 인간철학으로의 전화였던바, 바꿔 말해 그것이 무한한 '정신의 철학'의 유한화 혹은 감성화에 다름 아니었음은 애초부터 주의를 기울어도 좋다. 그러나 그런 헤겔 좌파적 전환의 중추가 주로 종교철학의 문제였던 것을 마르크스들은 인간의 사회관계 자체의 문제로 인지함으로써, 단지 자연감성적인 인간의 요구를 사회 대중의 경제적 존재 위로 옮김으로써 정치적·사회적 실천행위로 몰아세우기에 이르렀던 것이다.

그것은 **좀 더** 적확히 말해 사상계보적으로는 근대 실증주의의 계승·발전 이외에 다른 것이 아니다. 이제는 오직 경제상 자본과 노동의 계급적 대립을 넘어서지 않으면 안 되며, 그렇게 경제적 인자를 기초로 한 혁명 위에 인간의 존재 전체가 관계되는바, 경제적 생산력발전의 필연적인 과정으로 동일하게 자연과학적 법칙 개념의 새로운 사회과학에 근거함으로써 인간 사회생활의 단순한 개량 아닌 전적인 혁명을 말하기에 이르렀던 것이다. 이를 위해 그들은 헤겔 변증법의 논리적 방법을 자기의 무기로 취해 이를 자신의 독특한 법식으로 개변시킴으로써 자기의 목적을 위해 도움이 되도록 했던 것이다.

그 경우 마르크스 사회철학이 유물론적 구조를 지님에도 그것의 근본적 이념 여전히 근대적 '인간성'인바, 하나의 '인간주의'가 전체를 관통하고 있음을 간과해신 안 된다. 생각건대 그것은 마르크스주의 속에 숨겨진 윤리적 요소이고, 이것이 사람들을 몰아 세계혁신의 운동 전체를 향하게 했던 이유였다. 이런 뜻에서 마르크스 사회주의와 그것이 곧잘 적대시하는 부르주아지의 자유주의 내지 민주주의 사이에는 근본적인 차이가 있는 게 아니다. 무엇이 인간으로 하여금 인간이게 하는가라고 말한다면, 부르주아지에 비해 마르크스 사회주의 쪽이 더 새로운 내용을 가졌을 리는 없다. 근본은 경제적 생활이고, 거기서는 인간이 여전히 욕망의 주체로서 사고된다. 그 주장과 운동의 표적은 결국 그러한 인간의 행복과 이익에서 구해지고 있는 것이다. 이를 위해 인간의 경제적 물질의 요구와 그것의 충족을 하나의 윤리적 요청으로까지 높여, 거기로부터 사회적 이상상태의 객관적 표준을 추출하는 것이다. 그럼으로써 인간을 종래 시민사회의 계급적 국가로부터 해방하고 새로이 공산주의 이상 사회의 건설로 향하게 하는 전 세계의 일대 운동이 될 수 있게 했던 것이다. 생각건대 그것은 19세기 전체를 통해 인류가 자기 스스로의 지배권을 확립하고 사회건설 노력의 절정에 형태를 부여했던 것이라고 해도 좋을 것이다.

이리하여 19세기 유럽은 설령 그 밑바닥에 혹은 그 일부에 이상주의적 요소가 여전히 잔존하고 있었다고 할지라도, 대체로 실증주의를 전기로 하고 나아가 마르크스주의의 발전에서 그 정점에 달했던 것인바, 이는 근대정신이 도달할 수 있는 곳까지 도달해 논리적으로 밝혀진 필연적 결과로 볼 수 있는 것이다. 이러한 근대 유럽 정신에 공통된 특질은 무엇보다도 그 현실적인 인간성의 이념과 그에 관계된 인간 개인중심의 원리에서 파악될 수 있을 것이다. 중세에는 '신의 나라'에, 고대에는 '우주'에, 그렇게 각기 '보편'에 결속되었던 인간이 근세 초기 이래 자각해 왔던 개인의식이 이제는 철저하게 극단으로까지 밀어붙여졌던 것이라고 할 수 있을 것이다. 그것은 인간이 경험적 [낱]개의 존재로서 직접적으로 자연적 법칙 아래에 서고, 더욱이 그런 인간 개인이 다름 아닌 자기 목적이 되었음을 의미한다. 그런 까닭에 이 시대가 곧잘 '사회'의 개념을 내건다고 할지라도, 그 사회란 자연적 욕망 또는 감정을 끈으로 하여 서로가 결합하는 개인의 양적 총체에 다름 아니라는 것, 그 본질에서 계몽사조와 다르지 않은 것이 있고, 어떤 점에서는 오히려 그것의 천박화라고도 할 수 있을 것이다. 그것은 이미 독일 이상주의 철학에서 칸트가 서있던 내면적인 고유 가치로서의 '개인' 인격 개념이나, 헤겔에 이르러 그러한 개성 상호 간의 연관이 실체적 보편으로서의 '국가' 전체 개념과 내적으로 결합했던 사정과는 근본에서 다른 것이었다.

그것은 얼마간 공리주의적인 도덕 원리 위에 서있으며, 개인의 주관적 자유와 행복의 추구가 도덕의 격률로서 사고되고 있다. 거기서는 '이기'[심]에 대한 '이타'심이, 더욱이 '연대성(솔리다리테)'이 말해지고는 있어도, 요컨대 자타 상호 간을 이롭게 하는 것에 의거해 사회의 안전과 진보의 유지를 사고하는 이상, 원리적으로는 하나의 행복주의 윤리관이라고 해야만 하는 것이다. 이 점에서는 마르크스주의 또한 본질적으로 다르지 않으며, 오로지 인간 각 개인의 생명의 향유와 행복이 그 목적이 되며, 이에 의거해 사회 대중의 자유와 평등의 상태를 실현시키려고 하는 한에서 공리주의의 울타리 밖으로 나가는 것이 아니라는 사실은 앞서 다뤘던 바와 같다.

그렇게 오로지 인간 개인의 자유와 행복을 표적으로 하여 사회생활의 개혁과 진보가 기획되는 한, 일반적으로 종교는 그 고유한 의의를 지닌 존재로서의 여지가 전혀 없다고 해야 할 것이다. 어떤 이가 종교를 심리적으로 이해하여 종교를 인류 진보과정 중의 한 단계로 승인하는 것 따위도 기껏해야 일종의 '인도교人道敎' 혹은 '인류 종교'에 지나지 않는다. 원래 자유주의 내지 민주주의에서의 '관용주의(톨레란츠)'는 종교를 개인의 자유로 인식하기 때문에 종교에 대한 무관심과 같은 뜻으로 해석해 마침내는 무종교 또는 무신앙으로 인도하는바, 대체로 19세기 유럽이 그런 경과 속에서 기성 종교만이 아니라 일반적으로 종교의 부정 쪽으로 기울게 되었던 것은 우연이 아니다.

이 점에서 마르크스주의는 가장 철저하게 근대정신을 극단화했던 것이라고 말할 수 있다. 거기에서 종교는 다른 문화의 여러 형상들과 함께, 그 기초인 경제적 생산관계 위에 서있는 '이데올로기'의 한 요소에 지나지 않는다. 그것은 사회적 경제관계를 투영한 자기의식에 다름 아니며, 이 현실의 역사적 사회 내부의 자기모순에서 생겨난 하나의 공상적 정신 이외에 다른 것일 수 없다. 그런 까닭에 마르크스의 종교 비판에서 적극적인 것은 일반적으로 종교를 낳은 사회상태를 폐지하는 것이고, 여기에 종교와 신학의 비판은 법과 정치의 비판으로, 요컨대 국가공동체의 비판으로 되었던 것이다.

그렇다면 마르크스에 의해 비판된 근대국가의 특질은 무엇이었던가. 국가는 사회의 질서를 유지할 필요로부터 생겨난 하나의 강력强力조직 또는 권력기구로서, 사회생활 속에서의 인간의 힘이 합성된 상태 이상의 것은 아니다. 그것은 근본에서 각 개인 또는 다수의 이익과 행복을 보호·증진하기 위한 사회적 형성물로 파악되고 있다. 개개의 사람들과 그 총계로서의 사회가 목적이며 국가는 단지 사회적 조건과의 관계에 의해 규정되는 수단적 가치 이상의 것은 아니다.

이 점, 마르크스주의에서도 본질적 차이는 없다. 오히려 위와 같은 논리를 철저화하여 국가는 현존 소유자계급의 이익 유지, 바꿔 말하자면 단지 부르주아지의 자본주의적 생산방법의 조건을 유지하기 위한 조직에 다름 아니며, 그러한 국가는 경제적 생산력의 발전과정 속에서 필연적으로 폐기되고 마침내 '사멸'해야만 하는 것으로 논단된다. 이는 사회 속으로의 국가의 해소에 다름 아니다. 그리고 그들이 미래의 이상상태로서 인류를 데려가는 곳은 일체의 국민적 또는 민족적 개별성이 제거된 공산주의적 국제사회 또는 세계사회이다. 그것이 만인의 자유이자 평등한 조합 또는 연합으로서 개별 요소의 총화에 다름 아닌 것은, 그 핵심에서 부르주아지의 사회관과 다를 바가 없다. 사회주의가 자유주의에 반대하여 새로이 '사회'공동체 개념을 강조하면서 일어났음에도 원리적으로는 개인주의를 초극할 수 없었던 것은 의미심장하다.

요컨대 위와 같은 관점에서는 한편으로 정신적 개성으로서의 인격 개념이

성립할 수 없으며, 그렇기에 인간은 오히려 양적인 [낱]개로서 자기 스스로가 일하여 만들어낸 광대한 경제적 사업 혹은 사회조직 속에서 오히려 몰각될 위기에 처해있다. 동시에 다른 한편으로 사회는 인간과 인간을 내적으로 결합하는 끈이 없어진 결과로 공동관계의 진정한 상태가 아니라 일개 이익사회적 결합 이상의 것이 아니게 된다. 그 최고의 표현인 인류사회라고 할지라도 마치 개성가치를 결여한 단순한 [낱]개와 직접적으로 이어진 추상적 보편에 지나지 않는 것이다. 거기서는 전체적 개성으로서의 국민적 공동체와 그것에 기초한 정치국가의 이념이란 상실되고 없다고 하지 않으면 안 된다. 이는 근본적으로 인간 생활에서의 높은 도덕성 혹은 종교성의 내면적 관련 및 정신적 문화에 대한 이해의 길이 폐쇄되었던 결과라고 봐야만 할 것이다.

그러한 사정을 더 파고들어가 말하자면, 그것은 무릇 근대의 사유방법으로서의 '학[문]'의 근본 성격에 관련된 문제를 내포하고 있다. 즉 근대 유럽사조의 주류를 이루던 문제, 그때까지 서술되어 왔던 근세 자유주의 내지 마르크스주의 사회과학의 실증적 합리정신에 의한 지배의 문제가 그것이다. 거기서는 근대에 갑자기 융흥을 알려왔던 자연과학을 중심으로 연구의 방법이 기초됨으로써 인생과 사회의 모든 문제에 대한 해결에 적합하도록 하려는 하나의 '자연적 방법'이 지적되어야 한다. 이는 본래 자연을 지배하려고 일어났던 인간 자아에게, 그러한 실증적 합리주의의 사유방법이 거꾸로 인간과 그 사회생활을 근본에서 자연적 법칙에 종속시키는 결과가 되었음을 뜻한다. 이 점에서 사회생활을 한결같이 경제적 물질력과 그 발전의 관계로 이해하는 마르크스주의의 방법 또한 '사회적 자연주의'로서, 방법론상에서 여전히 그러한 자연주의의 입장 이외에 다른 것을 가질 수 없었다.

그러한 방법을 통해서는 국민과 국가적 생활의 본질을 파악할 수 없으며,

말할 것도 없이 문화의 내적 통일이라는 문제를 천명하는 것 또한 도저히 불가능하다고 해야 할 것이다. 그런데 흥미로운 것은 마르크스의 유물사관이 일체의 가치론적 전제를 거부·배척한다고 하면서도, 스스로의 과학적 사유에 의해 경제와 사회생활만이 아니라 모든 문화 현상을 통일적으로 설명함으로써 자신 스스로가 광범위한 전체적 세계관이고자 한다는 점에서 자기모순과 독단을 무릅쓰고 있다는 것이다. 특히 그 장래사회를 그려내고 새로운 역사철학을 전개함에 있어 엄밀한 과학성보다도 오히려 일종의 공상적·신화적 구상까지 시도한다는 점에서 다시금 형이상학적 요소를 섭취하는 것이라고 평가할 수 있을 것이다. 거기서 어떤 뜻으로는 근대정신 자신의 일대 형이상학적 전회의 징후가 발견될 수 있다고 생각하지만, 그것은 마르크스주의, 아니 일반적으로 근대정신이 감히 능히 행할 수 있는 게 아니다.

독일 이상주의 철학의 붕괴 이후, 르네상스 인문주의와 종교개혁의 정신을 상실해버린 근대문화의 학적 특색과 효용은 위와 같은 형이상학에 있다기보다는 여전히 실증적 과학에 있으며 근세 자연과학의 진흥에 수반된 기계·공작의 발달과 더불어 기술적·합법칙적 학문에 대한 연구에 있다고 보아야 한다. 정치국가의 문제에 관해서도 그런 자연과학적 방법을 통해 겨우 그 조직 기구 및 합목적적인 기술적 방법 혹은 그것들의 경제적·사회적 기초의 규명이 이뤄졌고 또 기여하는 바가 적지는 않았지만, 요컨대 실증주의 발달의 성과인 '과학(사이엔스)'으로서의 정치연구를 제출하지는 못했던바, 그 결과로 인생 및 세계전체 간의 관련에 대한 가치적 고찰, 바꿔 말하자면 종합적인 세계관적 기초의 규명이 결여되었다. 생각건대 근세 정치생활에 관한 사유의 빈곤을 드러내고 정신적 내용 없음을 폭로하기에 이르렀던 것으로서, 그것 이상의 것은 따로 없을 것이다.

2. 나치스정신과 그 세계관적 기초

나치스 발흥의 정신적 이유는 바로 우리가 더듬어왔던 유럽 '근대정신'과 그 귀결에 대한 반항에 있으며, 그것은 단순한 정치적 권세權勢운동을 넘어 문화의 본질에 관한 문제 — 상세하게는 철학, 일반적으로는 정신의 역사 전체에서 새로운 기원이 되고자 하는 세계관의 전적인 갱신이라는 문제를 포함한다. 이는 특히 데카르트로부터 시작한 서구적 합리주의, 곧 기계적·합법칙적인 세계의 분석적 해명과 거기서 생겨난 근대주의에 대한, 나아가 유물론적 사회과학의 사유방법에 대한 항의인바, 이를 통해 그들이 기대하는 것은 근세 자유주의 혹은 민주주의문화 및 마르크스적 세계관의 타도와 변혁이다.

본디 넓은 뜻에서 자유주의의 정치적 빈곤 — 차라리 그것의 비정치적 태도를 나치스는 근대과학의 객관적이고 법칙적이며 정적이고 몰의지적인 순수한 이론적 방법을 따랐던 결과로 인지했기 때문에, 그들에게 새로운 철학과 과학은 필연적으로 주체적이고 의욕적인 결단을 수반하는 동적이고 실천적인 성격을 가진 것이지 않으면 안 되었다. 여기서 철학·과학의 모든 분야에서 중심을 점하는 것은 실천철학, 그중에서도 정치철학이어야 했다. 마치 국민의 실제생활의 여러 영역에 걸친 전체적 통괄의 임무가 정치적 지도에 있는 것처럼, 국민의 사상생활의 모든 부문을 하나로 관통하는 근본이념에 결속시키고 서로 삼투되게 함으로써 통일된 질서를 유지하는 것이 정치철학의 과제였다.[1]

이리하여 대략 자유주의적 근대문화와는 반대로 정치가 철학의 한복판에

---

1   Vgl. Walter Schulze-Soelde, *Weltanschauung und Politik*, 1937, S.4.

서 자기를 나타내며, 비정치적인 것이 아니라 바야흐로 **정치**적인 문화와 세계의 형상이 만들어진다. 이는 본디 서유럽 정신과는 다른 독일 고유의 전통, 곧 국가의 이념이 철학의 중요한 과제였던 독일 이상주의 철학의 발자취를 뒤따르는 것처럼 보인다.

여기서 국가적 정치는 그들의 새로운 세계창조의 활동권이 되고, 이를 중심축으로 새로운 세계관이 구성되는 것이다. 그 결과 근대정신과는 달리 국가는 단순한 하나의 강력조직이나 권력기구가 아니라 오히려 유기체적 전체로서의 민족의 통일적 조직형태 — 정확하게는 "민족공동체의 최고 조직적 현상형태" — 로서 파악된다.[2] 그것은 각각의 사람들 또는 그 다수의 이익과 행복을 보호하고 사회의 질서를 유지하기 위한 사회적 형성물이 아니라 민족의 정신생활의 유지와 발전을 꾀하고 종족의 보존과 순화를 최고사명으로 하는 민족의 창조이다.[3] 생각건대 그것은 근세의 '슈타트[Staat]' 개념보다도 넓고 또 깊은 개념으로서, 오히려 독일 고유의 '라이히[Reich]'[4]에 해당하는 유기체적 통일로서의 민족 그 자체의 이념과 합치하는 것이다.

---

2 Wilhelm Stuckart, Nationalismus und Staatsrecht (in "*Grundlagen u. Wirtschaftsordnung des nationalsozialistischen Staates*" Bd. I.), SS.17~18.

3 Hitler, *Mein Kampf*, SS.430f. [아돌프 히틀러, 황성모 역, 『나의 투쟁』, 동서문화사, 2014, 416~417쪽: "여전히 싸움은 종의 건전함과 저항력을 촉진하는 수단이며, 따라서 그 종의 진화 원인으로서 지속된다. (…중략…) 그것은 놀랄 정도로 뚜렷하게 아리아 인종이 더 뒤떨어진 민족과 혼혈했을 경우, 그 결과로서 반드시 문화민족으로서의 종말을 맞이했다는 것을 보여주고 있다. (…중략…) 아메리카 대륙의 인종적으로 순수하고 혼혈된 일이 없는 게르만인은 그 대륙의 지배자로 성장했다. 그들은 자신이 또한 피의 모독에 희생되지 않는 한 지배자의 지위를 유지할 것이다."]

4 [Staat는 나라·정부·당국·국가 등을 뜻하며, 그 곁에서 Reich는 나라·왕국·제국·영토·국토·국가 등을 뜻한다. 예컨대 das Dritte Reich(제3제국, 히틀러 통치하의 나치스 독일, 1933~1945)가 그런 것이다. 라이히 쪽이 통치의 주체 설정 및 그 형질, 그런 통치주체를 정립하는 정당성의 근거에 대한 천착을 좀 더 강하게 지닌다]

그것의 기초는 의심할 것 없이 '민족'이며, 민족공동체의 이념이 세계관의 기저를 형성한다. 거기서는 정치운동과 역사와 철학이 일체가 되며 민족공동의 원천으로 — 공동의 체험 및 감정으로 거슬러 올라가는 것이 중요해진다. 이를 통해 그들은 독일 민족정신의 밑바닥에 잠재해 있는 생명과 힘을 불러일깨우려는 것이고, 이는 다름 아닌 '서유럽'의 이성주의에 대항한 '북방적' 게르만주의의 고조이다. 그것으로부터 구성되는 것은 민족적 세계관과 그것에 기초한 과학이고, 이에 의해 최고도의 정치적·실천적인 학[문]의 수립이 기획되기에 이르는 것이다.

마치 근대정신이 인간 개인을 중심으로 했었던 것에 반대하듯, 그들에게 중심인 것은 민족공동체이며 근대 '개인'주의에 대한 민족'전체'주의의 주장이다. 생각건대 그것은 근세자유주의 내지 민주주의와, 그 위에 마르크스적 사회주의에 대항하여 나치스가 의거하는 근본원리임과 동시에 개인주의의 계통을 이루는 단순한 세계주의 내지 국제주의에 대항해 그들이 싸울 수 있는 근본이념이다. 그들에게 인간은 개별적으로 독립하여 세계 또는 우주에 따로 서있는 것이 아니라 원래 공동체적 존재자로서 민족동포에 본원적으로 결속되어 있다. 그들은 민족만이 유일하게 현실적이자 포괄적인 그 스스로 완결된 생의 유기체이고, 민족의 근본충동과 공동의 체험 속에 진정한 전체적 공동체의 이념이 육성되는 중이라고 본다. 그런 까닭에 각각의 인격이 아니라 민족이야말로 생[명]의 근본형태이고, 무릇 세계관과 여러 과학들은 그러한 인식 위에서 출발해야만 했다. 이리하여 생[명]의 유지와 향상을 최고도의 완결로까지 가져가는 것이 새로운 세계관의 사명이지 않으면 안 되었다.[5]

---

5 Vgl. Ernst Kriek, *Leben als Prinzip der Weltanschauung und Problem der Wissenschaft*, 1938, SS.25~26.

거기서 새로운 윤리란 근대정신의 공리주의적인 이익과 행복의 원리가 아니라 민족적 전체자全體者로의 몰입, 곧 전체에 대한 [낱]개의 복종과 희생정신의 고양으로 드러난다. "공동체의 존재를 위해 스스로의 생명을 바치는 것에 모든 희생의 관冠이 얹힌다. (…중략…) 우리 독일어는 그런 뜻에서의 행동을 적절히 표현하는 말을 갖고 있다. 곧 '의무의 실행'이 그것이다. 이는 자기 자신을 만족되게 하는 것이 아니라 전체에 봉사하는 것인바, 이에 관련된 행위가 낳는 원칙적인 심정을 우리는 ― 이기심이나 아집의 욕망과 구별하여 ― 이상주의라고 부른다. 우리는 그 명칭 아래에서 오직 전체성에 대한, 또 동포에 대한 사람들 각자의 희생능력을 이해하게 된다."[6]

바꿔 말하자면 명예와 충성이 게르만인의 가치이고 민족 속에 있는 신성이야말로 모든 가치의 기준, 절대가치이다. 그런 까닭에 도덕의 격률은 인간인격의 '자유'에서가 아니라 민족의 '명예'에 놓인다. 이는 다음과 같이 말해질 때 가장 잘 표출되고 있다고 할 수 있다. "우리에겐 명예의 이념이 ― 민족의 명예가 ― 우리의 사유 전체와 행동 전체의 시작이고 끝이다. 그 명예는 그것 이외에 다른 그 어떤 동일한 가치적 힘의 중심도 자기와 나란히 존재하는 것을 승인하지 않는다."[7] 이리하여 민족적 명예를 위한 희생의 감정과 행위의 의지적 성격이 그 사상의 핵심으로서 적출될 수 있는 것이다.

위에서 서술했듯 나치스의 주장에서는 명확히 일종의 이상주의 ― 실천적 이상주의 ― 의 정신이 고양과 있음을 인지할 수 있다. 생각건대 근대 부르주아지의 공리주의적 도덕 및 프롤레타리아트의 동일하게 쾌락주의적인 윤리적 이상에 대한 반[정]립으로서, 특히 제1차 세계대전 이후 그런 두 방면으로

---

6 Hitler, *a. a. O.*, S.327.
7 Alfred Rosenberg, *Der Mythus des 20. Jahrhunderts*, S.514.(스이타・우에무라 국역 참조)

부터의 침윤에 의한 국민의 정신적·육체적 퇴폐와 고뇌를 빠짐없이 체험해 왔던 독일에게 나치스의 주장은 필연적이며 심각한 외침이었다고 하지 않으면 안 된다. "내적으로 병들고 또 부패한 이 시대를 구제하길 원하는 자는 우선 이 고뇌하는 여러 원리를 해명하는 용기를 내어 일어나야 한다. 일체의 시민성을 제거하고 우리의 국민성에 기초한 새로운 세계관의 첨병으로서 견뎌낼 수 있는 힘들을 집중시켜 질서를 정립하는 것이 민족사회주의운동의 사명이지 않으면 안 된다."[8]

또 그것은 일반적으로 근대정신이 귀결했던 곳 어디에서도 인간생활이 저 조화되어 정신적 고귀성을 잃어버리려고 하는 때에, 젊고 우수한 민족이 정신적 자기 보존을 시도함으로써 멸망으로부터 시대를 구하기 위해 일어나게 되는 필연의 정신운동으로 여겨질 수 있을 것이다. 그리고 이는 단지 인생과 도덕에 관해서만이 아니라 무릇 실증적 합리정신과 마르크스적 유물론의 사유방법 그 자체에 대한 반대, 근본에서 근대의 기계론·기술문명에 대한 항의를 뜻하는바, 그것들을 대신하여 유기적인 정신적 일대 종합의 새로운 문화 창조를 향한 요청으로 이해될 수 있는 것이다. 바꿔 말하자면 그것은 근세 계몽철학에서 연원하는 자연과학적 이론의 철학에 맞서 이제는 민족적 생[명]의 강조에 기초한 일종의 '생명'의 철학에 대한 주장으로 사고될 수 있는 것이다. 이는 근본에서 반이론적·비체계적인 것을 특색으로 하면서 개념적인 사유나 이론적 인식을 배후로 밀어젖히는바, 오로지 본원적이자 현실적인 생[명]의 충동 혹은 감정의 직접적이고 비합리적인 것이 전면에 떠오른다.

그러한 것은 이미 칸트에서 헤겔로 이어지는 엄밀한 뜻에서의 독일 이상주

---

8   Hitler, *a. a. O.*, S.485.

의 철학정신과는 전혀 성격을 달리하며, 오히려 서유럽 실증주의와 병립한 19세기 전반, 특히 독일을 중심으로 일어났던 낭만주의 정신과 결속된 것이라고 말해야 하는바, 이는 넓은 뜻에서 하나의 낭만주의 — '신新낭만주의' — 로 이해될 수 있을 것이다. 그 새로움의 이유는 낡은 낭만주의의 근본이념이 었던 동적인 힘으로서의 생[명]을 현실적인 민족적 생으로서의 '종種'의 핵심으로까지 파내려가서 인식했던 점에 있다. 거기서 셸링에서처럼 모호했던 '세계영혼(벨트제레)'[9]이 이제는 명료하게 민족적 심령의 '인종혼(라세제레 [Rasseseele])'으로서 파악된다. 이 경우 다분히 앞의 것에 휘감겨 있던 시적 공상과 주관적 기분이 떨쳐 내지면서 **좀 더** 의지적이고 실천적인 특질이 분명해진다. 이와 동시에 주의해야 할 것은 낡은 낭만주의가 널리 민족을 넘어 세계주의와 세계문화의 이상을 향해 나아갔던 것임에 비해, 이 새로운 낭만주의는 민족문화와 민족국가의 이상으로 시종한다는 것이다. 이로써 낡은 낭만주의가 차라리 비정치적이고 심미적인 '정숙주의Quietismus'였음에 비해 새로운 낭만주의는 적극적이고 정치적인 '행동주의Aktivismus'의 성격을 형성한 것이라고 할 수 있다.

이리하여 나치스들이 강조하는 것은 '피'에 의해 형성된 성격으로서의 민족 — 필경 '인종'이며, 오로지 북방적 아리안 인종으로서의 게르만 민족의 이상 이외에 다른 것이 아니다. 이것은 종래의 추상적 합리주의에 맞선 '인종에 구속된 민족정신' '인종적 민족정신'의 주장이다.[10] 그들에 따르면 이성과 비판에 의해서는 무엇도 창조되지 않으며 창조적 원리는 오직 인종·종족일 뿐

9 　[世界靈(Weltseele, anima mundi). 세계성 혹은 보편성을 살아있는 상태로 인지함을 가리킴, 또는 그런 생동의 상태를 관리할 수 있는 근원적 통일의 원리를 뜻한다. 플라톤『티마이오스』에서 중세 스토아철학, 셸링(1775~1854), 페히너 등에게서 다뤄졌다]

10 　Rosenberg, *a. a. O.*, S.634.

이다. 북방적 게르만 인종이야말로 환경에 의해 제약되지 않으며 거꾸로 스스로의 역사와 생활권의 적극적인 형성원리라는 것이다.[11] 그것은 오직 '피'의 자연적 공동성의 고양이며, 다름 아닌 피의 이념이다. 이는 결국 하나의 인종학적 혹은 인류학적 입장, 따라서 근본에서 하나의 '생물학'적 입장으로 통하는 것이라고 봐야 한다.

그렇게 그것은 19세기 다윈주의로 이어지지만, 이미 낡은 진화론적 생물주의와는 그 성질을 달리하며 새로이 낭만주의적인 근원적 '생[명]'의 원리에 입각해 있는 것이다. 즉 그것이 갖는 의의는 예전의 생물학주의가 주로 외적인 사정에 의존하는 기계론적 진화의 법칙 개념이었음에 반해 무릇 살아있는 것의 본원에서 거꾸로 그것들의 외적 상황을 지배하고 이용하는 생[명]의 창조적 형성원리이고자 했던 점에 있다.

그런 관련에서 근대에 누구보다도 많이 주요한 관계망과 영향력을 지녀온 것이 니체였다. 나치와 니체 어느 쪽이나 활력적인(비탈[Vital]) 생명 자체를 원리로 하여 생[명]의 고양을 으뜸으로 하는바, 생[명]의 철학 사상이 그 근저를 이룬다고 할 수 있을 것이다. 마찬가지로 근대정신과 근대문화에 대한 결정적 항의자 니체에게서도 우리 자신을 넘어 느높은 생[명]의 존재를 창조하는 것이 모든 행위의 충동이 되었다. 다만 그에게선 그것이 유기체적 공동체로서의 민족 또는 한 종족이 아니라 전체로서의 인류, 특히 유럽을 어떤 방향으로 향하게 할 것인가가 과제였고, 이를 위해 위대한 개성 — 초인 — 을 중심으로 최고의 훈육과 육성에 의한 인류의 고양이 주요 사안이었다. 이에 대해 나치스는 그러한 초인으로서의 개성 또는 계급이 아니라 인종으로서의

---

11 Kriek, *a. a. O.*, S.130.

민족 ─ 특히 북방적 게르만 종족 ─ 을 중심으로 했던 점에서 니체와는 다른 의도와 이상이 인지될 것이다. 그런 차이의 근거는 실로 니체에게는 결여된 것, 어쩌면 그가 거부했던 것이기도 할 테지만, 나치스에 이르러 새로이 강조된 '생물종족학' ─ 민족의 생물학적 기초에서 구하지 않으면 안 될 것이다.[12] 거기서는 니체와 같은 주관주의가 아니라 확고한 객관적 전체성 위로 실재가 옮겨간 듯이 보이지만, 다른 측면에서는 니체에 함유된 위대한 정신이 퇴색됨으로써 **좀 더** 자연주의적·현실주의적인 색체가 농후해진다. 생각건대 그들은 종의 성격으로서의 피로부터만 유럽의 모든 정신적 재산이 창조될 수 있다는 인식에서 출발하는바, 그것은 그러한 인식이 국가관 및 세계관의 기초를 이룸으로써 여러 생활영역을 통해 다름 아닌 '종'이 고유한 문화를 창조하는 힘의 근거로 사고되고 있기 때문이다.[13]

여기까지의 관점에서 추출되는 논리상의 중대한 귀결은, 일체의 문화 문제가 생물학적 인종의 문제, 곧 민족의 피의 순화와 고양을 향해 집중되는 것이다. 문화란 "한 인종의 식물적 = 활력적인 것의 의식적 형성" 이외에 다른 게 아니며,[14] 그리하여 그것은 "서로 적대하는 인종혼의 희곡적 투쟁"이고 그 어느 쪽을 편들지는 본래 피의 명령에 의해 결정되는 문제이다.

"의식적이든 무의식적이든 혈액의 법칙이 인간의 이념과 행동을 결정하는 데서만 여러 가치가 창조되고 유지되는 것이다."[15] 그 피의 법칙은 인종을 최고의 인식가치로 하여 다른 가치들을 그것에 종속되게 하는 것이지 않으면 안

---

12 Heinrich Härtle, *Nietzsche und der Nationalsozialismus*, 1937, S.64.(미나미·마쓰오 국역 참조)
13 Rosenberg, *a. a. O.*, S.115.
14 Rosenberg, *a. a. O.*, S.140.
15 ebd., S.22.

된다. "인종의 혼을 불러 일깨우는 것은, 그런 혼의 최고가치를 인식하여 그 지배 아래에서 다른 여러 가치들에 제각각의 유기적 위치를 지시하는 것이다."[16] 모든 가치의 뿌리, 최고 유일의 절대가치는 인종에 있으며 인종으로서의 국민의 생존 자체가 철학에서의 근본사실이고, 과학·예술 같은 그 이외의 모든 문화는 정치적 국가와 동일하게 민족적 생[명]의 수단에 지나지 않게 된다. 모든 생활은 인종의 활력적 생명 속에 융해되고 문화의 형성과 창조과정은 생물학적 세계의 현상과 본질적으로 다르지 않게 될 것이다.

그런 까닭에 거기서 설령 창조적인 '생명의 힘'이나 '생명의 힘[으로]의 의지'가 설해질지라도 그것은 여러 활력적인 생[명]과 그 충동의 강조에 다름 아닌 것이 되고 오직 생[명]의 활력이 증진되는가 아닌가를 가치의 척도로 사고하게 된다. 그것은 단순한 인과법칙적 관계가 아니라고 할지라도 다분히 비합리적·운명적인 것을 함의하며, 그 결과 이른바 '생명의 가치'는 기껏해야 하나의 '운명가치'가 되고, 끝내 그것이 높은 정신적 문화가치를 대신하게 될 위험을 부정할 수 없게 된다.

그러한 것이 니체와 마찬가지로 근대문화에 대한 근본적 회의와 불신에서 출발하는 것은 말할 것도 없지만, 바로 그것이 극단화되어 문화 일반의 부정과 파괴로 향할 가능성이 없지 않다. 왜냐하면 문화는 그 본질에서 정신적 가치의 일이라기보다 **좀 더** 많이 육체적 신체성의 일이 되고 그것이 가치측정의 기준으로 화하는 것을 면치 못할 것이기 때문이다. 거기서 도출되는 것은 필경 '권력[으로]의 의지'이며, 그것이 '선악의 피안'에서 스스로를 타당한 가치로 점점 강화·고양시키는 곳에 일체의 문화를 포함해 우리의 존재 전체와

16 ebd., S.2.

세계의 의의가 놓이게 될 것이다.

그런 까닭에 근대 개인주의에 대해 새로운 민족적 공동체의 이념이 설립되었다고 할지라도, 나치스에게 그것은 내면적·정신적인 것으로부터 창조되는 진정한 공동성보다는 **좀 더** 많이 인종적 동일성에 의해 결성되는 '종'의 자연적 공동성의 의의로서 먼저 설립되고, 민족의 본질은 정신적 문화의 핵심에서보다도 오히려 '종의 보존'과 그 '생존의 투쟁'에서 파악될 것이다.[17] 이와 함께 근대 정치의 빈곤화에 맞서면서 회복되었던 국가의 이념 또한 진정한 문화국가 혹은 객관적 정신의 현실태로서의 가치와 의미를 몰각함으로써 오히려 '피와 철'이 무엇보다도 잘 상징하는 거대한 리바이어던적 존재로 드러나기에 이를 것이다.

국가 내부에서 인간은 직접 민족적 생[명]의 존재에 종속되어 사고된 결과, 자율적인 인격가치 또는 정신적 개성으로서의 자유의 의식을 상실하기에 이른다. 거기서 새로운 민족'사회주의'의 이상이 내세워진다고 할지라도 인간은 스스로의 노동에 의해 자신의 사명을 자각하여 인간에 값하는 생[명]을 산다기보다는 오히려 종족적 전체를 구성하는 세포적 조직과 마찬가지의 생[명]과 동시에 운명 아래에 놓이게 된다.[18] 이와 함께 외부에 맞서 북방적 아리안 종족의 우월성을 주장한 결과, 근대의 국제주의 또는 세계성에 대립하는 다른 극한으로서 재차 새로운 범게르마니즘의 사상이 전개될 가능성이 있다. 그들이 약소한 인종을 누르고 제거하는 '승리의 칼의 힘'으로 자기의 생존을 위해 필요한 영토를 확장하는 것은 강대한 우수 민족이 갖는 '권리'여야 한다.[19] 그것은 곧 국가 간 교제 속에서의 '강자의 권리'를 향한 주장인바, 거기

---

17 Hitler, *a. a. O.*, S.440.
18 민족사회주의의 문제에 관해 저자는 피히테와의 대비 속에서 따로 상세히 논술해 놓았다.(『국가학회잡지』 제54권 12호)
19 Hitler, *a. a. O.*, S.741.

서는 민족의 생존을 위한 영원한 투쟁이 개시될 것이다.

그런 것들은 문화의 발전과 협동이라기보다는 오히려 반[정]립과 투쟁이며, 평화와 질서라기보다는 우선 전쟁과 승리의 교설이다.

이상과 같은 것은, 일면에서 나치스가 이상주의적 정신의 고양임에도 다른 면에서 근본적으로 그것과 반[정]립하는 것을 그 자신 내부에 포함하고 있는 결과로서 사고되어야 한다. 그리고 그것은 일반적으로 낭만주의에 공통되는 하나의 특징으로서 '정신'과 '자연' 간의 동일화의 사상에서 유래하는 것이라고 할 수 있다. 그것은 본디 계몽적인 추상적 이성 — 지나치게 합법칙적으로 파악된 정신을 자연실재의 깊은 원천으로 복원함으로써 생생한 생명으로 가득 채운다는 것이었다. 그들은 정신과 자연의 근저에다가 전체적인 존재의 이념으로서의 '생명'을 놓음으로써 그것을 수행했던 것이다. 하지만 그 결과는 정신과 자연 양자의 한계가 철거됨으로서 한쪽으로 자연이 정신화됨과 동시에 다른 쪽으로 정신이 자연화되는 혼합과 위험을 낳았다. 왜냐하면 인간의 정신은 근저에서 동물의 충동과 본질적으로 다르지 않은 것으로, 이성적 자유의 행위 또한 동물의 자연적 생[명]과 동격으로, 동시에 동일하게 근원적인 무한한 생명의 표출로서 파악되었기 때문이다. 거기서 모든 내면적·이성적인 것은 거꾸로 자연적·야수적인(부르탈[brutal]) 것으로, 또 모든 정신적·이념적인 것은 기껏해야 심리적·상징적인 것으로 완전히 뒤바뀌게 하는 결과가 나오게 되는 것이다.

이리하여 니체에게서 그런 것처럼 한쪽으로는 정신적·이상주의적 요소를, 다른 쪽으로는 야성적·자연주의적 요소를 포섭한 곳에서, 그 양자의 결합 아니 혼합 위에서 나치스정신의 진정한 성격이 발견될 것이다. 거기서는 정신적·이성적인 것은 근저로부터 요동치기에 이르며, 정신적인 것으로부터 야수적인 것으로의, 이성적인 것으로부터 비이성적인 것으로의 전화가 개시되어 마침내는 조야한 자연주의에 의해 정신이나 이성문화가 완전히 정복될 것이다. 그리하여 본래 독일 이상주의 철학에서처럼 정신의 철학이었던 것이 이제는 갖가지 자연적 본능과 의욕으로 된 생명의 형이상학으로 변화하고, 거기에서 인간은 이성적·정신적 존재가 아니라 자연과 운명의 어두운 세계를 더듬는 형이상학적 존재가 된다.

이를 우리는 한마디로 나치스정신의 '데모니슈'한[마성적·마력적인dämonisch] 성격이라고 그 특질을 부여할 수 있을 것이다. 그것은 인간이 가진 어떤 동물적·반정신적인 충동을 뜻하는 것으로, 창조적 요소와 파괴적 요소의 결합 또는 이중성으로서, 혹은 정신적인 것과 반정신적인 것의 대립 또는 이중의 변증법적 요소로서 논해질 수도 있을 것이다.[20] 그것은 본디 근대의 실증적·유물론적 정신에 대항하여 이상적·창조적인 것을 약속하면서 일어났던 것임에도, 또한 그것이 쉽게 비창조적·자연야성적인 존재로도 될 수 있음을 가리킨다. 그리고 그것은 실로 나치스정신과 세계관에 근본적인 문제로서 지적되지 않으면 안 되는 것이다.

나치스정신에서 그 문제는 마침 우리가 문제시하고 있는 종교와의 관계에서 결정적인 의의를 초래해마지 않을 것이다. 즉 나치스에 고유한 새로운 종교이념의 전개, 그것과 동시에 종래 그리스도교 이념의 재음미, 나아가 현대 '위기의 신학'과 맺는 관계에 우리는 흥미로운 문제를 제출하게 될 것이다.

---

20 Paul Tillich, *Das Dämonische*, 1926.

3. 나치스 세계관에서의 종교이념

애초에 나치스는 결코 일반적으로 종교를 무시하거나 부정한 것이 아니었다. 이미 제1차 대전 이전에 국민들 간의 통일되고 적확한 세계관적 확신을 결여하고 있었다는 것은, 다름 아닌 종교와 관련해서였고, 특히 대전 이후 국민의 내적 확신이 결정적 의미를 갖게 될 때에 그 문제는 소홀히 할 수 없었던 것인바, 일반적으로 종교적 신앙은 나치스가 국민의 "도덕적 세계관의 유일한 기초"로서 승인하고 고양시켰던 것이다.[21] 뿐만 아니라 그 자체로 총괄적인 세계관으로서 하나의 형이상학적인 구상이고자 했던 한에서, 나치스는 반드시 종교의 문제로 인도되지 않을 수 없었으며, [그런 한에서] 종교적 신성은 그 전체의 사상에서 처음부터 중요한 계기였음을 잃은 적이 없었다. 특히 그 스스로 새로운 시대의 철학이고자 했던 한에서, 단지 기존에 있어왔던 종교적 신조의 보존과 승인에 머물지 않고 그 위에 그런 세계관적 확신과 내적으로 결합하는 고유하고 새로운 종교적 이념이 도출되지 않으면 안 되었던 것이다.

마침 그 지점에서 자유주의 및 마르크스주의 — 일반적으로 근대 실증적 합리주의 혹은 사회과학징신이 귀착했던 종교적 무관심 혹은 무종교성, 마침내는 종교 부정의 경향에 대비되는 나치스에 현저한 특징 하나를 들 수 있을 것이다. 생각건대 근대적 사유방법에 의해 거부·배척된 것은 무엇보다도 신비적 생명의 내적인 필연성이다. 모든 실증의 근거에 새로이 전체의 이념으로서 '생[명]'의 개념을 내걸고 일어난 나치스정신은 단지 형이상학의 문제에 관해서만이 아니라 동시에 실로 종교적 생명의 문제에 관해서도 일대 전환을

---

21 Hitler, *Mein Kampf*, SS.292~293.

요구하는 것이어야 했다. 게다가 그러한 나치스의 종교성은 본래 서유럽적 정신과는 달리 인간 이성이 그 근저에서 내적으로 종교적 신비성과 결합했던 독일 고유의 정신에서 유래하는 것이라고 할 수 있을 것이다. "우리 생활의 미래 문제는 형이상학적·종교적인 **하나의** 내적 전환에 의존하지 않으면 안 된다. 그리고 모든 것의 상위에서 용솟음쳐 나오는 흐름이 **하나의** 중심으로 부터 쏟아져 나오지 않으면 안 된다."[22]

그리고 그렇게 강조되는 중심점은 바로 '혼' ― 자유이자 위대한 심령이다. "독립한 혼의 고귀함은 최고의 것이다. 인간은 그 혼에만 봉사해야 한다. 그 혼을 두고 우리 현대인은 마찬가지로 그 자신이 하나의 이념으로서 다른 가치들로부터 독립된 명예 이념의 가장 깊은 형이상학적 근원이라고 부를 것이다."[23] 여기에 니체로부터 더 거슬러 올라가 14세기 독일의 신비가 마이스터 에크하르트가 최대의 사상적 선구자로서 준거되고 있는 이유가 있다. 에크하르트가 '불의 아들'이라고 칭한 혼 ― 신과의 동일가치를 널리 알렸던 순수의 심령이 일체의 중심으로서 드러난다. "일체의 것에, 그렇다, 신에 대해서조차 품고 있는 혼의 자유와 [샅됨 없는] 무관심성과, 모든 강제 ― 따라서 또한 신 쪽에서의 강제 ― 에 대한 방어는 북방적인 명예와 자유의 개념을 파내려가서 추구할 수 있는 가장 깊은 뿌리를 나타내는 것이다."[24] 이 중세의 신비가가 "내가 존재하지 않으면 신도 존재하지 않을 것이다"라고 말하고, "혼은 신에 대해 아무 관계없이 선한 행위를 한다"고 말하며, 혹은 "자기 자신과 하나가 된다"고 말했던 것은 인간 "최고의 자기의식"으로서 신으로부터도 자유로

22 Alfred Rosenberg, *Der Mythus des 20. Jahrhunderts*, SS.617~619.
23 Rosenberg, *a. a. O.*, SS.238~239.
24 ebd., S.217.

운 자주독립한 혼의 고귀함에 다름 아니다.[25]

　이는 명확히 하나의 신비주의 ─ 독일 신비주의의 주장이다. 다만 많은 신비주의가 명상적·소극적이며 생[명]의 침잠에 머무는 것과는 반대로, 그것은 창조적·행동적이고 거꾸로 생을 고양하며 발전되게 하는 역할을 한다. 왜냐하면 자유의 심령에 의해 신과 합일했던 인간은 이제는 스스로 세계의 지배자로서 만물을 자유로이 구사할 수 있기 때문이다. 그것은 생각건대 북방적인 게르만적 명예와 자유 개념에 결속된, 그것에 적합한 종교적 이념이라고 부를 수 있을 것이다.

　그리고 그런 혼이 인종 및 문화의 핵심을 형성한다. 이는 단적으로 말해 '인종혼' ─ 종에 결속된, 종적 자연 속에서 살고 또 발전되는 심령에 다름 아니다. "혼이란 내면으로부터 보이는 인종을 뜻한다. 그리고 종국에 인종은 혼의 외면이다." "인종은 혼에 대한 하나의 비유이고 인종재帋는 하나의 가치 자체인 것이다."[26] 이러한 종교적 요구에서는 확실히 뺄 수 없는 민족적 고백을 볼 수 있다. 그것이 지닌 의의는, 민족을 무시했던 단순한 국제적 신조 및 세계교회에 대항하여 보편적이고 일정한 교의와 조직에 의한 강제로부터 여러 민족적 개성에 기초한 신앙의 독립과 자유의 조직을 옹호하고 있다는 점에 있을 것이다. 그 지점에서 '게르만적 그리스도교'의 새로운 의미를 통해 종래의 역사적 그리스도교의 이념을 평가하고 또 바꿀 수 있게 되는 것이다.

　그러나 위에서 서술했듯 나치스의 종교이념에 의해 이뤄진 그리스도교 재평가의 결과 속에서 그리스도교는 필연적으로 그 신앙 내실의 개조를 면치 못하게 되고, 지금까지 역사적 그리스도교의 여러 이념으로서 사유되어왔던 것

25　ebd., SS.223~225.
26　Rosenberg, a. a. O., S.23.

들은 어느 것이나 일차적 의미를 상실하고 부차적 의미 이하로 전화되지 않을 수 없다.

무엇보다도 신의 '은혜'의 사상이 퇴거될 것이다. 그들에 따르자면 은혜의 개념은 방자한 신의 절대적 전제주의 이외에 다른 게 아니며, 인간에게는 신의 종복으로서의 '유대적 표상'에 지나지 않는 것이기 때문이다.[27] 거기서는 오히려 에크하르트를 따라 은혜를 초월할 것이 요구된다. 왜냐하면 신의 은혜와 연민을 필요로 하는 인간이란 우선적으로 본래 '죄'에 빠져있는 허약한 자이지 않으면 안 되는바, 반대로 우리의 내화된 고귀함이자 위대한 자유의 혼은 신과 동일한 가치를 갖는 것이기 때문이다. 거기서는 필연적으로 그리스도교의 근본개념인 '속죄'에 관해서도 전혀 별개의 평가가 생겨날 것이다. 속죄에 대해 그들은 인간이 본래 신과 단절했던 근본악의 상태에 놓여있고 그러므로 신으로의 복귀란 '희생' 없이는 행해질 수 없다는 식으로 이해하지 않는다. 본래 세계 및 인류의 죄업과 그것에 대한 구제적 신앙의 교리는 강인한 인종적 성격을 소유한 자가 도저히 용인할 수 없는 것으로서, 요컨대 "육체적 잡종화에 수반된 현상"에 다름 아니었다.[28]

희생당한 '어린 양'으로서의 예수의 비유는 북방 인종에게는 지나치게 허약하고 비굴한 것이었다. 그들에게 유용한 것은 그리스도의 '죽음'이 아니라 오히려 그 '생[명]'이다. 매도되고 학대당하며 끝내 십자가에 내걸렸던 참혹한 예수 대신에 신전을 모독하는 자를 내쫓고 사람들 앞에서 불타듯이 설교하는 '불의 영혼'이 그것이. '종복'의 모습이 아니라 어디까지나 '주'로서의 예수인 것이다. 그것은 오히려 "최고의 의미에서 영웅" 또는 "최고의 의미에서 자

---

27 Rosenberg, a. a. O., SS.71 · 235~236.
28 ebd., SS.616 · 601.

기의식적인 군주적 인격"으로서 이해된다. 이는 감히 '죽음' 혹은 '희생'을 폄하하는 것이 아니라 오히려 거기서 생[명]의 진리성의 표현을 인지하는 것이다. 그러나 그것은 이미 그리스도교에 의해 가치를 전환당한 형태로서가 아니라 어디까지나 그리스 본래 의미에서의 '영웅적 비극'으로서가 아니면 안되었다.[29] 생[명]의 진리성은 '신앙'에서가 아니라 '행위' — 그리스적 비극의 주인공으로서의 용감한 행위에서 드러난다. 이는 예수의 생과 죽음으로서 역사 속에 '일회적'으로 현시되었던 것이 아니라, 그 어느 시기에나 특히 시대의 위기와 고난의 때에 임하여 현현되는 것이었던바, 거기에 역사의 영원한 법칙이 있으며 인간과 민족의 '구제'가 발견되는 것이다.[30]

이로부터 또한 필연적으로 '사랑'에 관한 별개의 평가가 이뤄진다. 사랑은 필경 니체가 비난 했듯 굴종과 노예의 도덕 이상의 것이 아니다. 거기서 역설되고 있는 것은 그러한 굴욕과 노예적 심정이 아니라 "혼과 의지의 자유"이다. "사랑과 연민이란 — 설령 그것이 '전 세계'를 포용한다고 말할 때조차 — 언제나 **개개의** 사랑하는 또는 고뇌하는 자에게로 향해져있다. 그러나 타인혹은 자기를 고뇌로부터 자유롭게 하고자 하는 바람은 순수하게 개인적인 감정이므로 진정으로 공고한 국민 혹은 국가의 형성적 요소를 포함하는 것이 아니다."[31] 북방적 아리안인, 그중에서도 게르만인에게는 사랑 대신에 자유와 명예의 이념이 본질적이다. 그런 까닭에 사랑은 "명예 이념의 유형類型적이고 창조적인 힘" 아래 놓임으로써, 바꿔 말하자면 "자유창조적인 최상의 의미에서 전제적인 의사"에 봉사함으로써만 사랑의 이념에 대한 새로운 평가와 새

---

29 Hans Heyse, *Idee und Existenz*, 1935, SS.342~343.
30 ebd., SS.346~347.
31 Rosenberg, *a. a. O.*, S.150.

로운 전환이 이뤄질 수 있는 것이다.[32] 이는 에크하르트처럼 '힘'으로서의 사랑의 표현, 곧 그것이 획득하려고 노력하는 '신적인 권력'과 동일한 것으로서만 승인될 수 있는 것이다.[33] 그렇게 '사랑'과 '명예'는 그들에겐 전혀 다른 두 개의 가치와 이념이고, 본래 다른 인종이 짊어지는 것이지 않으면 안 되었다. "교회가 사랑을 통해 지배하고자 하는 것에 반해 북방적 유럽인은 명예의 의해 자유로이 살며 명예에 있어 자유로이 죽기를 원한다."[34]

요컨대 '사랑' 혹은 '은혜'에 맞물리는 '회개' 혹은 '신앙'이라는 것은, 위와 같은 경우엔 단순한 교회적 전통의 교의·신조에 다름 아니며, 근저에서 유대적 그리스도교 — 바울에 의해 이뤄진 가치의 '유대적 위조화' 이외에 다른 게 아니다. 바울주의야말로 로마제국에 대해 국제적인 세계혁명을 설파했던 유대정신의 근원이며, 그런 종교적 교설과는 달리 오로지 '프롤레타리아적 허무주의'의 정치조류가 형성되었던 것인바, 그러한 상황으로서 당시 구세계의 인종적 혼란 속에서 그 존속을 위하여 나치스는 점차적으로 길을 열어왔던 것이다.[35] 로젠베르크의 생각에 따르면, 그런 그리스도교의 잡종화, 곧 동방화와 유대화에 다름 아닌 이른바 셈[Shem]인종의 교리에 저항하여 그리스도교 정신의 핵심을 파악했던 것은 기껏 마가 및 요한의 복음서뿐이었다. 그러나 그들도 결국 유대적 전통과 미망에 휘감겨있으며, 따라서 로젠베르크들에 의해 구약성서가 영구히 전면적으로 거부되는 것은 물론이고 4복음서 전체에 걸쳐 개조·폐지 혹은 수정이 요구되는바, 그 속에서 새로운 '제5' 복음서의 구상이 예시되고 있음을 알 수 있을 것이다.[36]

---

32 ebd., S.241.
33 ebd., S.233.
34 ebd., S.146.
35 Rosenberg, a. a. O., SS.71 · 74~75.

그리스도교에 대한 나치스의 그러한 관점에서 우리는 명백히 '교회주의'에 대한 반대를 알아차릴 수 있을 것이다. 신의 '은혜' 말고도 위의 그리스도교 이념들은 특히나 '교회적 가치'이며, 그들에 따르자면 그런 이념들은 유대적·로마적인 교회의 권위를 유지하고 신장시키는 것을 목적으로 하는 특수한 제도로서의 수단적 가치 이상의 것은 아니다. 그런데 신과 동일한, 아니 신과 하나인 자유 또는 고귀한 혼의 입장에서 그런 것들은 다만 혼의 힘을 고양시키고 신과 **좀 더** 동등해지도록 하는 한에서만 승인될 따름이며, 혹시 그렇지 않은 것이라면 무익하거나 유해한 것으로만 간주될 것이다. 하나의 가치 그 자체, 최고의 가치는 자유롭고 독립한 혼의 고귀함을 제외하고는 따로 없으며, 그것이 마찬가지로 하나의 이념 그 자체로서의 명예가 근거한 형이상학적 기초이다. "에크하르트에 따르면 교회·사제직·교황이 아니라 영원자로 향해진 인간의 '고귀한 혼'이 땅 위에서의 신의 대표자이다. 땅 위의 그 어떤 누고도 나를 묶거나 풀 수 있는 권리를 갖지 못하는바, 하물며 '신을 대표하여' 그런 일을 행할 권리를 갖기는 더욱 어렵다."[37]

이러한 주장이 특히 가톨릭교회주의에 대한 전면적 배격인 것은 말할 것도 없다. 그들의 견해에 따르자면 원래 로마교회는 "순수 역사적으로 구성되어 구약성서의 이야기와 후대의 유물론적 성도聖徒전설을 진실로 봄으로써 그것을 전체의 본질적 구성요소로 참칭한다."[38] 그리고 그 신조는 한쪽으로는 지중해 동방에서의 미술적 제사와 유대의 경전을 빌려오고, 다른 쪽으로는 아프리카·시리아적인 정신을 섭취했던 것이다. 이는 다른 여러 요소들의 융

---

36 ebd., SS.603~607.
37 Rosenberg, *a. a. O.*, SS.226~227.
38 Rosenberg, *a. a. O.*, S.600.

합·통일 이외에 다른 것이 아니며, 거기에서 대개 인종과 민족에 상관없이 동일한 조직과 형식 및 교의 아래로 강제하는 '세계적 보편주의'가 생기는 것이다. 그 결과로서 "그것이 권력이 되었을 때, 우리의 혼, 우리의 유럽적 종족은 위해를 당한다. 저들에게 생명이었던 것은 우리에게는 죽음이다."[39] 그것에 반대되는 것은 가톨릭의 '권력주의'와 '사제주의'이고, 이를 대신해 고조된 것은 어디까지나 북방적·게르만적인, '심령적 인격의 명예'이며 '혼의 고립과 완결'이었다. 그것은 신비적 종교의 요구인 동시에 종교의 민족적 고백이기도하다.

그러한 신비주의의 종교관은 모든 교회주의 — 특히 가톨릭주의에 비해 더 큰 강도를 지닌 것이고, 중세적 그리스도교에 대항하여 에크하르트에서 루터로 이어지는 독일 종교개혁의 정신을 이끄는 것이라고 할 수 있다. 특히 프로테스탄티즘이 그 발생과 전통에서 볼 때 독일민족의 내적인 힘과 결속되어 게르만적인 자유의지, 인격적 양심, 국민적 독립의 생활을 강조했던 점을 나치스는 주저함 없이 높게 평가한다. 그러나 프로테스탄티즘은 단지 심정과 감정의 영역에 멈춰 설뿐 궁극으로까지 파고들지는 않았기에 종교개혁은 중도 반단된 것에 지나지 않는다. '종'을 무시하는 교회의 동일 형식적 신조에 기초하는 한, 루터주의도 가톨리시즘과 다르지 않으며 단지 로마적 교회의 권위를 중심으로 하는 대신에 새롭게 성서의 문자적 권위를 확립하는 것에 지나지 않는다. 이는 성도전설을 대신하는 것으로 '문자의 신화'를 가지려했던 것이고 생[명]의 정신적 형식을 여전히 동방적으로 규정했던 것이라고 해야 한다.[40] 이는 앞서 서술했듯 바울주의를 배척한 결과 무엇보다도 은혜와 신앙

---

39 ebd., S.258.
40 Heyse, *a. a. O.*, S.218. Rosenberg, *a. a. O.*, SS.128~129.

을 근본개념으로 하는 루터주의와도 서로를 용인할 수 없는, 아니 그 근저로부터 거부되고 있는 것으로 이해하지 않으면 안 될 것이다.

여기서 나치스에게 세계의 장래란, 프로테스탄티즘과 가톨리시즘 둘 중 어느 쪽이 승리하는지에 의미가 있는 게 아니라, 단지 아리안인종 ― 특히 게르만적 유럽인종이 유지되는가 멸망하는가라는 한 가지 사안에 전적으로 달려 있다고 보아야 한다. 그런데 그 양쪽은 아리안인종을 멸망으로 이끄는 유대인에 맞서 싸우지 않고 오히려 서로가 서로를 멸망시키기 위해 항쟁한다.[41] 거기서 새로이 요구되는 것은 이미 그 어떤 종파적 대립과도 연결되지 않는 종교, 곧 원시적인 소질로서의 '종'에 결속되어 있는, 민족성 그 자체 위에 선 그리스도교이다. 이것이 곧 '게르만적 그리스도교'이며 그들의 새로운 복음 ― 곧 '인종적 복음교'이다. 이런 뜻에서 새로이 '독일교회'의 창립이 요청되며, 이를 통해 그들은 제2의 종교적 개혁운동을 기대하는 듯하다.

그러한 것은 다시금 자기의 '종'에 대한 내면의 신뢰를 중심으로 하나의 높은 가치감정을 창조하고 인류의 정신적·심령적 일대 전회를 성취하려는 시도이며, 거기서 새로운 세계관과 새로운 독일종교의 표적을 발견하려는 것이라고 말할 수 있을 것이다.[42]

여기까지 서술한 것처럼 종족적 생[명]을 중심으로 하여 형성된 나치스 종교관의 위험은, 이제는 종교와 신학이 **좀 더** 많이 또 강하게 인류학 또는 인종학으로 바뀌게 되는 점에 있다. 그 경우에도 그들은 될 수 있는 한 에크하르트에 의거하려고 한다. "인간에게 가장 고귀한 것은 피다 ― 그것이 올바름을

---

41 이런 관점으로부터, 나치스의 실제 종교정책으로서 오히려 가톨릭과 프로테스탄트 상호 간의 화해가 요청되고 있다. Hitler, *a. a. O.*, S.63.
42 Rosenberg, *a. a. O.*, SS.610~611.

원한다면 말이다. 그러나 인간에게 가장 흉악한 것 또한 피다 ― 그것이 악을 원한다면 말이다."⁴³ 그런데 그것은 명확히 에크하르트의 모방 또는 왜곡이고, 그와 관련된 악한 인용은 도리어 자기 파괴적인 작용을 드러내지 않고는 그치지 않을 것이다. 왜냐하면 에크하르트에게는 단지 인종적 '피'가 아니라 그것을 제약하는 것으로서 '정'[올바름正]인가 '부정'인가의 가치원리가 전제되어 있기 때문이다.

이리하여 '자유로운 혼'의 신화는 '피'의 신화 혹은 '피'의 종교로 옮겨놓아지며, 일반적으로 혼과 피, 자아와 인종, 절대자와 종족이 분리된 둘이 아닌 동일한 관계에 놓이게 되는 것이다. 거기서 좀 전에 지적했던 나치스정신의 이중성, 곧 한쪽으로는 이성적·정신적인 것, 다른 쪽으로는 자연적·야성적인 것의 혼합이 인지될 수 있을 것이다. 중세의 신비가가 설파했던 신과 인간의 합일, 아니 일체로 되었던 고귀한 혼의 신성은 이제는 종과 인간 간의 합일로서, 이 세계의 존재의 법칙에서 종족적 생[성]의 신성 ― 민족적 활력으로까지 끌어내려지게 될 것이다. 이와 동시에 본래 로고스가 육체로 되었던 것으로서 '신의 아들'의 자리를 이제는 절대유絕對有로서의 '종'이 차지한 것으로 이해하지 않으면 안 된다.

우리는 여기서 "유대인과 그리스인, 혹은 노예와 자유인, 혹은 남성과 여성의 구별이 아니라 모두가 그리스도 예수 안에서 하나가 된다"[「갈라디아서」, 3: 28]고 설파했던 바울 복음주의의 원리가 배척되는 근본이유를 알 수 있을 것이다. "인간은 그 **자신** '무無'이고, 다만 정신적·심령적으로 오랜 세대 유기적 선조의 계열에 조합되어 있는 한에서만 인격이다."⁴⁴ 이리하여 개개의 영혼

---

43 Rosenberg, *a. a. O.*, SS.257~258.
44 Rosenberg, *a. a. O.*, S.634.

의 불멸이 아니라 영겁의 선조와 무한한 자손이라는 계열 속에서 언제나 회귀하는 생사의 교체에서만 "게르만적 생[명]과 불사의 신앙"이 인지된다.[45] 거기서는 인간 '악'의 문제가 그리스도교에서와 같은 죄악의 관념과는 아무 관계없이 오직 종적인 '피의 공동체'와의 관계 속에서 그것을 위협하는 것으로서만 성립하며, 따라서 그런 악으로부터의 해방은 종교적 구제의 일이 아니라 전적으로 민족의 역사적 사명으로, 따라서 정치적 임무의 과제가 된다.[46] 종족적 의식을 강화하고 피의 경험적 가치를 유전되게 하는 민족공동체를 위해 투쟁해야 할 의지를 육성시키는 일이야말로 국가의 임무가 되는 것이다.

그러한 것은 현대의 새로운 종교철학과 동일한 '생명' 혹은 '실존'의 철학사조에 속하며, 보편종교적인 생명을 현실적·구체적 '생[명]'의 존재의 지반 위로 옮기는 것에 의해 종교의 초월성을 민족신화적인 역사적 내재성으로 전화시키는 것이라고 할 수 있다. 거기서는 '피'와 함께 '토지' — 어머니 대지가 중요한 계기가 된다. 곧 토지는 단순한 물질적 질료만이 아니라 널리 모든 것을 생산하는 원리로서 인간의 정신적 창조의 모태이기도 하다. 바로 그런 대지의 존재의 기초 위에 서서 자연적 '피'와의 교감을 통해 영겁의 힘을 새로이 체득하는 것이 '미래의 종교' '진성한 복음'으로서 선포된다.

그것을 구체적으로 표상했던 것이 조국을 위해 전사한 '병사들의 숭배'이다. 이는 국민적·인종적 이념의 실현자로서의 최고지도자를 향한 절대적 신뢰와 복종 속에서 자신의 생명을 남김없이 쏟을 수 있었던 자의 '국민적 명예'이지 않으면 안 되었다. 이 국민적 명예야말로 새로운 '국민적 종교'의 이름으로 불리는 것의 내실이고, 미래 독일의 국민종교와 국민교회의 주춧돌은 거

---

45 Kriek, *Leben als Prinzip der Weltanschauung und Problem der Wissenschaft*, S.95.
46 ebd., S.48, Anmerkung.

기에 앉혀진다.[47]

그러한 정신태도는 종래의 종교와 달리 영원한 생명에 대한 인간 혼의 희구를 인종적 생의 본능과 특질로 채우려는 것이고, 요컨대 민족의 미래에 대한 신앙, 그 정치적 지도자에 대한 절대적 신앙을 핵심으로 하는 것이다. 이리하여 독일종교와 독일국가 사상의 결합, 바꿔 말하자면 독일신비주의와 권력본능의 혼합에서 나치스종교의 근본성격이 규정될 것이다.

흥미로운 것은 낡은 낭만주의가 심미적이고 주관적인 동기로부터 ─ 그것이 올바른 방도였는가 아닌가와는 별도로 ─ 흔히 중세 가톨릭의 종교에 결속되었던 것에 비해, 나치스에서 드러난 신낭만주의의 특색은 고대 게르만의 민족신화로 돌아가고 있다는 점이다. 이는 최고신 오딘[Odin]의 복귀를 이상으로 하며, 거기서는 본래 파간[pagan]적인 것이 예상된다.[48] 이러한 것이 진정으로 "현대의 심령적·정신적인 문화 투쟁에 대한 하나의 평가"로서, 다름 아닌 "20세기의 신화"가 지닌 의미인바, 이를 한마디로 말하면 "인종"의 신화, "피"의 신화 이외에 다른 것이 아니다. 그것은 이미 "로고스"적 그리스도교 정신과 "계시"의 종교가 아니라 "동력학적"인 존재의 표현으로서의 "생[명]"에 대한 탐구이고, 민족존재를 위한 영원한 생의 투쟁에서 새로운 게르만종교의 신성을 인지하려는 것이다.[49]

여기서 우리는 일찍이 니체가 그리스도교를 '반독일적인 신화'로 간주하여,

---

47 Rosenberg, *a. a. O.*, SS.620~621.
48 [오딘, 북유럽 신화 속의 최고신. 앎, 전쟁, 마성, 죽음을 관장하는 신. 푸긴(감정적인 것)과 무닌(기억)이라는 두 마리의 까마귀를 기르며, 신들과 거인족 간의 '세계종말전쟁'에서 죽는다. 파간은 정통의 정당성을 위협하는 것으로서의 이교 또는 이단의 관습, 쾌락주의, 우상숭배, 무종교, 타종교, 비기독교 등을 뜻한다]
49 ebd., S.134.

독일인을 그 본질의 근원인 자신의 '가신家神'과 '신화적 고향'으로 데리고 돌아가려 했었음을 상기해야 할 것이다.[50] 독일인이 현재 그리스도교도인 것을 재차 고발했던 것은 실로 니체였고, 다름 아닌 그리스도교의 재건자 루터를 그런 생[명]의 종교적 부정을 이유로 공격했던 것도 니체였다. 생각건대 그는 그리스도교를 '반아리안적 종교'로 간주하고, 2천 년에 걸친 유럽 종족의 파괴와 문화의 퇴폐를 가져왔던 것이 그리스도교의 정신이라고 말하는바, 그 원인을 유대민족의 죄로 돌리고자 한다.[51] 그가 민주주의 · 마르크스주의 — 일반적으로 근대 사상에 반대했던 것은 그 근본에서 그리스 및 로마주의의 모든 문화창조적 가치들을 전도시켰던 그리스도교에 대한 항의이다.

다만 니체가 인류의 미래, 특히 유럽의 미래에 희망을 안고 **좀 더** 높은 인간성의 육성을 이상으로 설파했던 것에 비하여 나치스는 인종적 민족, 특히 북방적 게르만인의 전형을 활용했던 것이다. 여기서 니체가 말하는 '땅의 의미'로서의 '초인'이라는 이상이 나치스 민족국가의 정치적 '독재자' 숭배로 바뀌지는 것이다. 그 근저에는 의심할 여지없이 그리스문화를 북방적 민족문화의 원형으로 간주함으로써 게르만주의와 그리스도교를 서로 용인될 수 없는 이질적인 것으로 보는 사상이 잠복해 있다. 이 점을 니체는 논리적으로 철저하게, 차라리 단적으로 표명했던 것이고, 나치스는 그리스도교의 재평가를 시도했던 한에서 얼마간은 도중에서 멈춰버린 것이라고 할 수 있을 것이다. 그러나 마찬가지로 나치스적인 생[명]의 현실주의적 경향은 니체와 함께 그리스도교에서의 신의 절대의지나 피안적 초월성의 사상을 거부하며 존재의 영겁의 법칙 및 정의로서의 생[명]의 투쟁을 긍정하고 어디까지나 '대지에 충

---

50   Härtle, *Nietzsche und der Nationalsozialismus*, S.113
51   ebd., S.134.

실'하고자 하는 것이라고 할 수 있을 것이다.

나치스의 종교이념과 그리스도교에 대한 입장이 이제까지 서술해왔던 것과 같다고 한다면, 마침 때를 같이하여 종래의 그리스도교 신학에 반대해 주로 독일에서 일어났던 이른바 '위기의 신학'과 나치스 간의 관계 문제는 어떻게 이해되어야 하는가.

본래 위기의 신학자 바르트Karl Barth, 브루너Emil Brunner 등은 함께 근대의 종교적 신앙에 표명된 실증적 합리주의의 정신에서, 바꿔 말하자면 자유주의적 휴머니즘의 이념에 의해 인도된 근대 프로테스탄티즘의 '인간'의 종교에서 현대문화 위기의 근원을 인지한다. 이러한 의미연관에서 결국 종교적 신앙의 철학화 혹은 그리스도교의 이성적 논증 이외에 다른 게 아니었던 헤겔의 철학적 신학에 대한 필연적인 반대로부터 그런 이론적 체계들에 대한 원리적 무관심의 태도에 이르는 것은 하나의 특징으로 꼽힐 수 있는 것이다. 나아가 헤겔처럼 역사를 절대적 정신의 변증법적 발전으로 파악하는 옵티미스티슈[낙관주의적인]한 역사관과는 반대로 역사를 근본에서 인류의 죄악, 따라서 그것에 대한 신의 심판으로 보는 '종말관'적 입장을 강조한 결과, 근대의 문화주의 일반에 대한 항의는 일면 니체와도 사상적으로 통하게 된다고 할 수 있을 것이다. 뿐만 아니라 위기의 신학에서 신비적 요소의 재생을 인지할 수 있다는 점에서 그 새로운 신학이 루터를 거슬러 올라가 에크하르트로 통하고 있음을 지적할 수도 있을 것이다. 게다가 그들 속의 어떤 것은 종교의 인류학적 관찰로부터[52] 인종적·종족적 요소를 중시하는 경향이 되거나 민족적 그리스도교를 주장하게 되는 것은[53] 함께 주목에 값하는 사실이지 않으면 안 된다.

---

52 Friedrich Gogarten, *Politische Ethik*, 1932.
53 Wilhelm Stapel, *Deutsches Volkstum*, 1925.

그런 사실들은 어느 것이나 우리가 보았던 나치스의 세계관 및 종교 이념과 위기의 신학 사상 간의 접합점 또는 친척관계를 나타내는 계기가 될 수도 있을 것이다. 이 지점에서 위기의 신학을 현대의 나치스 혹은 파시즘의 이론적 표현으로 간주하고 그런 정치의 종교적·신학적 정초 역할을 수행한 것으로 해석하는 이들도 생겨날 것이다.[54]

특히 그 경우, 이들 일군의 신학자가 대체로 정치문제에 관해서는 주어진 현실 여건의 실증적 질서를 용인하는 태도를 취하는 것, 또 체계적 연구를 피한 결과 필연적으로 실제정치와의 조화와 타협을 사양하지 않는 것은 위와 같은 견해에 더욱 유력한 논거를 제공하는 것처럼 보인다. 그뿐 아니라 이들 신학자들 속에 더욱 적극적으로 종래에 프로테스탄트적이라고 칭해졌던 개인적 자유주의 내지 민주주의에 대항하고 개인의 양심 혹은 심정의 윤리를 대신해 새로이 국가공동체의 '정치윤리학'을 수립하려는 것(고가르텐),[55] 혹은 신의 계시와 관련시킴으로써 '민족의 노모스'의 학[문]으로서 국가질서의 원리를 확립하려고 하는 것(슈타펠),[56] 혹은 단적으로 국가권력 내지 정치적 권위의 신성성을 정초하려고 하는 것(켈바인),[57] 혹은 단순한 '사회적 그리스도교'에 머물지 않고 그리스도교의 기초 위에서 '사회주의'의 창조로 향하는 것(틸리히)[58]이 속해 있는 것은 때때로 독일민족사회주의와 이 새로운 위기의 신학 간의 사상적 동류성을 추론하도록 하는 계기가 될 수 있을 것이다.

그러나 이들을 근거로 위기의 신학을 나치스정신의 정초로 간주하거나 혹

54 예를 들면 今村次鷹, 『危機の文化と宗教』, 昭和 10[1935], 제2장 참조.
55 Gogarten, *a. a. O.*
56 Stapel, *a. a. O.*
57 Alfred De Quervain, *Das Gesetz des Staates*, 1932.
58 Paul Tillich, *Protestantisches Prinzip und proletarische Situation*, 1931.

은 일반적으로 나치즘 내지 파시즘의 국가론이 위기의 신학에 의해 구성된다고 생각하는 것은 오류라고 할 것이다. 왜냐하면 이들 일파를 이루는 주된 사람들의 운명이 끝내 나치스 정권 아래서 어떻게 되었는가라는 문제는 별도로 하더라도, 그들이 지향하는 것에는 근본적으로 나치스와 갈라지는 지점이 있기 때문이다. 바르트의 『오늘의 신학적 실존』[1933]은 신학의 입장에 선 것이지만 시대의 세력에 맞서 작성된 정신적 항의의 최후 표제이고, 그러한 표현은 이제와 다시 나타날 수 없는 것이었다.[59] 그것은 사상계보적으로는 나치스 사상의 연원인 니체가 아니라 근세 위기의 신학의 창조자 키에르케고르에 이어진다.

니체와 키에르케고르는 함께 근대정신과 근대문화에 대한 항의자였던 점에서, 특히 헤겔 합리주의철학의 체계에 대해 서로 알지 못한 채 공동의 전선을 폈던 점에서 상통하는 부분이 있음은 승인되어도 좋다. 그럼에도 그리스도교의 비합리성, 특히 그리스도인의 실존의 배리背理(이율배반)성을 강조하고 '인간적'인 것의 '세간적'인 것에 대항해 싸웠던 키에르케고르와, 일반적으로 인간 존재의 생[명]의 고양을 으뜸으로 '초인'의 이상과 '권력[으로]의 의지'를 역설했던 니체는 서로 범주를 달리하는 것이라고 하지 않으면 안 된다. 인간화한 그리스도교를 원시적 순수성 속에서 보존·지속하려 했던 키에르케고르에 비해, 니체는 일반적으로 '생[명]'의 부정으로서의 그리스도교 정신에 대한 항의여야 했다. 여기에 키에르케고르 신학의 정통 계승자인 바르트 일파의 현대 위기의 신학이 니체적 낭만주의 사상의 발전인 나치스 운동과 구별되어야 할 근본적 이유가 있다.

---

59 Barth, *Theologische Existenz heute*; レーヴィット, 「ヨーロッパのニヒリズム」, 『思想』第222号, 15쪽 참조.

위기의 신학이 일반적으로 체계적 지식을 멀리하는 것은, 그렇게 함으로써 인간적 지성을 배제하여 신의 신앙으로 돌아가려는 것에 다름 아니다. 이는 단지 인간의 주관적인 심적 경험이나 종교적 체험 같은 것이 아니라 인간을 초월하는 절대적 신의 계시에 대한 신뢰를 뜻한다. 여기에 절대타자인 신의 '말씀'으로서의 성서가 중요한 의의를 갖게 되는바, 성서는 머지않아 초극될 수밖에 없는 성스러운 '문자의 신화'가 아니었다. 위기의 신학이 어디까지나 그렇게 '성서신앙' 또는 '성서적 그리스도교'이고자 한다는 점에서는 루터의 복귀가 인지되지 않으면 안 된다.

그들에게 중요한 것은 '신의 말씀의 움직임'이며, 그렇게 드러나는 신의 은혜와 사랑과 그것들에 대한 신앙이다. 거기에는 한편으로는 창조자로서의 신의 자유의지가, 다른 한편으로는 세계 속에서 죄에 긴박된 인간존재의 불안의 암흑이 함께 전제되어 있고, 이 양극성의 긴장 사이에서 우리의 실존이 발견되는 것이며, 그것이 인간의 운명, 인간존재의 본질이다. 이리하여 신과 인간, 무한자와 유한자, 절대와 상대라는, '이것인가 저것인가'의 변증법적 이원의 지양은 오직 신의 창조적 의지와 사랑 속에서만 구해질 수 있는 것이다.

근원적인 것은 신의 비결정적인 자유의 의지인바, 이는 그리스도에 의한 사랑의 계시로서의 '성령'이지 자연생명적인 '인종혼' 또는 종족의 혼이 아니다. '피'로써 인간 그 자체의 신적인 본질을 사고하는 것이 아니라 어디까지나 성령에 의한 신과 개개 사람들 간의 결합이 결정적인 것이다. 이리하여 신의 절대적 의지에 의해 일체의 인간적인 것과 역사적 실존이 관통되고, 이에 의해 명예·권력[으로]의 의지 등과 같은 인간중심적 실존과 문화의 이상이 부정되는 곳에서 고유의 종말관적 견지와 그 결과로서의 문화주의에 대한 배척이라는 입장이 열린다. 그것은 어디까지나 역사 속에서의 인간성과 신의 절대성 간의 싸움이고, 세계의 정화와 구제는 전적으로 그런 싸움을 통해서만 실현될 수 있는 것이다.

"신에게서만 생명이, 생명의 통일이, 말씀이, 생명의 법칙이 있다. 그런 까닭에 고대국가(폴리스)의 유기적 생명으로부터 그 신성이 박탈되고 폴리스의 신성이 왕좌로부터 끌어내려짐으로써 내재적 절대정신을 대신해 역사적·피창조적 생명의 법칙이 드러나게 되었던 것이다. 인류 최대의 죄악은 이렇게 인간이 신처럼 존재하길 원하고 생명의 통일에 신앙과 복종으로써 관여하지 않고선 거꾸로 자신이 그것을 독점하려했던 곳에 있다. 가거서 생명의 분열과 항쟁이 원죄의 결과로서 나타나고, 생명의 통일을 제작하고 고안하고 관조하고 창조하려는 인간의 의심스러운 시도가 행해졌던 것이다. 이런 시도들 중 하나가 무신론과 폴리스 간의 통일에 대한 신앙, 국가의지의 절대주권에 대한 신앙이었던 것이다."[60] 이는 근대자유주의 내지 민주주의의 문화적 이상과 국가주권론에 대한 항의인 동시에 니체적 낭만주의 및 나치스 국가이론에 대한 비난이지 않으면 안 된다. 그들이 '정치윤리'를 설파하고 '국가권위의 신성성'을 말하며 또 '민족적 그리스도교'를 칭송하는 경우에도 그것들 모두는 오직 절대적인 '신'과의 본질적 관계 ─ 특히 성서에 현시된 '신의 말씀'과의 관계가 그 근저를 이룬다. 거기서는 '데모니슈'가 아니라 그것을 명확히 극복해야만 하는 것으로서의 '신성'이 문제인 것이다. 국가공동체의 질서 또는 민족의 노모스의 자기독립성은 신비적인 국민의지나 자연적 유기체의 필연적인 결과가 아니라 "로고스, 곧 신의 말씀의 움직임, (…중략…) 직접적으로 신의 명령"[61]에 다름 아니기 때문이다.

60 Quervain, *a. a. O.* S.20.
61 ebd., SS.25·27.

주어진 여건의 실증적 질서에 대한 수동적 태도와, 나아가 위와 같은 일반적으로 국가적 권위의 종교적인 정초를 위한 이론은 대개 신앙 혹은 신학의 근거에 서는 한에서 원시 그리스도교로부터 근세 프로테스탄티즘에 이르기까지 다양한 시대의 사람들에 의해 예전부터 시도되어왔던 것이다. 그리고 그것이 여러 시대의 정치적·사회적 사정과 사상에 의해 영향을 받고 제약되었던 것은 부정할 수 없다. 이런 뜻에서 현대 위기의 신학 또한 근대의 자유주의적 개인주의의 국가이론에 대해 국가권위나 정치윤리를 강조하는 한에서 나치스와 공통되는 점이 있다고도 할 수 있겠지만, 이를 곧바로 나치스 국가이론의 종교적 표현 혹은 구성으로 이해하는 것은 현저하게 부당한 것이라고 말하지 않을 수 없다. 그 둘은 의거해 서있는 근거를 달리하며 그 지향하는 이념이 구별되기 때문이다.

위기의 신학은 어디까지나 그리스도교 신학의 문제로서, 그리스도교 **내부**에서 그리스도교에 독자적인 변증법적 대립의 문제를 중핵으로 하며, 이에 의해 독일 이상주의의 변증법과는 다른 고유의 '변증법 신학Dialektische Theologie'으로서, 근대 프로테스탄티즘의 막다른 골목과 마주해 새로운 본래적 종교개혁의 한 가지 원리이고자 했던 것이다. 그것은 그런 그리스도교와 신앙의 입장까지도 넘어서 우주의 근원적 생명으로 되돌아가 종족적·민족적 생명에 귀일하는 것을 이상으로 하는 피의 신화, 나아가 니체적 정신의 향도 아래 무엇보다도 정치의 근본적 일대 혁신을 이루려는 자들의 권력을 향한 독재적 의지와는 본질적으로 구별되지 않으면 안 된다.

거기서 나치스 세계관은 위기의 신학과 더불어 근대문화에 맞서고 그 종교적 무관심과 부정의 경향에 대해 일종의 종교적 '생[명]'을 함께 고양시키는 것이라고 할지라도, 그리스도교에 대해 위기의 신학과는 달리 나치스가 지닌 태도는 종래의 유럽문화에 중대한 결과를 가져올 수밖에 없는, 그 문제를 둘러싸고 문화의 전면적인 일대 전환을 요구하는 것이라고 할 수 있다. 이는 '유럽문화의 위기' 문제에 관련된다. 우리는 마지막으로 그 문제에 대해 논급하고자 한다.

4. 유럽문화의 위기 문제

우리가 '유럽문화' 또는 '서양문화'에 관해 논할 때 그 근저를 깊이 연구하는 것이 아니라, 근대에 극단으로까지 몰아넣어진 형태, 아니 겨우 한 시기에 받아들여진 변용을 문제로 파악하는 것만큼 가소롭고 또 위험한 것은 없을 것이다. 최근에 사람들이 유럽문화를 '물질문명'이나 '개인주의문화'로 누차 낙인찍고 이를 완전히 폄하하는 따위의 일이 그런 종류에 속한다. 필요한 것은 어떤 시대 문화의 한 가지 형태 또는 변용에 관해서가 아니라, 내부에서 그 문화를 창조하고 육성하며 실제로 그 뿌리에 생명을 부여하는 '정신'에 관해 음미하는 것이다. 그러나 그렇다는 것은 서양문화를 그 생성의 연원으로 거슬러 올라가 역사적 경험의 사실을 관찰하는 것이 필요하다는 뜻이 아니다. 오히려 그런 정신에 관한 음미는 역사적 문화 그 자체의 문제로서가 아니라 그 문화에 내재하고 실제로 그것이 보유한 역사철학적 의미와 의미구조의 문제에 대한 음미이다. 그것은 근본에서 문화의 본질을 결정하는 구성요소와 원리적 조직의 문제이고, 그것이 그 문화로 하여금 다른 문화와 구별되게 하는 특질을 형성한다.

이러한 관점에서 유럽을 중심으로 전개된 서양 문화의 특질을 생각할 때,

그것을 구성하는 첫째 계기가 '그리스주의'인 것은 널리 승인되어도 좋을 것이다. 다만 우리는 그 단어를 과거에 실현됐던 저 빛나는 그리스민족의 역사적 문화 자체를 뜻하는 것으로서가 아니라, 그 단어가 가진 문화의 의미, 바꿔 말하자면 그 역사적 문화내용 속에서 시대를 넘어 살아있고 실제로 유럽문화의 세계관적 기초를 형성한 그리스문화의 의미내용을 드러내는 단어로서 사용하지 않으면 안 된다.

그 경우 그리스주의 또는 그리스정신이라고 불리는 것은 무엇보다도 이론적 진리를 향한 문화태도, 곧 '절대적 진리주의'에서 구할 수 있을 것이다. 그것은 무릇 우리의 이론적 인식으로 성립하는 진리가치가 모든 가치의 기준이 됨을 뜻하는바, 거기에서 이른바 '진리를 위한 진리' 혹은 '지식을 위한 지식'이라는 독립적이고 자의식적인 인식의 일로서의 '학[문]' 또는 체계적 지식으로서의 '철학'이 성립한다. 그리고 이 인식방법·수단이 다름 아닌 '이성(로고스)'의 작용으로서의 '개념'이고, 거기서 본래 '신화'와는 다른 사상연관에서의 광범위한 합리주의적 문화영역이 열렸던 것이다. 그것은 인류가 새로운 것으로 결정적인 한 걸음을 내디뎠음을 뜻하며, 프로메테우스의 불이 인간 속에서 불타오르게 했던 자기의식적인 인간 자유의 일로서 곧 제2의 세계 창조의 가치를 뜻한다. 이것이야말로 신학적·종교적 중세 이후 르네상스 운동에서 부활된 근세적 정신이다. 그런 광범위한 고유의 문화적 재화를 창출함으로써 그리스는 멀리 후대에까지 살아남았고 영원한 의의를 보유할 수 있게 되었다고 할 것이다.

그러나 이론적 인식을 중핵으로 하는 문화의 형질 속에서는 자연적 우주가 모든 존재와 가치의 총체 개념을 추출하는 원천으로 사고되는바, 거기서는 무엇보다도 종교적·윤리적인, 무릇 비이론적인 문화적 재화는 그런 원천으로 이해되지 않고 있다고 보아야 한다. 따라서 이론적 사유가 그 자체로 하나의 포괄적인 세계관이고자 할 때, 거기서 구성되고 있는 것은 하나의 '주지主知주의'적 세계관임을 면할 수 없으며, 이론적 가치 이외의 문화생활의 내실을 잃어버림은 물론이고 그에 더하여 단지 개념적이기만 한 형식적 법칙성을 탈각할 수 없게 될 것이다. 그런데 사실 그리스가 그런 사정을 면할 수 있었던 이유는 심미적·예술적 직관에 의한 것이었고, 그것이 개념적 사유를 진정시키면서 거기에 특유한 색채를 부여했기 때문이었다. 그 지점에, 광대한 우주론적 그리스 철학들 이후의 그리스가 말기에 이르러 왜 윤리적·종교적 세계를 요구하면서 새로운 전회를 기획하지 않으면 안 되었는가의 이유, 그리고 그런 기획이 마찬가지로 이성적 사유의 지적인 인식과업으로서 시도되었던 한에서 거기서도 사람들이 내심의 갈구를 채울 수 없었던 이유, 그런 윤리적·종교적 전회를 위한 노력과 싸움 한복판에서 순수한 복음으로 일어났던 그리스도교가 어떻게 끝내 최후의 승리를 획득하기에 이르렀는가의 이유가 있는 것이다.[62]

그리스도교가 그리스주의와 함께 유럽문화를 구성하는 다른 중요한 계기인 것은 누구도 부정할 수 없을 것이다. 다만 여기서도 유럽문화에 대한 그리스도교의 의미연관을 문제로 하는 한, 이후의 발전 과정에서 형성되고 따라서 다른 여러 요소와 혼합된 역사적 형태, 그중에서도 중세 가톨릭이 아니라 오히려 그 본원적인 형태를, 곧 그리스주의와는 전혀 다른 문화적 의미를 짊어지고 드러났던 순수한 원형의 특질을 보는 것이 필요하다. 그것은 생각건

---

[62] 그런 그리스적 세계관과 그것으로부터 어떻게 그리스도교가 출현하게 되었는가의 문제, 그 정신적 발전의 과정에 대해서는 이 책의 2장을 참조. 여기서는 유럽문화의 역사철학적 구조를 천명하는 한에서 필요한 의미연관만을 서술하는 것에 머문다.

대 이른바 '원시 그리스도교'의 의미와 관련되며, 이는 근세 종교개혁의 이념이 되어 그리스도교가 문제시되었던 때 언제라도 거기로 되돌아갈 수 있는 기준이 된다.

그때에 그리스도교의 의미는 그리스적인 이론적 가치와는 전혀 별개의 특질에서 발견될 것이다. 거기에는 그리스에서의 신성으로 사유되었던 보편적 우주원리를 대신하여 한 사람의 인격적 절대의 신이 놓인다. 그리고 거기서는 추상적 관념에서가 아니라 살아있는 구체적 인격의 생명 ― 신의 아들로서의 예수 ― 에게서 현현하게 된 신성이 중핵이다. 인간 개인은 예수의 신성을 통해 신과의 전혀 새로운 결합에 들어감으로써 절대적 가치를 부여받는다. '신의 나라'는 그런 신을 중심으로 하여 예수에 의해 결속된 인간의 공동체 이외에 다른 것이 아니다. 이미 그것은 그리스인이 완전한 조화로 그렸던 우주(코스모스)의 세계적 존재가 아니며, 그것을 훨씬 더 넘어선 곳에서 성립한 비합리적 순수의 사랑의 공동체 이념이다. 이로부터 역사적 그리스도교에 중요한 '은혜', '신앙', '구제' 등의 개념들이 도출되는 것이지만, 그것들은 어떤 의미에서 이미 인간의 이지를 절단하는 '비합리적' 요소이고, 이 순수하게 종교적인 비합리성이야말로 그리스주의에 대해, 그렇다, 저 심원한 신플라톤 철학의 신비주의에 대해서도 그것을 초월하는 전혀 **새로운** 문화적 의미를 부여하는 것이다. 이는 그리스적 이성의 원리에 대해 비합리적인 고유한 사랑의 정신 위에 서는 것이라고 말하지 않으면 안 된다. 그것이 역사적으로는 서양 그리스가 아니라 동방 유대의 종교에서 그 연원을 시작했던 것이고, 그중 어떤 점들이 예수에 의해 내면화·순수화되어 새롭게 되었던 것인지는 여기서 다시 되돌아가 생각할 필요는 없다.[63]

중요한 것은 그리스도교의 의의가 그 후의 모든 시대를 관통해 살아있음으로써 그것이 받아들여졌던 시대에도 그것에 대해 반항·거부를 일으켰던 시대에도 필시 그리스도교가 유럽문화의 중심 문제가 되지 않고서는 어떤 학술도 예술도 생각할 수 없었다는 사정이다. 이렇게 그리스주의와 그리스도교는 단지 특정한 어떤 시대에 제각기 나타났던 낡은 역사적 문화형상이 아니라 현대에 이르기까지의 긴 역사를 통해 살아있음으로써, 그 두 요소의 종합 또는 그런 종합을 어떻게 기획할 것인가가 유럽문화의 근본 문제가 되었으며, 바로 그 문제를 둘러싸고 중세적인 또는 근세적인 각각의 문화양식이 규정되었다고 말해도 지장이 없을 것이다. 이리하여 그 둘은 무릇 서양문화가 실제로 스스로를 구성하는 계기로서 채용한 것이며 그렇게 함으로써 자신의 본질을 결정했던 것임을 이해한다면 충분할 것이다.

그런데 위와 같은 두 계기와 함께 결합하여 유럽문화의 꼴을 구성하는 세 번째 것으로서 나는 고유한 정치적 '국가의 이념'을 들고 싶다.

그럼 우리가 앞서 그리스주의 및 그리스도교를 문제로 하여 각각의 문화적 의의를 이해하려 했을 때 각기 그리스 및 원시 그리스도교에 의거했던 것처럼, 이제 정치적 국가에 관해서는 다름 아닌 로마로부터 그 소재를 구하는 것이 적당하리라고 생각된다. 실제 로마에서만큼 국가가 현실에서 강력하게 존재 속으로 호출되었던 시대는 없을 것이다. 그것에 의해 그리스 문화와 그리스도교의 유산이 후대에 전해지는 일도 가능했던 것이다. 아니, 단지 고대 문화의 보존만이 아니라 로마국가는 그 자체로 하나의 새로운 문화조직으로서 고유한 원리를 갖고 서양문화의 새로운 출발점을 형성했던 것이다. 무릇 정치생활에는 권력을 향한 충동 내지 의지, 혹은 민족 자신의 생존을 위한 투쟁

---

63 유대주의와 그리스도교의 연관 및 그리스도교 고유의 사상내용에 관해서도 이 책의 2장을 참조

등 고유의 비합리성이 승인되지 않으면 안 되며, 그것이 로마에서 현저하게 드러났던 일은 달리 비할 데가 없을 것이다. 그러나 그것은 그 이전에도 무릇 인류가 사회공동의 생활을 영위함에 반드시 현상했던 사실이다. 여기서도 우리의 문제는 그러한 역사적 사실 그 자체가 아니라 어디까지나 그 문화에 대한 의미연관이지 않으면 안 된다.

그 경우 로마인의 문화적 의의는 일찍이 볼 수 없었던 보편적인 법적 지배 질서를 수립했던 데에 있다. 그것도 로마의 현실 정치가 과연 무엇이었는가는 별도로 떼놓고 그 정치조직과 질서가 가진 의미에 대해 말하는 것이다. 그리고 그것은 그리스의 이성적 사유의 반성과 그것에 의한 정치의 합리화에 이어진 결과이다. 게다가 그 기초에 있어 적어도 국가가 하나의 문화적 재화로서 요구되는 경우에는 국가의 가치목적이 질문되지 않으면 안 되는바, 그 경우 로마국가는 다름 아닌 그리스의 철학 — 그중에서도 스토아의 '정의' 개념과 결속되어 설립되었던 것이다. 그럼으로써 국가는 단지 합리적 '법률국가'인 것만이 아니라 인륜적 '정의국가'로서 정신적 가치를 취득했던 것이다.

더불어 유럽의 세계에 그리스도교가 출현한 이래, 국가 또한 단지 '정의의 나라'인 것에 머물지 않고 좀 더 선한 정의의 나라로서의 '신의 나라'와 어떤 형태로든 맺어야 할 관계가 문제시되지 않을 수 없었고, 여기서 '땅의 나라'와 '신의 나라' 간의 종합 또는 연관의 문제를 둘러싸고 그 방법의 차이에 의해 중세적인 또는 근세적인 제각각의 국가이념이 형성되었던 것이다. 근세 르네상스의 정치적 의미는, 마치 종교개혁이 원시 그리스도교로의 복귀를 뜻했던 것처럼 중세 '신성로마제국'의 이념으로부터 고대국가로 돌아가는 것이었다. 다만 일단 그리스도교를 경과했던 이상, 단지 고대국가의 부흥이 아니라 오직 중세적 사유와는 다른 방법을 통해 여전히 그리스도교 정신과 결합되는 것이 유럽 국가의 문제가 되는 것을 부정할 수는 없었다. 근세 철학의 위대한 것에서는 명백한가 혹은 암흑인가라는 문제가 전개되고 있었다고 해도 과언이 아닌바, 거기서 국가는 '신성'과 결합하여 '항존적 이성' 또는 '객관적 정신' 형태의 문제로서 사고되었던 것이다.

이리하여 로마적 정치국가는 그리스적 학술 및 그리스도교와 더불어 그 자체로 유럽문화의 구성계기임을 잃지 않았고, 그것은 이제 그러한 종교 및 문화와 국가 간의 관계를 어떻게 결정하는가를 문제로 하여 현대에 바로 그 정점에 도달하고 있는 듯하다.

이상과 같이 유럽문화의 구성계기가 그리스주의와 그리스도교, 그리고 그것들과 관련해 고유의 국가이념에 있다고 한다면, 이번 장의 맨 처음에 서술했듯이 유럽 '근대정신'의 발전과 그 귀결은 유럽문화를 그런 고유의 계기들 속에서 보존하는 것이 아니라 오히려 그것의 전면적인 해체로 이끄는 것이라고 하지 않으면 안 된다.

근세 계몽사상 이후의 실증주의 정신과 오히려 그것의 계속이자 발전에 다름 아닌 마르크스주의 정치사회관의 특질은 무엇이었던가. 우리가 보았던 바에 따르면, 그 둘에 공통된 근대적 '인간주의'의 입장 — 자기 자신의 행복과 자유를 요구하며 그런 목적을 위해 특히 정치적·경제적 사회생활을 향한 독립의 건설에 진력했던 현실적 인간성의 입장 — 에서는 일반적으로 가치적·이념적인 것이 국가공동체로부터 박탈되며 국가는 단지 하나의 강력한 기구 혹은 설비에 불과하다. 그것은 필경 국가의 '비非정신화' 또는 '비이성화' 이외에 다른 것이 아니다. 이는 근본에서 무릇 근대적 사유방법의 특색인 실증적 합리주의 정신에서 그 원인을 찾아야 하는바, 그것은 그런 합리주의 정신 속에서는 자연과학적 인식이론에 표현된 이성의 양식이 기준이 되고 이것이 스스로의 한계를 확대하여 '이성 일반'과 등치되기에 이르렀음을 뜻한다. 이리하여 그것은 근세 르네상스의 정신과, 따라서 본래적 그리스주의의 깊은 이성[누스nous]이 지닌 의의가 상실 혹은 파괴된 것으로 사고되지 않으면 안 된다. 거기서는 필연적으로 실증주의의 비체계적·비세계관적인 학문의 성격이 드러나며, 이 점에서 새로이 거대한 세계관체계를 요청하는 마르크시즘도 본질적인 차이는 없다. 동시에 문화의 핵심을 형성하는 종교적 신앙의 문제에 있어, 그러한 직접적으로 자연적 법칙 아래에서 주관의 자유와 행복을 추구하는 것밖에 모르는 근대적 인간이 종교를 대하는 태도란 결국엔 신과 신의 나라로부터의 절연이자 종교 고유의 세계의 상실을 뜻하며, 이는 지극히 손쉽게 볼 수 있는 사실이다. 그것은 근세 종교개혁의 정신을 넘어 결국에 그리스도교 정신의 부정과 몰각으로 끝나는 것이라고 이해되지 않으면 안 될 것이다.

제1차 세계대전 이후 사람들이 문화의 '위기'를 외치며 싸웠던 것은 바로 그런 사정에 따른 것이었다. 그리고 그것은 반드시 전쟁 그 자체 혹은 그에 관련해 사회경제생활의 동요로부터 일어났던 것만은 아닌바, 그 본질에서 깊게 정신사적인 문제 곧 근본적으로 과학·철학·신학, 요컨대 문화 그 자체의 위기에 관한 사건이고 정치사회의 정세는 그 기회원인을 만든 것에 다름 아니다. 이는 실로 그리스도교적·그리스적·로마적 유럽문화의 존속인가 종언인가의 문제이며, 그 지점에 위기의 타개에 대해 종교·과학·정치의 여러 분야에서 새로운 노력이 기울여지기에 이르렀던 나름의 이유가 있는 것이다. 본디 그들 여러 영역은 서로 관련된 것이지만, 특히 정치적 국가의 측면에서 위기에 직면하고 그것의 극복을 지향했던 것이 우리가 문제시했던 독일·나치스의 운동이다. 그것은 단지 정치사회적 운동인 것만이 아니라 나아가 과학과 철학, 그렇다, 종교적 신앙까지도 전체에 걸쳐 일반적으로 근대문화의 전적인 갱신을 기획·시도한 것으로 봐야 하고, 그런 관점에서 우리는 나치스의 세계관, 특히 그 종교관을 고찰했던 것이다.

그런데 그 결과 무엇이 분명해졌는가. 북방적인 게르만적 민족의 '명예'의 이념과 인종에 결속되었던 '혼의 고귀성'의 고양은, 요컨대 종족적 생을 중심으로 하는 '피의 신화'와 '피의 종교'가 되어 드러난다. 거기서 역사적 그리스도교의 교의 내지 교회적 신조가 격퇴된 것은 의미 있을지라도, 그것은 그리스도교 고유의 이념과 가치가 파악되지 못한 채로 범그리스도교 정신과 그것에 수반된 인류의 보편적 이념에 대한 반대 입장을 취했던 것으로 간주되지 않으면 안 된다. 이렇게 나치스가 특징으로 하는 '북방적 세계관', 곧 '인종적 민족세계관'에서는 인종이 모든 가치의 뿌리로 사고되며, 민족이 획득해야만 하는 일체의 지식은 이미 그 원초의 종족적인 신화 속에 규정되어 있다. 또한 인종적 생명에 결속된 이 신낭만주의 정신에서는 일반적으로 개념적 사유나 이론적 인식은 멸시될 수밖에 없으며, 그런 반이성적·비합리적인 경향은 그리스적 절대진리주의로부터의 괴리로 이해되어야 한다. 게다가 근대적 개인주의에 대항하여 새로이 설립된 국가공동체의 이념까지도 이미 항존적 이성이나 객관적 정신과 같은 의식이 탈각되어 오히려 인종적 자연의 공동체로 드러나기에 이른다. 마르크스주의가 근대국가의 **경제적** 비합리성의 기초를 짚었던 것에 대해, 나치스는 근저에서 더욱 철저하게 국가의 **생물학적** 비합리성의 존재근거를 드러냈다고 할 수 있을 것이다. 그 결과는 어떤 의미에서 재차 마키아벨리즘의 대두가 되는바, 그 속에서 국가 간 정치가 여러 민족 — 특히 우월종족 — 의 종의 보존과 발전을 위한 투쟁의 장으로 화할 우려는 없을 것인가.

이러한 나치스의 국가관과 문화적 이상이 유럽문화의 위기에 대한 해결과 구제의 정통적 흐름에 있다고 말하기는 어렵다. 게다가 우리의 주의를 요하는 것은 그 세계관이 '정치'를 전면에 표출하여 정치적 행동에 의한 문화 전체의 위기 극복을 목표로 하고 있는 점이다. 고유한 신앙을 내포한 정치적 의지와 결단이 그 기초이고, 그것이 신학과 철학의 전체를 결정하며 일체의 문화는 단지 본원적인 정치적 결단을 세계상像으로 옮겨놓거나 확충할 뿐인 임무를 맡는 데에 불과하다. 거기서 정신의 자유와 문화의 창조가 말해지지 않았던 것은 아니다. 그러나 모든 것이 종족적 생에 의해 규정된 결과, 자유란 근본에서 종으로의 구속이고, 게다가 그것을 실현하기 위해 정치적 권력이 앞질러 설립되는 것이라면 정신적 내면성의 독립적 성격과 문화의 자율과 탐구의 가능성이란 폐쇄되고 있는 것이라고 봐야 한다. 이와 같이 문화에 대한 정치의 우위는 1차 대전 이후 독일에 임한 위기 앞에서 단지 과도적 비상수단으로 뽑혀진 태도인 것만이 아니라 그 세계관의 본질로부터 필연적으로 생긴 논리적 귀결이라고 하지 않으면 안 된다.

근세 정신의 발전의 극한점에서 문화의 위기가 드러나고, 그것의 극복을 목표로 일어났던 나치스가 유럽문화의 갱생과 발전이기보다는 오히려 그 전통으로부터의 괴리와 배반을 가져옴으로써 새로운 위기의 한 가지 원인을 만든 것이라고 말해져야 하는 지점에서, 사람들은 유럽문화 앞에 놓인 현대 위기의 '양극성'을 인지할 수 있을 것이다.

그러한 것은 근대의 실증주의 혹은 자연주의의 리얼리즘에 대항하여 일종의 이상주의를 표방하고 일어났던 나치스가 거꾸로 이상주의의 정신으로부터는 이탈하고 그 자신은 원리적으로 재차 자연·현실주의적 경향을 더듬은 결과라고 생각된다. 그 자연이란 본디 이미 단순하게 기계적·법칙적인 자연이 아니라 근대적 실증주의를 다시 한 번 낭만주의적 정신으로 환원시켰던 것으로서 오히려 생명화하고 신비화된 형이상학적 자연이고, 정신적·이성적인 것과 자연적·야성적인 것이 혼합된 것으로서, 거기에 본래 나치스정신의 이중성 혹은 데모니슈한 성격을 형성한 근거가 있다고 할 수 있을 것이다. 이렇게 일면으로는 현실주의를 철저하게 부르탈한[야수적인] 자연에서까지 밝혀내는 동시에, 다른 면에서 그것을 보충하는 것으로서 이상주의적 요소가 가미된다. 혹여 저 희생과 책임 등의 실천적 이상주의의 요소가 더해지지 않았더라면, 나치스가 이토록 현대 독일의 — 특히 젊은 사람들의 마음을 붙잡아 민족의 운동 전체로까지 몰아세워가는 동력은 이룰 수 없었을 것이다.

그러나 결정적인 것은 그들이 낡은 낭만주의에 맞서 새롭게 세운 민족의 이념이 '종'의 핵심으로까지 파고들어가게 된 생물학적·종족적 가치의 강조에 놓였던 점이다. 그 결과는 인간에게서 정신적 가치와 자연적 충동 간의 두려울 만한 혼합을 빚을 수밖에 없을 것이다. 이리하여 본래 근대의 실증주의적 유물 사상과 그 결과인 인간 생활의 퇴폐에 맞서 일어났던 나치스에 의해 거꾸로 인간의 정신적 특질과 개성의 독립이 위험에 노출된다는 모순이 생기는 두려움이 없지 않은 것이다.

르네상스에서 '인간'의 발견에 의해 개시되었던 근세는 철두철미 인간의 철학, 인간의 시대였다. 17~18세기의 계몽사상을 통해 그 자연기계적인 세계관의 중핵에 놓이게 되었던 것은, 그렇게 세계를 파악하고 지배하는 것으로서 자기 자신 속에 신적 이성을 띠고 있는 인간이었다. 그것은 독일 이상주의 철학에서 어떻게 심화되어 신적 절대정신의 높이로까지 높여졌던가. 이는 생각건대 르네상스의 인문주의와 종교개혁 정신 간의 종합으로서 이해될 수 있다. 사정은 근대 실증주의에서도 다를 바 없이, 단지 그런 신학적·형이상학적 외투를 벗고 한층 공고한 자연과학적 현실의 세계 속에서 경험적 행복과 주관적 자유를 추구하는 하나의 현실적 인간으로서의 자기 자신을 노출하기에 이르고, 그것이 특히 공리주의의 이상이었던 동시에 마르크스주의의 숨겨진 이념이기도 했었음은 우리가 앞서 주의해 살폈던 점이다.

이렇게 실증주의적으로 이해된 인간 ─ 거슬러 올라가서는 자기 자신 속에 신적 이성을 잉태한 것으로서의 이성적 인간 ─ 이 마침내 자기 존재의 확실성을 상실하고 스스로의 불안에 직면하기에 이르러, 이제 자기 존재의 문제를 탐구하고 이를 민족적 생[명]의 전체 위에서 발견하게 되었다고 할 수 있을 것이다. 특히 1차 세계대전 이후, 존재인가 멸망인가라는 두 개의 근본적 가능성 사이에 놓이게 된 독일 국민에 의해 그런 사정이 자각되며, 거기서 민족적 생[명]을 인간의 가장 깊은 곳의 생명으로 느끼기에 이르렀던 것은 우리가 이해할 수 없는 바가 아니다. 그것이 넓은 의미에서의 '생명'의 철학으로서 '실존철학'의 과제이기도 했으며, 그 철학이 독일에서 유행하기에 이르렀던 것도 이해하기란 어렵지는 않다.

그것은 어떤 의미로는 르네상스에서 불러 일깨워진 근세의 인간을 그 정신적 향토인 그리스의 세계에 데리고 돌아가는 것이라고 할 수 있을 것이다. 니체도 유럽의 과거 정신적 종합의 전형을 그리스에서 구했듯이 나치스 세계관이 지향하는 곳 또한 멀리 고대 그리스에 있다. 북방적으로 해석된 고대 그리스의 문화는 그들이 즐겨 원형으로 삼는 것이고, 그런 관련에서 플라톤의 '폴리테이아'(이상국가)가 손꼽힐지라도 이상할 것은 없다. 그리스의 역사적 공동체인 폴리스에서 국민의 전체적 생[명]의 통일체로서 인간 생활의 모든 것이 내적으로 결합됐던 것처럼, 그것의 이상화 내지 형이상학적 구성에 다름 아닌 '폴리테이아'는 영원한 존재·생명의 전체적 우주질서로서 폴리스적 국가 생활의 이념이지 않으면 안 되었다. 그 둘이 동일한 전체의 이념에 의해 관통되며, 그럼으로써 존재와 생[명]의 질서의 진리성이 실현된다. 그것은 요컨대 정신과 생명, 로고스와 비오스[bios. 육(체)적인 생명], 이념과 존재 간의 완전한 통일체이지 않으면 안 된다.[64] 여기에 '폴리테이아'가 새롭게 독일의 '라이히剽'의 이념적 원형으로 내세워진 이유가 있다. 그리스의 본질과 의욕의 최고 표현이 '폴리테이아'에서 응결되듯이 게르만적 독일의 역사생활의 최고 형태가 새로이 제3국가(라이히)의 이념과 그 실현에서 구해지는 것이다. 이 '라이히'의 전체 우주적 질서의 이념으로부터 발생하는 사명의 실현 속에서 인간은 각자의 의미와 본질을 수취해야 하며, 모두가 공동체의 성원으로서 그 모든 것에 걸쳐 동일한 존재와 생[명]의 리듬이 맥동한다. 그런 까닭에 철학과 과학의 새로운 이념은 인간과 세계의 새로운 형성을 위한 국가적 정신의 행위로서, 그것이 '라이히'의 이념에 기초한 독일의 생명권(레벤스라움)의 형성에 도움이 될 때, 줄여 말해 그것이 **정치적**으로 될 때 비로소 달성되고 진정으로 자유로워질 것이었다.[65]

이리하여 이제 플라톤의 '폴리테이아'라는 이름에 나치스 국가의 이상과 그 실현의 주춧돌이 놓이기에 이른다. 최고의 문화형태란 일체의 가치와 이념이 정치적 국가생활로부터 도출되는 곳에서만 성립한다. 국가를 넘어서는 진리도 정의도 없으며, 중요한 것은 이념이 아니라 권력[으로]의 의지이다. 그것은 '정의국가'이기보다는 오히려 '권력국가'의 이상이다. 그 이데올로기에 의하면 인류적 보편성의 이념은 그릇된 구상일 뿐만 아니라 객관적 진리성의 개념도 오류이지 않으면 안 된다. '진리를 위한 진리' '지식을 위한 지식'과 같은 것은 대개 추상적인 미망·오류일 수밖에 없으며, 원리적으로도 실천적

---

64 Heyse, *Idee und Existenz*, SS.347 · 353.
65 ebd., S.298.

으로도 지배적인 것은 오직 정치적 의지뿐이다. 그들에게 이론적·객관적인 것이란 민족의지에 유용한 견지로부터 측정되는 것이고 국가의지는 선악의 피안에서 세계적 지배 쪽으로 이끌리는 것이다.

게다가 그들에게 생[명]의 근본조직은 실로 그리스에서처럼 '영웅적·비극적'인 실존이고, 전체의 근원가치는 단지 희생과 운명에서만 재생되는 것이다. 거기서는 비극적·운명적인 영웅적 지배자로서의 지도자가 중심에 서고 인간은 모두 무조건적 복종과 훈련을 요구받는다. 최고의 지도자에 의해 진리라고 선언된 것은 그 자체 일체의 의혹을 끊는 무오류성을 지니고 사람들은 단지 그것을 절대적으로 믿고 따르며 봉사할 것을 요구받을 것이다. 여기에 정치적 의지만이 아니라 학적·세계관적 인식 또한 지도자 한 사람의 의지와 그 정치적 결단에 의해 좌우되는 근거가 있다. 그것은 오직 '정치의 독재'만이 아니라 실로 '사상의 독재'이지 않으면 안 된다. 이에 의해 종래의 단순히 양적인 개별 의지의 병존과 평균화에 맞선 문화의 전체적 통일과 유형적 형성의 확보와 같은 것도 그 내실에서는 결국 한 사람의 독재적 권력 — 그 결단과 힘에 의해 지휘되며 강행된 결과임을 면하지 못할 것이다. 특히 그것이 우월종족으로서 자신 쪽에만 진리와 정의가 있음을 주장할 때는, 종교적 독단과 비슷한 것이 드러나고 마르크스적 계급을 대신해 이제는 인종·종족을 중심으로 인류 사이에 새로운 분열·항쟁이 드러날 우려가 없지 않게 된다. 그것이 플라톤의 '철인정치'와 어떻게 비슷하지만 다른 것인지는 상세히 설명할 것까지도 없다.[66] 이러한 것은 본래 그리스적 혹은 플라톤적이라기보다는 오히려 게르만 국가와 게르만적 진리 간의 종합에 다름 아니다.

---

66 대개 이러한 플라톤 해석은 게오르게 일파의 그것과 상통하며, 그것이 어떻게 플라톤 자신과는 멀리 떨어진 것인지는 이 책의 1장 참조.

그런데 굳이 고대 그리스, 그중에서도 플라톤의 '폴리테이아'를 원형으로 하는 까닭은 역시 그 근저에 종교와의 관계에서 중요한 문제가 안겨 있기 때문이고, 거기에 나치스의 근본방향을 결정하는 것이 있다고 생각된다. 원래 생[명] 또는 실존의 철학의 입장에서는 생명과 존재의 근본이념 간의 **결합**을 빼고서는 종교적 신성이 갖는 의의란 없는 것이다. 생[명]의 현존재와 우주적 질서의 전체 이념인 '라이히'는 바로 그런 결합에 다름 아니며, 그것은 문화·정치 일체의 공동체 원리인 동시에 그 자체로 종교적 공동체의 이념이며 거기에 영원한 생명과 존재가 포함되어있다.

마치 그런 '라이히'의 이념으로서 플라톤의 '폴리테이아'가 세워지고 그것이 생[명]의 전체적 공동체로서 폴리스국가의 이념인 동시에 그 자체로 종교적 '신의 나라'로서 이해되는 것이다. 그런 '라이히'의 우주법칙으로 현현된 신적인 것과의 영원한 **매듭**에서야말로 진정한 종교가 구해질 수 있는 것이다. 따라서 이 '라이히'의 실현에 대한 국가지배의 책임을 짊어진 영웅적·비극적인 생애는 그 본질상 종교적 최고 존재이지 않으면 안 된다. 그것은 그리스의 종교, 특히나 게르만 신들의 세계에서 드러났던 '운명'의 이념과 신앙이다. 이러한 '운명신앙'이 존재와 생명의 이념 — 곧 이 세계의 신적 근원 — 에 있어서의 본원적 결합으로서의 종교이다.

그런 운명신앙은, 그리스인이 신성으로 사유했던 우주적 세계의 존재 원리를 넘어서 역사와 국가조차 초월했던 새로운 세계로서의 '신의 나라'와 그 핵심을 절대적인 신과 인간들 간의 사랑의 **매듭** — 아버지에 대한 아들의 인격적 사랑의 결합 — 에 놓았던 그리스도교의 신앙과 어떻게 본질적으로 다른 것인가. 그러한 그리스도교적 신앙의 입장에서 다시 우주의 근원적 생명으로 돌아가는 것은 일찍이 그리스도교의 출현에 있어 예수에 의해 이뤄졌던 '가치의 전환'의 **재전복**에 대한 요구이고 고대 세계로의 복귀에 대한 요청에 다름 아니다. 거기서는 현실적 '생[명]' 그 자체가 최고이고 생[명]의 유지와 향상을 최고 한도로까지 높이는 것이 사명이며, 그러한 고양된 생[명]에 봉사하지 않는 경우에는 진리라고 할지라도 그 가치를 인정받지 못한다. 어디까지나 '세계'의 존재법칙으로 드러났던 신성 — 이 세계의 신적 근원 — 의 인식이 중요한 일인바, 그것은 이미 '신의 나라'의 이념이 아니라 게르만적 종교와 게르만 국가의 종합의 이상으로 사고된다.[67]

근대문화의 위험에 임하여 인간이 직면했던 자기 존재의 불안이라는 심연에는 '종교'적 신앙의 문제가 있었던 것이다. 여기서 근대적 '인간'의 종교에 놓였던 것이 민족적 생[명]의 신화의 세계였음을 알 수 있다. 이는 인간 존재를 파내려가 그 지반에까지 도달했던 것이라고 할 수 있을 것이다. 그것은 비가시적인 '하늘의 국토'인 신의 나라에 대비해 오히려 자연적·역사적인 '땅의 나라' — 정치적 국가 — 의 신앙이다. 거기서는 신에 대한 인간의 관계까지도 오로지 종[족]적인 자연의 생[명]에 의해 규정되고, 정신과 함께 영혼도 정치적 의지의 결단에 관계하게 된다. 그것은 결국 이 세계의 존재법칙에 있어 종족적 생[명]의 신화 이외에 다른 것이 아니며 게르만적 명예의 형이상학적 이념으로서 독일 종교와 독일 국민 간의 결합에 다름 아닌 것이다. 실재는 모두 직접적 존재 위로 옮겨지고, 단지 현실과 역사적 생활만을 인정하기 때문에 본래의 종교에 의해 요청되는 것처럼 그것으로부터의 **초월·돌출**은 오히려 국가에 위험시되는 것이다. 그러나 그럴 때 인간의 무한한 혼의 갈구란 과연

67　플라톤의 이상국(폴리테이아)은 그리스적 세계를 훨씬 더 넘어, 사상적으로는 뒤이어진 그리스도교의 '신의 나라'를 예시하는 것이 있으므로 '폴리테이아'를 단선적 의미로 이해하는 것은 위험하다고 할 것이다.(1장 참조)

채워질 수 있을 것인가, 또한 인간 상호 간을 깊이 내적으로 결합할 수 있을 것인가. 여기에 언제나 인간 불안의 문제에서 출발하고 실존의 문제를 추구하여 일체의 인간적·세간적인 것을 넘어 원시 그리스도교 본래의 순수성으로 돌아가려는 '위기의 신학'과 나치스와의 근본적인 차이의 이유가 있다.

이러한 것은 중세 및 근세에 공통적인 근본과제로서 그리스 정신과 그리스도교 양자의 결합 또는 종합에 대한 노력을 단념, 아니 오히려 청산하여 그리스도교를 부정하고 니체와 같이 그리스도교 없는 고대 세계, 특히 북방적 유럽 — 옛 게르만으로의 돌아감을 이상으로 한다고 말할 수 있을 것이다.[68] 이러한 고대종교의 신성을 감싸고 있는 것으로서 저 자유롭게 독립한 혼의 고귀성을 강조하는 '신비주의'가 도움이 되었던 것인바, 이로써 저들은 간신히 그리스도교와의 연계를 보존하려는 듯하다. 그러나 그 신에 대해서조차도 혼의 자유를 강조는 니체와 같이 신에 맞서 지나치게 인간을 강조하는 것이 되고, 그 결과는 인간의 '자기 신화' — 신앙의 입장마저도 넘어 신으로의 귀의를 방기하는 것이 될 수밖에 없다. 그것이 향하는 곳, 거기는 끝내 그리스도교적 종교의 본질에 대한 몰각 또는 부정으로 인도되지 않을 수 없을 것이다.

이렇게 인간이 인간적 자아를 앞세워 신적 실재에 육박하려는 것에서 거꾸로 신 자신에 대한 반역을 보고, 특히 종적인 '피'와 '폴리스'적 국가생활로부터의 초월을 말함으로써, 오직 신의 절대의지와 예수로 현시된 신의 무한애愛를 통한 결합을 선포했던 원시 그리스도교는 신에 대한 그런 반역과 어떻게 격절하는 것인가. 거기서는 그리스도교 정신과의 완전한 분리가 인지되지 않으면 안 된다.

---

68 Heyse, *a. a. O.* S.350.

요컨대 현대 독일·나치스의 이데올로기는 그리스도교의 문제를 중심으로 하여 유럽적 전통으로부터 결정적으로 이반하는 방향성 위에 있는 것으로 보아야 하고, 단지 그리스도교를 배척하기 위해 '북방적'으로 해석된 그리스 문화를 세웠던 것이라고 할 수 있을 것이다.[69] 그것은 부정적 니힐리즘의 정신으로서 니체에게서 출발해 더욱 강한 힘을 갖게 됐던 능동적인 성격이다. 이는 그러한 유럽문화에 대해 어디까지나 대립적·과도적 위치를 점하는 것에 지나지 않는다. 이번 유럽의 대전에서 적어도 현재까지의 나치스 세계관과 종교관으로써는 벌써 한계에 도달한 느낌인바, 그것은 앞선 대전에서 패했던 독일이 당초 하나의 게르만 국가를 형성하기 위한 이데올로기로서는 도움이 되었을지언정 금후 새로운 유럽의 보편적 원리로서는 부적당한 것이기 때문이다. 그런 까닭에 종래의 이데올로기를 고집해 새로운 유럽의 지배자가 되고자 할 때는 자기모순을 빚게 될 위험이 있는 것이다. 나치스가 금후 진정으로 유럽 신질서의 건설을 맡고자 한다면 스스로의 이념의 일대 전회가 불가피한 것이 아니겠는가.

근래 서양 문화에 맞서 '일본정신' 또는 '일본문화'의 학적 수립이 고창되고 있다. 이는 위와 같은 유럽문화의 위기의 외침에 대해 새롭게 동양적 또는 일본적 문화의 자각과 그 세계성의 주장으로서 의의를 갖는다. 특히 메이지 이래 갑작스레 세계공개적으로 됨과 동시에 서양문화의 수용과 섭취에 바빴던 우리나라에서 근년 국가 간 관계에서의 정치적 자주성과 주체성으로의 발전과 요구는 철학·종교에서만이 아니라 스스로의 정신과 역사의 반성·자각으로 드러나기에 이르렀던 것으로서, 우리나라의 문화 발전의 필연적인 여정

---

69 レーヴィット, 앞의 글, 10쪽.

이라고 생각된다. 다만 여기서는 일본의 역사적 전통문화를 어디까지나 순수성에서 보존하려는 이른바 '일본주의'의 철학에 관해서는 잠깐 제쳐둔다. 우리가 특히 주의를 기울이려는 것은 서양철학과의 이론적 교섭 위에서의 세계적 보편성이라는 의미연관에서, 동양 사상을 새롭게 돌이켜보는 것보다 일본 정신의 고유성을 확립하려는 시도와 노력에 관해서이다. 그중에서도 니시다 철학에서 발단했던 다나베[田邊元] 박사를 중심으로 '무無'의 철학 내지 '절대변증법'이 논의된 것, 바야흐로 그것의 의해 일본의 철학계가 빈틈없이 도포된 감이 있는 그 논의야말로 동서양 사상의 종합인 '일본철학'의 체계로서 세계에 선양될 수 있는 것이다.

이 철학이 헤겔의 변증법에 이어진 것은 물론이지만, 한층 철저하게 '절대변증법'을 기초로 하는 동시에 민족적 자각 위에서 새로이 동양문화의 역사적 내실을 살리려는 점에서 그 특색이 인지될 수 있다. 그중에서도 일본의 대승 '불교' ― 특히 선禪의 사상이 핵심을 이루는 것이 일본철학의 정수, 아니 세계의 미래 철학의 지침으로 평가된다.[70] 우리의 고찰에서 특히 흥미로운 것은 역사적 현실을 철학의 최대 관심사로 함으로써 정치적 '국가'의 문제에 맞서려는 점이다. 이러한 것은 본론에서 행한 우리 연구와의 관계에서 말한다면, 마치 유럽문화의 역사철학적 구조의 계기로 내세워진 종교, 철학 및 국가라는 3자를 서양과는 다른 방법을 통해 결합하고 거기에 독자의 학문적 세계관을 수립하려는 기획·시도로 이해될 수 있다. 이는 마찬가지로 근대문화의 위기 극복을 목표로 하여 일어났던 나치스정신과 비교할 때, 얼마나 정치한 논리적 구조와 깊은 정신적 내용을 갖는 것일까. 진정으로 현대 세계에 넘치

70　田辺元,『正法眼蔵の哲学私観』, [이와나미, 1939,] 101쪽.

는 문화의 위기, 특히 국가학의 위기 극복으로의 길을 유럽의 관점에서가 아니라 거꾸로 우리 일본에서 발견해야 한다고, 그리고 그것이 새로이 일본문화에 부과된 세계적 사명으로서 대단히 중요한 미래를 약속하는 것이라고 사람들은 생각하기도 하는 것이다. 물론 같은 학파[교토학파]의 전반에 걸쳐 상론하는 것은 여기서의 목적이 아니며, 단지 가장 대표적이자 체계적인 다나베 박사의 철학에 대해, 이 장과 관련하여 그 특색과 문제라고 생각되는 점을 서술하고자 한다.

거기서 중심적 위치를 점하는 것은 나치스에서와 같이 '종'으로서의 민족이지만, 종은 단지 자연적 생의 직접태態인 것에 머물지 않고 근본에서 절대자의 '자기소외'로서 세워지고, 그리고 '종'의 즉자적인 직접적 통일과 이에 부정적으로 대립하는 대자태로서의 '[낱]개個'를 부정의 부정 속에서, 곧 절대부정 속에서 통일·종합하는 즉자-대자적인 '유類'적 존재가 국가이다. 이러한 것으로서의 국가는 바로 유의 실현·구체화, 유의 존재로서의 '인류적 국가'이지 않으면 안 된다.[71] 그것은 종의 기[반]체적 공동체와 [낱]개의 자립성이 부정적으로 종합된 매개존재이고, '기[반]체 곧 주체인 존재'로서 그 자체로 '절대사회' 또는 '존재의 원형'이 된다. 그렇게 되는 이유는 국가가 '전체와 개체의 상즉적相即的·대립적 통일의 보편자'로서 그 근본에서 '무'의 절대적 보편성의 대자화된 '절대의 응현적[應現的, 응하여 발현하는] 존재'로서 사고되는 것에서 말미암는다.[72] 이러한 것은 첫째로 절대무의 신앙에서 연유하고, 국가와 종교의 종합 — 구체적인 종교와 영원한 국가 간의 '둘이자 하나'인 결합 — 은 본디 그 '사회존재론', 따라서 전체 철학적 사유의 근본특징이라고 말할 수 있을 것

---

71 田辺元, 「社会存在の理論」, 『哲学研究』第20巻 第11冊, 5·8쪽.
72 田辺元, 「国家存在の理論」, 『哲学研究』第24巻 第11冊, 7~8쪽.

이다.[73] 그러니까 국가철학은 "그리스도교의 위치에 국가를 놓고 절대무의 기[반]체적 현성現成[자연히 완성되어가는 상태]인 응현적 존재가 되게 하는 것이라기보다는, 그리스도교의 변증법적 진리를 철저하게 그 신화적 제한으로부터 해방시키는" 것과 같은 구조로 사고된다.[74] 이로써 국가는 그리스도교에 있어서의 그리스도의 '계시적 존재'에 대응하며, 국가에 참여하는 개인의 생활은 '그리스도의 배움'에 비견된다. 마치 그리스도를 향한 신앙이 인간을 구제하여 내부로부터 자유를 회복되게 하는 것과 마찬가지의 것을 이제는 다름 아닌 국가에 기대하는 것이라고 할 수 있을 것이다. 이리하여 국가야말로 진정한 종교를 성립시키는 근거, 아니 그 자신이 '땅 위의 신의 나라'가 된다.

거기서는 무엇보다도 그런 종교 그 자체에 대한 문제가 존재할 것이다. 그것은 그리스도교적 신앙과 서로 다른 것은 물론, 불교적 신앙과도 반드시 같은 것은 아닌, 무릇 일반적으로 종교적 신앙이라고 칭해져왔던 것과는 달리 하나의 철학적 신앙, '변증법 신앙'이다. 그것은 구체적으로는 한쪽에서 고대적 '민족종교'를 섭취하고 민족국가의 종[종]적인 기[반]체의 계기 속에서 개인 생명의 근원성을 인지함과 동시에, 민족종교와 같이 단순히 직접적인 생명의 근원을 예배의 대상으로 하는 것과는 구별되는, 개인의 자기부정에 의해 귀환해야 할 근원으로서의 '절대무'에 결속된 최고 신앙의 입장이다.[75] 이는 구체적으로는 '절대무의 현성인 기[반]체 곧 주체의 매개존재'로서의 국가에 대한 변증법적 신앙, '국가신앙'에 다름 아니다.

이리하여 결국엔 국가에서 그 정도로까지 승인된 '절대성'이 문제될 수밖

---

73 田辺元, 「社会存在の理論」, 앞의 책, 32쪽.
74 田辺元, 「国家存在の理論」, 앞의 권 10책, 19쪽.
75 田辺元, 앞의 권 10책, 20쪽.

에 없을 것이다. 절대적 변증법에서 '종'과 '[낱]개'가 저마다의 자기모순을 지양하고 부정적으로 매개되면서 '유'의 구체화로서의 국가로서 지양·종합된다고 말해질지라도, 본래 유·종·[낱]개는 단지 이론적으로 지양되어야 할 계기 이상의 존재로서, 그렇게 국가 속으로 포섭될 수 없는 것이 있지 않겠는가. 인간 인격은 설령 국가의 절대적 권위를 갖고서도 침범할 수 없는 그 자체 직접적으로 신적 이념에 이어진 본원적인 가치를 보유하고 있는 것은 아닌가. 또 국가가 그 자체로 '유'의 구체적인 실현인 유적 보편으로 사고된다고 할지라도, 세계 속 국가 상호 간의 관계는 오히려 민족적 종의 공동체 간의 대립 관계에 있는 것으로 보아야 하는바, 국가를 넘어서는 세계 그 자신의 질서의 원리는 어떻게 사고될 수 있는가. 이는 현대와 같이 세계가 추상적이지 않고 역사적으로 되어 그 구체적 공동성이 자각되어왔던 때에 근본적인 문제이지 않으면 안 된다. 거기서 개인의 자립적 창조성과 그것에 기초한 문화적 보편성을 통해 인류적 연대에 의한 세계의 개방적인 통일의 여지가 남아있다고 말해질지라도,[76] 그것을 보장하는 정치적 질서의 원리는 어디서 구해야 하는가. 국가 자신을 '인류국가'로 보는 입장에서는 필경 헤겔과 같이, 그것은 세계사의 심판의 법정 바깥에서는 구해질 수 없을 것이다.

이와 관련하여 절대적 변증법에서의 존재 즉 당위의 입장에선, 위와 같이 국가란 단지 이념인 것만이 아니라 헤겔에서와 같이 **이성적**이고 동시에 **현실적**일 수밖에 없다. 무엇보다 거기서는 현실의 '비매개적·소외적 측면'이 무시되어선 안 되며, 그런 뜻에서 현실의 '분열적·비합리적 측면'이 거기서 인지되고 있다고 할지라도 원래 그러한 비합리적 현실조차 부정의 계기로 전화

---

76 田辺元, 「国家存在の理論」, 앞의 권 12책, 8쪽.

시켜 전적으로 절대무의 현성으로 삼는 '절대적 합리주의'의 입장에 입각하고 있는 이상, 그 둘[소외와 매개, 분열과 일체, 비합리와 합리] 사이에 본질적인 구별이 있을 리 없다. 그것은 요컨대 '절대무의 현성'으로서의 국가의 '응현적 존재'에 대한 신념이고, 그런 설명대로라면, 논증할 수 없는 하나의 신념 — 이를 믿지 않는 자에게는 설복할 수 없는 '절대선'의 신앙 — 에 다름 아니다.[77]

사람들은 이러한 동양적 범신론에서 재차 나치스의 경우보다 한층 더 고양되고 심화된 형태의 '민족'과 '국가'의 신성이 그 [존재]이유를 달고 있는 것을 볼 수 없을 것인가. 근래 민족국가 사상의 융흥에 관하여 우리들이 문제시했던 나치스 전체주의국가의 세계관적 근거에 견주어, 특히 그 결여된 종교적 기초의 문제에 관하여 위와 같은 것은 어떤 심원한 기초를 제공하는가. 특히 그것이 일본국가를 범형으로 하여 구상되고 있는 만큼 양자 사이에는 비교할 수 없는 것이 있다고 해야 할 것이다. 그리고 그것의 근거는 실로 종교와 철학 그리고 국가의 일대 종합에서 구해졌던 것이다. 하지만 바로 거기야말로 중요한 문제가 가로놓여 있다.

근세 유럽의 정신사에서 그러한 종교와 철학, 신앙과 이성을 융합하고, 게다가 그것을 역사적 현실의 문제를 통해 정치국가론으로 응결시켰던 것은 헤겔이었다. 그것은 그리스주의와 게르만 국가를 그리스도교적 원리를 통해 조화·종합하려는 시도로 이해할 수 있다. 앞서 서술한 타나베의 철학이 불교적 절대무의 입장에서 연원하였음에 대해, 헤겔철학은 그리스도교적 절대 유신론으로부터 각기 근대국가의 종교적·철학적 정초를 시도했다고 볼 수 있다. 두 사람은 그 학적 동기 혹은 신앙이 다르고 논리적 구조내용 또한 같지

---

77 위의 책, 29쪽.

않다고 할지라도, 근본에서는 함께 변증법적 합리주의를 통해 '종교'와 '철학'의 융합을 시도했고, 그 위에 서서 '국가'에 의한 종족적 공동체와 자유로운 개인의 종합을 의도했던 점에서 마찬가지의 구상이라고 하지 않을 수 없다. 따라서 거기에서 논의되고 결정된 국가의 종교적 절대성과 그로부터 생기는 문제성을 공통적으로 갖는 것이다.

그런데 헤겔의 경우, 그 이후 근대정신의 발전 속에서 어째서 그 광대한 체계가 붕괴되지 않을 수 없었던가. 그것은 그리스적 이성의 원리에 의해 종교적 내실을 철학의 논리적 과정으로 변화시켜 갔기 때문이었고, 그리하여 한쪽으로 그리스도교 고유의 신앙이 이론적 지식 속으로 융합되기에 이르렀던 동시에, 다른 쪽으로 정치적 국가생활은 오히려 그 특유의 본질로부터 이탈해 전적으로 절대정신의 객관적 실재로서, 종교적 '신의 나라'의 철학적 형태로 변화했기 때문이다. 여기에 헤겔 이후, 그 반동으로서 실증적 합리주의의 승리와 마침내는 마르크스적 유물주의의 발전이 어떻게 이뤄지게 되는지, 이로써 일반적으로 어떻게 가치무관심으로부터 가치의 아나키로, 특히나 종교적 무관심으로부터 무신론으로, 동시에 자유국가로부터 마침내 무국가 사상으로 인도되었는지에 관해서는 이 장의 처음에 개관했던 바와 같다. 그리고 다른 쪽으로 그러한 근대정신의 귀결에 맞서서 그것을 극복하는 새로운 형이상학적 구상을 통해 문화의 일대 종합의 세계관이고자 하는 나치스의 정신운동이란, 현재에 이르기까지의 이론적 구성과 주장으로써는, 우리가 살펴보았듯 하나의 과도적·반[정]립적인, 아니 차라리 니힐리즘적인 성격만을 띠고 결국 유럽 정신으로부터의 이반하고 있는 것이라면 애초에 유럽문화의 위기 타개의 길이란 어떻게 가능할 것인가.

헤겔의 종합·통일의 노력이 실패로 끝나고 또 현재 나치스에 의한 종합문화의 운동이 거꾸로 부정적인 것이며, 그렇게 민족국가의 문제를 둘러싸고 종교 고유의 본질이 상실되어 인간의 자유와 문화의 자율이 위협당할 위험이 있다면, 남은 길은 유럽문화의 여러 계기 — 그리스적 철학, 그리스도교적 신앙 및 로마적 국가생활 — 을 각기 고유의 생활양식으로서 권리 부여하는 것으로부터 다시 출발하지 않으면 안 된다. 그것은 '비판주의'의 문제, 곧 다름 아닌 칸트가 자리매김하고 헤겔이 거꾸로 철거했던 사유의 한계이다. 곧 한 쪽으로 그리스에서처럼 진리 그 자신의 고유가치를 전제하여 어디까지나 이론적 사유를 추구함과 동시에, 다른 쪽으로 비합리적 영역, 특히 우리가 문제로 하는 종교 및 정치적 생활에 관하여 이론적 가치와는 다른 그 자신의 특유한 본질을 승인함으로써 그것들이 지닌 특유한 의의 속에서의 학적인 파악이 필요해지는 것이다.

그렇게 비판주의의 의의는 문화 제각기의 영역에 고유한 가치와 양식을 세웠던 것에 있다. 그것은 문화의 종합보다도 오히려 그 각각이 지닌 의미와 양식의 독립의 정초이다. 이러한 것은 문예부흥과 종교개혁에 의해 학문·정치 및 종교생활의 분리로 시작했던 근세문화의 형태에 적합한 사유방법으로서 여전히 근대적이고 또 현대적인 의의를 갖는 것이라고 하지 않으면 안 된다. 그런 뜻에서 근대문화와 근대생활은 오늘날에 이르기까지 아직 완결됐다고 말할 수 없다. 그중에서도 르네상스 이래, 그리스주의와 나란히 재흥했던 로마주의적 의미의 정치적 국가생활에 대한 근세의 인식과 평가는 결코 충분치 않은바, 그 점에서는 칸트철학도 겨우 단서에 지나지 않는다. 특히 19세기에 새롭게 발견된 민족과 사회는 국가적 정치사유 위에 새로운 문제를 야기했고 이전과는 다른 성찰을 필요로 하기에 이르렀다. 그것은 근세 이래의 사고를 관통해왔던 개인의 주관적 자유의 원리를 갖고서는 해결될 수 있는 것이 아니다. 그렇다고 해서 단지 그리스적 철학 개념인 '정의'만을 갖고서나 종교적 '신성'의 이념에 의거해서만 해결될 수 있는 것도 아닌바, 반드시 국가적 정치생활에 특유한 본질과 의의가 확립되지 않으면 안 된다. 생각건대 현대에 부과된 중요한 문제로서 근래 민족국가의 운동과 그 철학적 이유의 정립은 어느 쪽도 그 문제를 중심으로 전개되고 있다고 볼 수 있다. 다만 어디까지나 파지되어야 할 근본적 원칙은 여러 문화생활 고유의 본질적 가치에 대한 승인이고, 이를 통한 문화의 자율성의 존중이지 않으면 안 된다. 그리하여 문화와 정치는 제각기 고유의 가치를 계속적으로 지니며 상호 간의 협력과 봉사가 필요해 진다. 혹여 이를 고려하지 않고 오직 국가적 정치생활이 다른 문화의 우위에 서서 스스로의 권리를 주장할 때는 끝내 하나의 반동주의가 될 것이며, 그래서는 어떤 체계 아래서도 문화철학적 진보의 원리로는 될 수 없을 것이다.

그러나 인간의 형이상학적 요구가 어떤 형태로든 전체의 통일을 원한다면, 그러한 문화 영역의 자율과 상관관계를 갖는 것으로만 만족할 수는 없으며 거듭 전체의 종합으로 나아가지 않으면 안 될 것이다. 그러면 그 종합의 계기란 어디서 구해져야 하는가. 그 경우에 철학 및 정치 어느 것도 우위에 서서 다른 한 쪽을 종속시켜서는 안 되는 것이라면, 그 통일의 가능성이 어떤 방법에 의해서든 종교적 이념에서 구해져야 한다는 것은 승인되어도 좋을 것이다. 왜냐하면 종교는 그 본질에서 말해 다른 여러 가치들과 병행하는 것만으로는 만족할 수 없는 것이며, 종교적 신앙이란 어떠한 인간 생활과 행위에도 반드시 그 근저에서 그것을 지지하고 그 일체를 관통하여 살아 항존하는 힘과 생명을 주는 것이기 때문이다. 칸트의 종교 이념은 오직 실천이성에 즉하여 사고되기에 지나치게 도덕적이며 또 합리주의적이라는 점에서 아직 충분치 않다는 비난을 면할 수는 없을지라도, 문화의 궁극적 통일의 이념은 그런 의미에서 종교에 그 장소가 남아 있으며, 우리는 유럽문화의 통일과 종합의 계기 또한 그에게서 발견할 수 있는 것이다.[78]

근대문화의 '분열'에 관한 헤겔의 탄식은 그 무종교성에 관한 것이었다. 그런 뜻에서 현대가 재차 종교를 문제로 하고 실제의 운동에서도 학문상에서도 종교적 문제를 받아들이기에 이르렀던 것은 매우 의미 있는 것이라고 하지 않으면 안 된다. 그러나 종교의 부흥은 어디까지나 종교 **그 자신**의 내면에서 행해지지 않으면 안 된다. 종교적 신앙이 종교 그 자신에게는 오히려 **외부**에 있는 하나의 권위로부터, 혹은 한 사람의 정치적 의지로부터 추출되는 것이어서는 안 된다. 그런 뜻에서 종교는 '교회'와 그 권위에 의해 유지되어서는 안 되는 것임과 동시에 '국가'와 그 권력에 의해 지지되어서도 안 된다. 적어도 **그리스도교** ─ 특히 **원시** 그리스도교적 의미에서 종교적이기 위하여 그것은 어디까지나 신에 대한 인간의 직접적 관계로서, 개인의 양심·심정의 깊은 곳에서 이뤄지는 신성과 인간 간의 '매듭religio'에서 구해지지 않으면 안 된다. 동양과 서양을 불문하고 갖가지 변증법과 신비주의에는 그런 점에서 여전히 문제가 있다고 내게는 생각되는 것이다. 이는 그리스도교의 의의 속에서의 절대타자인 신을 논리상의 '부정적'인 것으로 해석해 변경시키는 변증법적 원리에 근본적인 문제가 있다는 생각과 통하는 것이다.[79] 장래 어떠한 세계관과 국가철학이 형성되려 할지라도, 철학은 자유의 신앙과 종교적 비합리성을 위해 고유의 영역을 남기지 않으면 안 되며, 국가는 그러한 자유의 종교적 신앙에 뒷받침됨으로써만 비로소 공고한 세계관적 근거를 획득할 수 있을 것이

---

78 이런 의미에서 칸트를 어디까지나 '근대문화의 철인'으로 이해했던 표준적 저작으로는 H. Rickert, *Kant als Philosoph der modernen Kultur*, 1924(오에 세이치 국역) 참조.

79 Vgl. Rickert, *a. a. O.*, S.214.

다. 이 점에서 근세 종교개혁도 결코 완성되었다고 할 수는 없으며, 오히려 그것을 철저하게 같은 방향으로 거듭 밀고 나가지 않으면 안 된다고 하겠다. 거기서 고대적 이상주의와도 중세적 그리스도교와도 다른 종교적 = 윤리적 사상주의의 새로운 방향이 발견될 수 있는 게 아니겠는가.

이제 유럽문화와 그 정신은 단지 유럽에 국한된 것이 아니며, 하물며 소위 서유럽만의 것도 아닐 뿐더러, 아메리카 및 아시아를 포함해 현대 세계에 널리 삼투한 정신이다. 그것은 눈앞의 우리 생활을 규정하며 우리의 내적 교양의 중요한 요소임을 부정할 수 없을 것이다. 그러한 것으로서 유럽 정신은 슈펭글러[『서구의 몰락』, 1918~1922]가 생물학적 범형에 따라 유기체적 생명의 형태로 사고했던 것처럼, 그것을 만들어냈던 유럽 종족만의 폐쇄적 문화권으로서 일정한 시간에 걸쳐 번영하고 성숙하며 이어 필연적 법칙에 따라 고사하고 몰락해 가는 것이 아니다. 현대 유럽문화의 위기도 그러한 뜻에서 널리 세계와 인류 전체의 운명에 관련된 문제이고, 그것의 극복도 고대 혹은 중세나 동양정신으로의 복귀를 통해 치환될 수 있는 문제가 아닌바, 반드시 과거를 넘어 그 자신의 발전 속에서 형성되지 않으면 안 되는 사항이다.

유럽 정신의 핵심이 실로 그리스도교에 있고, 그 철학적 형성과의 관련에서 근본적 문제가 있었음을 우리는 알았다. 그리고 그리스도교는 단지 유럽의 종교가 아니라 오히려 그 연원에서 동양적이며 나아가 세계관적인 종교이다. 이러한 것으로서 우리나라 장래의 근본문제는 좋든 싫든 관계없이 그런 그리스도교 정신과의 대결에 있지 않으면 안 된다고 생각한다. 그것은 메이지 이래 서양 문화의 급속한 이입으로써 이미 완결된 사정이 아니라, 본질적으로는 아마 금후 몇 세기에 걸치는 과제에 속하고 국민의 정신적 고투와 혁신 없이는 해결할 수 없는 문제일 것이다. 마치 과거의 일본이 천년의 역사를 통해 불교를 중심으로 동양문화와 융합하고 일본불교와 일본문화를 창출했던 것처럼, 우리나라 장래의 주요 문제 중 하나는 진정한 의미에서의 '일본적 그리스도교' ― 그것은 최근에 교회의 합동·통일 운동에서 제창되는 것과는 다르다 ― 의 육성과 새로운 일본문화의 전개에 있다고 생각된다. 그것에 의해 일본이 새로운 의미에서 세계성을 획득하고, 보편적이자 특수적인, 그럼으로써 구체적인 근거를 한층 공고히 하며, 일본국가의 세계정신적 의의의 천명 또한 더욱 심화될 수 있을 것이다. 그럼으로써 나치스 세계관과 종교의 문제는 단지 현대 유럽의, 혹은 단지 독일만의 문제가 아니라 실로 우리나라와 세계의 긴요한 문제임을 상실하지 않게 될 것이다.

가톨리시즘과 프로테스탄티즘

1.

유럽문화를 구성하는 근본계기 중 하나가 그리스도교 — 우리가 그것을 신앙하거나 부정하거나를 불문하고 — 인 것은 일반적으로 승인되어도 좋을 것이다. 그리고 그리스도교가 그 발전 과정에서, 넓게 말해 중세적인 또 근세적인 제각기의 존재형식으로 — 곧 가톨릭주의와 프로테스탄트주의라는 2대 유형으로 구분될 수 있는 것도 이론의 여지가 없다고 생각한다. 특히 그리스도교 성립 이후 그것을 지지하거나 반대하거나에 관계없이 유럽의 국가는 이미 그 종교이념과의 관련 없이는 사고할 수 없었던 것이다. 사람들이 유럽문화 — 특별하게는 종교와 국가의 관계를 논하는 경우, 결국에는 그리스도교에 대해 어떤 태도를 취하는가, 나아가 저 2대 유형에 관해 어떻게 사고하는가에 따라 저절로 다른 견해가 생겨나는 것은 필연적이라고 하지 않을 수 없다.

이 책 『국가와 종교』는 유럽 정신사에 입각하여 문제의 발전에 대해 그것의 객관적 = 문화적 의미 '이해'를 목적으로 한 것이지만, 그런 이해에는 동시에 '비판'이 포함되어 있기에 이미 저자의 '입장'이 전제되어 있다는 것도 이론상 당연하다고 하지 않을 수 없다. 따라서 그런 사정에 대한 비평 또한 평자가 어떤 입장에 서는가에 따라 다른 관점에서 행해지리라는 것은 애초부터 용인되어도 좋은 것이다. 이는 일반적으로 학술의 문제에 대해서도 마찬가지지만, 특히나 사정이 종교적 신앙에 관한 것이니만큼 한층 명료하고도 근본적으로 되어왔던 것이리라.

이 책의 소개 또는 비평으로서는, 재빨리 이시하라 겐 박사에 의해 집필된 것(『제국대학신문』 929호)이 있고, 최근에는 다나카 고타로 교수(『제국학회잡지』 57권 5호) 및 미타니 다카마사 씨(『법률시보』 15권 6호)가 쓴 것이 거의 동시에 발표됐는데, 평자 각각의 입장을 보여주는 것으로서 흥미 깊다. 다나카 교수는 사람들도 모두 다 아는 우리나라에 거의 유일한 가톨릭주의 법리학자로서, 또 이시하라 박사는 프로테스탄트 교회에 속한 그리스도교 역사가로서, 또 미타니 씨는 마찬가지로 프로테스탄트주의 유파에 속하면서도 고유한 입장을 가진 철학자로서 저명한 것은 여기에 따로 쓸 것까지도 없다. 저자가 어느 쪽이나 학문상의 선배·선진에 해당하는 그들로부터 깊이 감명 받았던 것은, 그들이 각기 다른 시각에서이긴 하지만 이 작은 책자의 전모에 대해, 혹은 내용에 대해 그 의미를 헤아려 길어내고 또 권장해 주었던 것이다.

그중에서 미타니 씨의 것은 고매하고 초월적인 글로서 소개나 비평이라기보다는 스스로 칭하듯 하나의 자유로운 '독후감'으로, 거기에는 오히려 그 자신의 사상이 강력한 언어로 말해지고 있는바, 그 으뜸이 되는 뜻은 저자와 지향을 같이 하는 것이라고 말해도 좋겠다. 또 이시하라 박사의 것은 그 자체로서는 비교적 장편으로 자상한 소개이지만, 끝부분에 박사 자신의 전공인 교회사적 입장에서 연구방법상의 문제를 거론하는 것 외에는 개관에 머무르며 신문 서평의 한계를 벗어나지 않는다. 이에 비해 다나카 교수의 것은 형식·내용 모두에서 이 책을 오직 학문적으로 다뤘던 것으로, 일면 저자의 입장에서 이해하고자 애쓰면서도 다른 면에서는 개별 사안을 파고들어 비판과 탐구의 노력을 아끼지 않는다. 거기서는 약간의 의문과 이견이 제출되고 있지만, 그 어느 것이나 저자로서는 변명과 주장의 근거를 갖고서 더더욱 이 책에서의 논증을 지지하면서 어떤 것은 한층 강하게 표현하고 어떤 것은 한층 상세히 설명하는 것이 적당하리라고 생각지 않을 수 없었다. 그리고 그것들 속에는 단지 입장 또는 세계관의 차이만으로는 결정할 수 없는, 입장이나 세계관 그 자체에 대한 반성의 문제가 있다고 생각된다. 그런 까닭에 여기서는 다나카 교수의 것을 중심으로 다른 두 분의 것도 건드리면서 그것들의 문제나 비평에 대한 응답을 짜가면서도, 전체에 있어서는 오히려 적극적으로 가톨리시즘과 프로테스탄티즘이라는 것이 정치사회이론에 대해 어떤 점에서 서로 다른 근거를 갖는가라는 새로운 문제를 추구함과 동시에 프로테스탄티즘 자체가 어떤 문제를 내포하는지를 밝혀 장래의 해결 방향을 제시하고 싶다. 또한 그 경우, 우리나라가 그러한 문제들에 대해 무엇을 기여할 수 있는지, 일본 그리스도교의 장래라는 문제에 관해서도 한 가닥 빛을 이끌어내고 싶은 것이다.

2.

그리스로부터 현대에 이르는 유럽의 정신사에서 국가와 종교의 관계라는 문제는 각 시대 또는 각 국민의 세계관에 따라 다르며, 따라서 필경 각각의 시대 또는 국민의 위대한 개성 — 창조적인 사상가 또는 철학자가 결정적 역할을 맡았던 것은 부정될 수 없는 것이다. 무릇 역사는 그 본질상 그러한 개성의 세계이며, 종교・철학만이 아니라 정치 혹은 국가를 문제로 하는 경우에도, 역사의 원천으로도 비견될 그들을 중심으로 어디까지나 철학이론의 문제로서 고찰해야 하는 것이지 결코 실제의 교회운동이나 정치현상으로서, 하물며 경제력의 발전관계 속에서 논구되어야 하는 것은 아니다. 그리고 우리는 뛰어난 사상가들 속에서 극히 전형적인 몇몇만을 뽑아낼 따름이며, 게다가 그들을 그 사상의 전체성에서 다루는 것이 아니라 어디까지나 당면한 문제를 중심으로 다룬다는 것을 잊어선 안 된다. 이러한 관계를 따라 우리의 과제에 처음부터 '특수연구적인(모노그라피슈)' 취급이 요구되고 있음을 당연하게 이해할 수 있을 것이다. 다만 그럴 때 그들의 사상이나 이데올로기를 시대의 역사적・문화적 배경을 고려에 두고 연구하는 것의 필요성은 말할 것도 없겠지만, 본질적인 것은 어디까지나 문화철학적 관심에서 이데올로기나 이념과 관련하여 그들을 원리적인 문제로 다루는 것임을 유의해 두고 싶은 것이다.

이러한 견지에서 저자는 플라톤, 원시그리스도교, 중세 토마스, 독일 이상주의 — 그중에서도 특히 칸트와 헤겔, 근대정신과 마르크스, 그리고 현대 나치스 등에 대해, 꼭 그 모두를 독립된 테마의 일관된 확대 속에서 다룬 것은 아니지만 저자가 지닌 입장의 중점적 서술 속에서 유럽 정신의 전개를 더듬어 보았던 것이다. 이는 미타니 씨가 받아들였던 것처럼 유럽 2천 수 백년의 정신사적 전체에 걸친 망라와 포괄이 아니라 극히 전형적인 사상체계를 중심으로 삼은 것이며, 그 위에서 그것들의 정신 혹은 사상의 발전 전체를 조망한 것이 아니라 특별히 국가와 종교라는 문제에 한정한 시도였던 것이다. 거기서 저자의 목적은 제각기의 사상체계를 그 구성요소로 분해하고 나아가 그것들의 체계를 전체의 발전 속에서 서로 관련지음으로써 그 각 시대의 세계관이나 시대정신이 어떻게 각기 다른 방법과 체계로 국가와 종교의 문제를 해결하려 했는지, 그리고 그 전체의 발전에 있어 어느 쪽에서 정신의 동질성과 이질성이 식별될 수 있는지, 유럽 정신사의 사상적 계보를 밝힘과 동시에 궁극에는 현재 유럽문화의 위기가 무엇을 뜻하고 그 해결의 방향은 어떤 것인지 드러내 보려는 것이었다.

문제의 그런 설정방식과 연구방법에 관하여, 다나카 교수는 법리학자로서 정당한 권리를 인정받아, 우리나라에서도 일시 극히 유행했던 유물사관적＝사회학적 연구방법과 대비시켜 저자의 문제설정이 정신 자체의 내면적 발전의 필연성에 따른 "이데올로기의 역사로서의 정치사상사에 대한 정당한 요구"임을 시인한다. 그럴 때 다나카 교수는 음악의 비유를 따라 여러 시대 각 사상체계를 연주하는 교향악의 다양한 바리에치온[변주]으로부터, 그 속에서 반복되고 있는 몇 개의 테마와 그것을 관통하는 불변하는 하나의 라이트 모티프[주도동기·주선율]를 읽어내려는 것이다. 생각건대 그것은 정치사상사 내지 이론사의 본질을 올바르고도 아름답게 표현했던 것이라고 말할 수 있을 것이다.

다나카 교수의 그런 지점은 이시하라 박사가 특히 저자의 연구방법을 문제 삼아, 앞서 언급한 모노그라피슈한 방법에 맞서 다름 아닌 **교회사적 사실**에 근거하여 "역사적 과정의 추이를 밝히고 살아있는 현실에 입각한 근본해결의 방법"을 고조시켰던 것과 좋은 대조를 이룬다고 하겠다. 박사의 견해를 따르면 아마도 국가의 이념이란 그 자체로 역사에서의 정신적 실재의 문제가 아닌 것처럼 되며, 따라서 그것들의 연구로부터는 역사적 현실의 근본적인 해결 방법을 기대할 수 없는바, 그것은 다름 아닌 저 콘스탄티누스 황제 이래 특히 신교 성립 이후의 교회와 국가 간 대립·영합·분리·타협 같은 역사적 경험의 사실들 속에서 근본해결의 원리를 추출하려는 것과 같다. 이는 박사가 공교롭게도 교회사 전공자의 각도를 지녔기에 따라 나온 방법론상의 착오라고 해야 하며(그러한 각도와 방법에 의한 별도의 연구와 학문의 성립을 거부하는 것은 아니지만), 그것 자체 평자가 프로테스탄트인가 가톨릭인가에 직접 관계되는 것은 아니다.

뿐만 아니라, 다나카 교수는 이 책에서 행해진 각 사상체계 혹은 세계관의 선택에 대해서도 저자의 입장에서 이해한 상호 논리적 관련을 인정하는 것에 인색하지 않으며(토마스를 독립시켜 상세히 취급하지 않은 것에 대한 가벼운 불만을 표명하고 있긴 하지만), 각 사상체계의 분석과 그것들 간의 상호관계를 음미함으로써 유럽 정신의 '사상계보'적 연구가 지닌 의의를 평가했던 것은 저자가 깊이 경의를 표하는 지점이다. 다만 그 경우 그리스의 플라톤을 택하고 아리스토텔레스를 특별히 취급하지 않은 것을 두고 저자의 주의를 환기시켰던 것에 대해서는 그 이유를 약간 서술하지 않으면 안 된다.

다나카 교수의 설명 근거 중 하나는 플라톤도 아리스토텔레스와 같이 철학적 사유요소나 부합점을 갖고 있기 때문에 마찬가지로 저자의 학적 관심을 충분히 끌 수 있으리라는 점이었지만, 양자는 그 철학 혹은 형이상학의 근본 성격에서 차이점이 있다. 무엇보다도 플라톤이 경험적 존재를 넘어나가 이데아의 세계로, 그러니까 신비적 요소로까지도 육박해가려는 것이었음에 반해 아리스토텔레스는 어디까지나 경험적 사실에 근거해 그것에 내재하는 논리적 연관을 더듬어 보려했던 것이었음을 주의해야 한다. 그것이 특히 국가론 내지 정치학에서 플라톤이 지녔던 탁월하게 이상주의적인 = 당위적인 것이었음에 반해 아리스토텔레스의 논의가 현실적·존재론적 성격을 띤 것임은 누구도 부정할 수 없을 것이다. 그런 사정은 만년의 플라톤이 점차 역사적 경험에 접근해가고 이데아와 현실 간의 융화를 위한 노력을 시도하고 있었음에도 달라지지 않는다. 저『법률국가론*Nomoi*』은 사람들이 상상하듯 근본에서『이상국가론*Politeia*』의 포기를 뜻하는 것이 아니라 여전히 하나의 '작은 이상국가론'임을 잃어버린 게 아니다. 이에 비해 아리스토텔레스의『정치학*Politica*』은 그것이 가령 윤리학과의 연관 속에서 이해될지라도 그리스의 역사적 발전 속 현실의 여러 국가에 관한 연구이고 그것을 지배하는 법칙의 추출이며 그것에 의한 합리적 설명이지 어찌 플라톤적 정신이 희박화된 것이며 내면성이 퇴색되고 있는 것인가.

그 점에서 아리스토텔레스의 철학을 소크라테스＝플라톤의 정통적 계보로부터 점차 이탈해간 것으로, 그리스 본래의 세계관 내지 국가론을 퇴폐로 이끈 것으로 보려는 근래의 해석도 생겨났던 것이다.[1] 저자는 그 정도로 아리스토텔레스를 낮게 보지 않으며, 역시 플라톤을 계승・발전시킨 것으로서, 다른 한편 그렇게 공통의 그리스적인 것을 인지한 것이면서도 종교와 신의 나라를 문제로 하는 한에서 그 둘에게는 비교될 수 없는 것이 있다고 생각하는 것이다. 즉 현실의 세계와 그것에 대해 영원한 질서의 존재를 가리켜 보였던 플라톤주의의 근본확신 사이에는 메울 수 없는 도랑이 가로지르고 있다고 할 수 있다. 그러므로 이후 그리스도교와의 정신적 연관을 고려에 놓을 때 특히 플라톤을 택하여 그리스주의를 표징하게 했던 것은 적당하며 충분한 것이었다고 하겠다. 그 지점에서, 중세가 우선적으로 플라톤을 맞아들여 아우구스티누스처럼 고대철학 가운데 진정으로 신의 자리를 갖는 유일한 철학으로서

---

1   K. Schilling, *Geschichte der Staats-und Rechtsphilosophie*[1938]. (이데 타카시 교수,『그리스의 철학과 정치』[이와나미, 1943]를 참조)

플라톤에 접근했던 까닭도 이해될 수 있을 것이다.

그러할 때, 잘 아는 바와 같이, 또 다나카 교수 자신도 다른 한 가지 반대 이유로 제기하기를 주저하지 않았던 것, 즉 중세 후기에 아리스토텔레스가 받아들여져 토마스 등 스콜라철학의 기둥이 되었던 것은 다름 아닌 아리스토텔레스가 지닌 일원적 형이상학의 방법이 그리스도교적 일신론 및 그 세계관의 체계화에 유력한 논리적 무기를 제공했기 때문이며, 또 자연이나 사회의 여러 과학에 대한 그의 해박한 지식과 정확한 개념 규정이 '앎을 가진 사람들의 교사'(단테) 역할을 했었기 때문에 다름 아닐 것이다. 그것은 가톨릭주의의 철학에 한정되지 않으며, 근세 프로테스탄트주의 위에 서 있는 헤겔 철학의 형성에서도 마찬가지이다. 대개 과거의 성과를 집대성해 질서와 조직을 부여하고 체계적 정리를 이룬 때에는 언제나 아리스토텔레스의 형이상학 내지 논리학이 중요한 계기를 구성해 왔던 것인데, 이는 아리스토텔레스가 그 정신적 내실에서 결코 플라톤주의와 같은 내면성의 탐구·음미와 높은 종교적 이념을 가졌기 때문이었던 것은 아니었다.

3.

이리하여 저자의 관심이 아리스토텔레스가 아니라 플라톤으로, 더욱이 토마스가 아니라 칸트로 응집되어 가는 것은 독자에 의해 널리 간취·관찰되는 바와 같다. 칸트야말로 비로소 중세적 세계관을 그 근저에서 타파했던 사람이고, 그가 인식주관에 근거해 절대적 실재 혹은 초월적 대상에 관한 지식으로서의 '형이상학'의 가능성을 부정했던 때, 그것은 단지 계몽철학에 대한 비판이었을 뿐만 아니라 중세적 리얼리즘에 대한 근본적 저항이었던 것이다. 그는 실로 중세에 대립해 근세 르네상스와 종교개혁의 정신을 종합 — 적어도 그런 종합을 위한 거대한 초석을 구축했다고 말해도 좋다.

그 초석은 우선 새로이 근세 자연과학적 인식의 근거에 입각해 있었다. 그 위에서 어떻게 '자연'이 중세와는 다르게 또 칸트 이전의 근세와도 다른 취급을 받게 되었던가. 즉 중세에 자연은 그 자신에 고유한 진리성을 가진 것이 아니라 언제나 자연으로 하여금 자연이 되게 하는 초자연적·신적 질서의 하위에 종속시켜진 채로 사고되었다. 그런데 르네상스에 있어 자연의 새로운 발견은 거꾸로 그러한 초자연적인 것을 자연 속에서 해소하려했던 것이고, 그에 준하여 여러 갈래로 된 계몽의 형이상학체계가 설립되었던 것이다. 칸트가 보기엔 자연의 객관적 보편성의 확립일지라도 그것은 단지 오성[지성]의 입법에 의해 구성되는 한에서의 세계, 즉 '현상'의 세계 속에서일 따름이며 '물자체(딩 안 지히)'는 인식의 한계 바깥에 있다. 칸트에게 '물자체' 개념이 무엇을 뜻하는가는 별개의 커다란 문제이지만, 적어도 자연·필연의 세계 바깥에서 그것을 넘어 자유로운 '인격'의 세계를 열었던 것은 그 문제에 관계가 없지 않다.

칸트 철학의 기둥은 객관적인 자연과학적 진리 개념과 함께 실로 이 자유의 도덕적 인격 관념이었다. 그것에 의해 중세적 인간관과 그 뒤를 잇는 근세 계몽의 인간관은 어떤 개변을 겪게 되었던가. 즉 중세의 신학적 윤리에서는 종교적 권위에 인간 존재의 기초가 있었고 개인은 전체 속에 놓인 각각의 순서와 위치에 따라 그 존재가 규정되었다. 그런데 르네상스에서는 자연과 함께 새로이 발견된 인간 개념의 한층 더한 계몽철학적 발전의 결과는 어떻게 인간 개인을 세워 우주 만유 일체의 중핵으로서 사고하기에 이르렀는가. 게다가 그것은 실제로는 자연 속의 원자적 낱개 이외의 다른 것이 아니었는데

말이다. 이에 대해 칸트의 인간은 필연의 법칙에 종속된 자연적 존재자로서의 인간이 아니라 내면적인 인격 — 도덕적 법칙에 근거한 의지의 자유로운 주체로서, 따라서 어떤 뜻에서도 타율적이지 않은 '자율성'에서 서게 되었던 것이다. 이는 루터 사상의 계승으로, 그 철학적 형성으로 생각할 수 있다. 왜냐하면 루터에게는 단지 '신'을 신뢰하고 복종하는 것에 자유가 있는 것이지만 칸트에게는 실천이성의 '의무'의 법칙을 경외하고 준수할 때에 자유가 성립한다. 그 경우 루터에게는 신의 '말'에, 칸트에게는 당위의 '형식'에 각각의 규정근거가 놓인다. 그러나 둘 모두 자율의 근저를 인간 개인의 '심정(게지눙)'에서 구하는 것은 마찬가지이며, 그 점에서 중세적 인간관과 확실히 대척되는 위치에 있다고 말해도 좋을 것이다. 그것은 근세적 인간의 이상화 — 르네상스 이래의 인간 개성 개념의 가장 깊은 철학적 정초라고 볼 수 있다. 따라서 칸트의 철학은 모든 걸 제쳐놓더라도 도덕적 자유의 '인격' 철학이었다. 하지만 문제는 그것이 단지 그 지점에 머물렀던 것인가에 있다.

칸트를 '개인주의' 세계관의 범주에 속한다고 보는 것은 다나카 교수가 끌어와 예시하는 라스크 말고도 종래의 법률철학자들이 누차 취해온 해석이다. 저자는 그것이 성에 차지 않으며, 단지 법률철학에만 한정하지 않고 칸트의 체계전체의 구조와 정신으로부터 새로운 해석을 제기하고 싶은 것이다. 이 때문에 우선 그의 도덕철학에서 의무와 의무에 값하는 행복의 종합으로서의 '도덕적 최고선'이 인격의 과제로서 요청되는 사정만이 아니라, 그것과 상호 입각하여 정의와 정의에 값하는 안녕·복지가 종합된 것으로서의 '정치적 최고선'인 영구평화가 실로 정치상의 이념으로 서게 됐던 사정을 해명했다. 나아가 최후에는 칸트의 역사철학 사상 속에서 도덕적 공동체의 이념인 신의 나라와 함께 다름 아닌 순수입헌정의 이념과 세계의 보편적 정치질서가 실로 인류역사의 이념으로 서게 됐음을 논증했던 것이다. 이와 같이 어느 것이나 칸트에게 정치국가의 문제란 사람들이 종종 오해하는 것처럼 개인 인격의 단순한 '수단'이 아니라 오히려 국가와 법률에 고유한 가치와 이념적 의의를 인정하려는 것이었다고 말할 수 있을 것이다.

칸트의 철학과 같은 것을 인격주의인가 공동체주의인가라는 양자택일을 통해 바라보는 것은 불가능하다. 모든 인간은 다른 인격을 갖는 대체될 수 없는 유일하고 독자적인 개성이지만, 그런 개성이 동시에 그가 생활하고 있는 국가사회의 성원이라는 것, 능히 도덕적 개성으로서 살기 위해서는 국가적이지 않으면 안 되며 또 탁월하게 국가사회적이기 위해서는 개성적이지 않으면 안 되는 것, 그 둘 사이의 상관관계, 곧 개인적이고 사회적인 인자로부터 전체를 형성하는 일을 시사했던 것은 칸트만이었다고 여겨진다.

그가 쓴 문제의 『법률철학』에 관한 해석에서도, 국가를 '자기목적自目的an sich selbst Zweck'으로 혹은 초개인적인 '도덕적 인격Moralische Person'으로 보았던 것은 저자의 해석이 아니라 바로 칸트 자신의 말이었다.(이 책 124~125쪽) 그것은 결코 개인 인격에 대한 단순한 수단이 아니다. 국가·법률을 통해 도덕법의 실현을 가능케 하는 '외적 조건'이라는 것은 거꾸로 도덕법칙이 국가·법률의 질서의 실현을 가능케 하는 '내적 조건'이라는 것과 같은 뜻으로 해석해도 지장이 없다. 칸트가 세웠던 '도덕성Moralität'과 '합법성Legalität'의 구별도 그런 관계에서 이해해야만 한다. 합법성 개념은 종종 비평되는 것처럼 결코 '필연'의 법칙에 빠져버린 것이 아니다. 그것은 그의 용어로 말하자면 '내적 자유innere Freiheit'에 대한 '외적 자유äussere Freiheit'의 문제이고, 그 본뜻은 '주관적 자유'에 대한 '객관적 자유'의 문제이다. 여기서 만년의 헤겔이 그 둘을 종합해 인류의 최고형태, 자유의 실현태로서 국가의 이념을 전개하기에 이르렀던 주요 계기를 인지할 수 있을 것이다. 이는 또 칸트가『법률론의 형이상학적 원리*Metaphysische Anfangsgründe der Rechtslehre*』와『덕의 형이상학적 원리*Metaphysische Anfangsgründe der Tugendlehre*』를 짝으로 결합해『도덕의 형이상학*Metaphysik der Sitten*』[1797]으로 만든 것과도 중요한 관계를 맺는다고 볼 수 있다. 독일 관념론의 국가철학은 헤겔에 의해 하루아침에 이뤄진 것이 아니라, 그 기초는 이미 칸트에 의해 놓아졌음을 이해할 수 있을 것이다.

본디 칸트의 국가・법률철학에 계몽적 국가・법률관 ─ 주로 영국・프랑스에서의 자유 사상이 영향을 주었던 것은 사실이며 또 그런 흔적이 남아있는 것은 용인되어도 걸릴 게 없다. '원본 계약*contractus orginalius*'의 관념과 같은 것이 그렇다. 그러나 그의 입장은 계몽적 '자연법' 사상을 훨씬 넘어나가며, 더이상 '계약설'의 의미내용에 멈추지 않고 그것을 전적으로 지양하여 엄밀하게 규정된 실천이성의 자유 이념의 매개를 통해 새로이 '이성법'과 '이성국가'의 개념을 확립한 것이었다.

다만 그럼에도, 거기에는 문제가 남는데, 그것은 결국 칸트가 정치적 국가의 고유한 정초에 불충분했던 이유에 관련된 것으로, 그 이유는 그의 국가가 오직 실천이성의 선천적 법칙으로부터 연역된 순수하게 '이성의 나라'인 '법률국가'로서 추상적이고 형식적인 것에 머물렀던 점에서 구하지 않으면 안 된다. 곧 그런 국가는 여전히 '민족' 개념을 결여하고 현실의 정치적 비합리성에 깊이 기초한 것이 아니면서도, 동시에 아직 문화적 공동체로서의 정신적 내용을 담았던 것이 아니었다. 한 마디로 말하자면 민족적 개성의 정치적 표현으로서의 국가에 관한 이해가 아니었던 것이다. 이를 문제로 삼아 여전히 그것에 휘감겨있는 세계정치질서의 문제에 관하여 칸트에게서 우리가 무엇을 배울 수 있을지를 이 책에서 서술했던 것이다. 그 경우 칸트 철학이 단지 과학적 '인식'과 '인간'관에 대해서만이 아니라 실로 '국가사회'와 '역사'의 문제에 대해서 현재에 여전히 갖는 의의가 간과되어선 안 되며, 저자는 그 의의를 헤겔이 아니라 오히려 칸트에게서 구할 만한 것이 있다고 생각하는 것이다. 이리하여 그의 철학이야말로 중세 가톨릭주의에 맞서서 그리고 근세 프로테스탄트주의 위에 서서 그리스도교적 인생관과 세계관을 구축할 수 있고 또 공고한 철학적 기반이 될 수 있는 것이다.

4.

그런데 독일 이상주의 철학 발전의 역사에서 칸트가 남긴 문제의 해결을 구하면서 헤겔의 철학은 어떻게 수립되었던가. 헤겔의 그것은 독일 이상주의 국가철학의 완성임과 동시에 근본에서 그리스주의와 그리스도교 간의 새로운 일대 종합의 기획이었다. 이런 의미에서 그의 철학은 확실히 중세 토마스의 체계와 서로 비교될 만한데, 이는 단지 신헤겔학도가 주장하는 것일 뿐만 아니라 유럽 정신사를 객관적으로 추적해 사고하는 자들에게 하나같이 인정되는 것이라 해도 좋다. 헤겔은 그만큼 방대한, 근세 최후의 종합체계였던 것이다. 그럼에도 그의 철학은 어째서 맥없이 붕괴의 운명을 더듬어가지 않으면 안 되었던가. 그 계기가 그의 절대적인 국가관에 있었음은 덮을 길이 없지만, 근본에서 그 계기란 종교와 철학, 신앙과 이성의 융합, 바꿔 말해 그의 철학이 그리스도교를 이성적으로 논증한 일개 철학적 신학 혹은 신학적 철학이었던 점에서 구하지 않으면 안 된다.

그런 헤겔 이후 한걸음 나아가 이른바 헤겔 좌파의 인간학적 입장으로부터 다시 마르크스의 경제적 유물사관으로 발전하고, 이로써 진리에 대한 상대주의로부터 니힐리스티슈한[허무적인] 태도로, 동시에 종교의 본질의 전환으로부터 다시 그것의 몰각으로, 특히나 국가이념의 상대화로부터 끝내 그것의 부정적 귀결로 나아갔던바, 어떻게 그럴 수 있었던가. 그것은 주로 서유럽 영국·프랑스의 실증주의정신의 마찬가지로 진리에 대한 상대주의적 입장과, 종국에는 종교에 대한 무관심의 경향과 함께, 정치국가의 단순한 권력적 수단화와 더불어 유럽문화의 근저를 위협하는 커다란 위기로 이끌어갔던 것으로서, 이는 특히 앞선 [세계]대전 이후 백일하에 드러나게 됐던 사실이라고 말하지 않으면 안 된다.

그런 위기에 대항하여 나치스 독일이 새로운 민족적 세계관을 들고 일어나는바, 어떻게 국가공동체의 이념이 전면으로 높이 치켜지기에 이르렀는가. 그러나 그것은 더 이상 절대적 진리 개념이 아니라 비합리적인 인종적 생[명]의 철학을 지반으로 하고, 또한 그 건너편에서 그리스도교가 아니라 거꾸로 고대적 세계의 종교에 결부된 것이 있었던바, 유럽문화와의 결정적 분리의 징후를 마주한 여기 현재 어떤 심각하고도 새로운 문제가 발생하고 있는가. 그런 유럽 정신의 위기와 고투는 이미 우리가 숙지하고 있는 바이다.

현대 유럽문화의 그 위기를 어떻게 타개해야 하는가. 그중에서도 이를 종교와 문화 ― 특히 정치·사회·문화와의 관계에서 어떻게 사고해야 하는가. 근세가 더듬어 찾아 끝내 도착한 위와 같은 위기의 원인이 근본에서 근세 종교개혁에 있다고 보고, 고대가 아니라 오히려 근세를 출발시켰던 중세로 되돌아감으로써 문제를 해결하려 했던 것이 가톨릭주의 본래의 입장인바, 그 이론적 방법이 다나카 교수 등이 내세운 '자연법'의 개념이다. 여기서 말하는 자연법은 말할 것도 없이 근세 자연법 ― '개인주의'적 자연법이 아니다. 그것은 '공동체'적 자연법 ─ 중세의 고유한 자연법을 뜻한다. 생각건대 그것은 근대정신이 귀결했던 곳, 즉 보편으로부터의 낱개[個]의 분리, 전통으로부터의 자유와 독립이 가져온 결과로 갖가지 문화의 대립과 분열로 이끌려갔던 것에 맞서 중세적 보편과 전통을 회복함으로써 문화의 종합·통일을 지향했던 것에 다름 아니다.

토마스로 대표되는 스콜라 철학이 여러 다른 문화들의 통일·조화를 위한 '위계적(히에라르히슈)' 구조를 갖고 그 속에서 일체의 자연적 질서가 초자연적 질서로 결합되게 하는 것처럼, 가톨릭의 자연법 그 자체는 그 위에 더해진 모든 실재의 근원인 신적 예지[사려]의 절대규범으로서의 영구법 아래에 속해지게 된다. 이와 같은 것은 그리스도교 본래의 종교 이념과 그리스적 자연법 개념의 결합으로, 아리스토텔레스가 말하는 발전의 개념을 매개로 하여 신적 절대목적이 자연적 소재를 통해 실현되게 한다는 사고방식에 근거한다. 생각건대 그것은 토마스에 의한 자연법 개념의 새로운 해석으로, 자연적 질서는 이미 그리스·로마의 것과는 다른, 초자연적인 종교적 은혜의 세계의 앞 단계, 신비적 공동체의 자연적 앞 단계로 이해되고 있다. 이런 자연법을 매개로 함으로써 종교적 이념으로부터 흔하게 중세 그리스도교의 사회·국가이론이 도출될 것이다.

인간이성의 과제는 그런 자연법에 포함되어 있는 본래 보편적이고 증명 불가능한 법률 원리를 인간의 행위와 관계시켜 응용하는 것에 있으며, 국가의 높은 임무는 바로 그런 법칙을 채용하고 적용하는 일에 있지 않으면 안 된다. 그런 까닭에 국가는 근세에서처럼 법의 창조자로도 주된 연원으로도 존재하지 않으며, 오히려 국가와 그 법률은 초국가적인 자연법, 나아가 근원적으로는 신의 영구법의 소산으로 사고되는 것이다. 이는 거기서 본래적 가톨릭주의의 '세계법' 이론의 근거가 발견되는 것이므로 근세적 국가·법률이론과는 다른 중세 특유의 사유방법이지 않으면 안 된다. 그것은 자연법을 두고 국가 이전에 부여된 것으로서, 그리고 신의 예지의 법칙이 인간세계에 현현된 질서로서 이해하는 것이다. 이는 그렇게 **전前** 국가적이라는 점에서, 또 모든 시대와 국민에게 보편적으로 타당한 규범이라는 점에서 근세적 자연법과 마찬가지지만, 다른 점은 근세 자연법 개념처럼 주관적 인간이성에 의존하는 것이 아니라 절대적인 신적 계시에 기초한다는 것이다. 무엇에 의해 그럴 수 있는가.

여기 중세적 자연법사상에서 중요한 것은 '교회'의 개념이고 자연법은 신적 계시에 기초한 이성을 교회를 통하여 해석한 것에 다름 아닌바, 결국 무엇이 자연법인지는 교회의 결정에 관계 맺고 있는 것이다. 거기에 근세의 주관적인 개인주의직 자연법에 맞선 객관성의 근거가 놓여 있다고 할 수 있다. 종교개혁의 결과로 생겨났다고 간주되는 근대 사상적 아나키즘에 대한 그들 교회의 보장 근거 또한 거기서 구해진다. 로마＝가톨릭교회의 권위와 역사적 전통이 그 기초였던 것이다. 따라서 가톨릭주의의 '자연적 합리주의'를 근본에서 교회적 신비와 초자연주의에 결합됐던 것이라고 말해도 걸릴 게 없다. 이로써 일반적으로 중세의 포괄적인 사회이론과 그리스도교적 통일문화의 체계가 성립했던 것이며, 상대적인 현실의 사회질서를 수용하고 그것을 종교적 이념과 결부시킴으로써 전체의 조화로까지 이끌어갔던 것이다. 이로부터 당시 이미 정돈되고 완성되어 고정화된 중세 특유의 정치적＝사회적 상태에 적용해 실증적인 국가입법의 합리적 설명이 행해졌던 것이다. 근세 자연법사상이 오히려 주관적 개혁의 원리로서 의미를 가졌던 것에 맞서 중세의 자연법사상이 주로 실정법질서의 정초로서 보수적 역할을 맡기에 이르렀던 것은 그런 이유에서이다.

가톨릭 자연법이란 대개 그와 같은 것이었고, 거기서는 세계적 보편통일교회가 정치·법률이론의 객관적인 기둥으로서, 서로가 얼마나 근본적인 관계를 맺는지 이해될 수 있을 것이다. 저자가 자연법을 '회피'하는 것이 아니라 오히려 그것에 반대하는 이유는, **일반적으로** 자연법의 이론이 무릇 인간의 도덕적·정신적 태도를 문제 삼는 국가사회생활에 단순히 '자연' 개념만으로 대입하는 것이 타당한지 아닌지의 문제, 또 그런 보편타당한 법칙을 통해 정치적 국가생활을 그 역사적 특수성 속에서 이해하는 것이 적당한지 아닌지의 문제는 잠시 제쳐두고서, **특히** 가톨릭 자연법에 결정적인 것이 다름 아닌 교회와의 관계 문제라는 데에 있다. 게다가 그것은 역사적으로 드러나듯 때때로 교회의 불법적 사실 차원의 문제가 아니라 실로 교회의 이론·이상의 문제이다. 그런 견지에서 저자는 이 책에서의 문제를 주로 교회론 ─ 가톨릭의 '교회주의'에 집중시켜 논했던 것이다.

참으로 교회는 그 스스로 고유한 공동체로서, 보편적 그리스도교 사회의 전체 구조의 정점에 위치한다. 국가는 한편으로 아리스토텔레스를 따라 인간의 자연적 본성의 발전에 근거해 인지되면서도, 다른 한편 그 최후의 근거는 신의 계시에 의한 교회신학에 놓이는 것이므로 교회가 필연적으로 국가를 지도하고 국가의 봉사와 종속을 요구하지 않으면 안 된다. 아니, 교회 스스로가 하나의 독립된 법적 = 정치적 질서로서 자기의 주권적 존재를 필요로 하지 않으면 안 된다. 이는 예전의 '신성로마제국'이 그런 사정을 증명하고 또 현재 로마교황청이 그런 사정을 주장하는 것에 의해서도 분명한 것이다. 바로 그런 의미에서 그것은 말의 한 가지 올바른 뜻에서의 '신정정치' '교회정치' ─ 사람들이 그 말을 좋아하든 그렇지 않든 관계없이 ─ 라고 말해지지 않으면 안 된다.

본디 교회라고 할지라도 타락의 상태에서는 아우구스티누스의 이른바 '땅의 나라' — 육[체]의 법칙에 따라 일어나며 그 법칙에 의해 지배되는 악의 사회 — 임을 면할 수 없으며, 또한 국가도 그 자체 반드시 그런 땅의 나라와 동일한 뜻은 아닐지라도 교회가 그 본질에서 땅 위의 '신의 나라'로서 그리스도교 이상사회의 구체적 실현자라는 의의를 갖는 것에 비해, 국가는 본성상 그 자신 비그리스도교적인 어떤 것을 지닌, 따라서 교회에 봉사하는 것에 의해서 비로소 절대적 정의에 참여할 수 있는 것으로 사고된다. 이런 뜻에서 우리가 중세의 교회와 국가의 관계를 아우구스티누스의 '신의 나라'와 '땅의 나라'라는 관념을 통해 대비·상징하게 되는 것은 충분한 이유가 있는 것이다.

그러나 유일 로마＝가톨릭교회의 비의는 위와 같은 정치적＝사회적 질서로서보다도 오히려 여전히 영적＝정신적 공동체로서 인간 영혼을 구제하는 순수하게 종교적인 점에서 구해지지 않으면 안 된다. 그것은 주지하듯 사도 베드로에서 연원한다고 해석되는(「마태복음」 16장 18절)[2] 역사적 전통에 기초해 흥기했고 사제제도와 성례전(새크라멘토)을 불가결한 요소로 하여 존립하는 공동체이며 진리와 은총의 유지·보존 속에서의 그르침 없이 성스런 사도적 결합이다. 그것은 다나카 교수가 설명하듯 단순히 "일반적으로 구제의 확실성 있는 길"로서 위와 같은 의의를 지니면서도 그것 스스로 "땅 위에서의 신의 나라"라는 구체적 실재로서 사고되지 않으면 안 된다. 그런 까닭에 가톨릭적인 신앙을 고백하는 자는 교회를 통해 신의 나라에 속하게 되는 것이다. "교회 바깥에 구원은 없다Extra ecclesiam nulla salus"라는 말은, 가톨릭 쪽에서 해석하듯 "실천적으로 정신적인 가톨릭spiritual catholic임을 요구하는" 것이면서도, 거기서 예시된 구약시대 예언자나 죄 없는 젖먹이나 이방의 철인들처럼 그리

---

2   ["나도 너에게 말한다. 너는 베드로[＝페트로스]다. 나는 이 반석[＝페트로] 위에다가 내 교회를 세우겠다. 죽음의 문들이 그것을 이기지 못할 것이다."]

스도교 이전까지 그것을 아직 몰랐던 자나 자기의식이 없는 자는 문제가 아니지만 적어도 그리스도교 성립 이후를 살며 가톨릭주의를 공공연히 의식적으로 거부하는 자, 곧 **실질적**으로도 "정신적 가톨릭"이 아닌 자는 구제로부터 제외되어야 함을 뜻했을 것이다. 그러므로 적어도 **실질적**으로는 여전히 로마 보편적 교회의 구성원이지 않고서는 신의 나라의 시민일 수 없지 않겠는가.

이리하여 교회야말로 가톨릭주의의 정치사회이론만이 아니라 신학·도덕·철학 ─ 요컨대 중세적 그리스도교 세계관의 핵심을 형성하며, 가톨릭적 세계관의 강점도 약점도 모든 것은 오직 이 교회론에 있는 것이다. 그런데 다나카 교수는 중세적 세계관의 특징을 이렇게 설명한다. "그 무엇도 교회라든가 교황 같은 제도의 의미로 존재하는 것이 아니며, 모든 피조물은 신의 우주 계획 아래 그 세계질서 안에 편입되어 그 범위 내에서 각각의 사물이 제자리를 얻는바, 이성을 구비한 피조물인 인간은 다른 피조물과 다른 특유한 사명을 갖게 되고 인간에 적합하게 자유로이 행동하게 되지만 그 자유가 어떻게 방향설정되어야 하는지를 지시하는 점에 있다." 이리하여 19세기 낭만[Roman]주의자들 또한 우주의 전체성과 통일성을 구하는 지적 욕구에 더해 예술적=미적 요구로부터 가톨릭주의로 개종하고, 가톨릭 그 자체보다도 오히려 우주와 인류가 엮여 짜인 세계질서의 깊이로 침잠했던 것이다. 거기서는 세계적인 것이 직접적으로 보편인간적인 것에 연결되고 우주적인 것과 개성적인 것이 하나로 결합되어 머릿속에 떠올려진다. 그리고 정치사회의 영역에서 그들 낭만주의자들은 한쪽으로 국민정신과 국가공동체의 사상을 말하면서도, 결국은 그들의 우주적인 세계관으로부터, 가톨릭 보편교회를 매개로 하여 일찍이 중세에 그랬듯 유럽의 여러 국민들을 통일·결합함으로써 세계의 보편적 정치조직의 수립을 이념으로 삼았던 것이다. 그것은 중세적인 종교이념의 낭만주의적 변용이고, 그 사상에는 낭만적 요소와 가톨릭적 요소가 뒤섞여 서로 교착하고 있다. 이런 점들에서 다나카 교수 자신이 일종의 낭만주의적 가톨릭 쪽에 서있는지 어떤지는 우리에게는 불명확하다.

스콜라 철학, 그중에서도 토마스의 철학은 종교이념에 의해 인간과 세계의 전체를 포괄하고 지탱하려는 그리스도교적 세계관으로서 어떤 까닭으로 그리스 이래 일찍이 볼 수 없었을 정도의 장대한 통일적 조직체계를 갖출 수 있었던가. 그것은 중세정신의 성과를 가리킴과 동시에 중세사회의 발전의 결실을 그 체계 속에 직조해 넣은 것이고, 그런 기초 위에 그리스도교 자신이 완성했던 문화조직을 수립한 것으로, 이로써 어떻게 중세 천년의 긴 시간 동안 유럽의 민족들은 하나로 결합되고 그 문화와 사회는 유지되어 왔던가. 그것이 실로 인류 역사의 위업과 경이였던 것을 두고 저자는 칭찬에 주저하지 않으며, 이에 관해서는 다나카 교수가 승인할 수 있도록 다른 기회에 조금 서술해보았던 것이 있다.[3]

그러나 그 광대한 스콜라 철학체계도 실제로는 이질적인 여러 문화의 교묘한 결합·조절이고, 때문에 거대한 지적 소산에 다름 아닌 것이었다. 그 실행에 있어 무엇보다도 그리스도교 그 자체는 오히려 이질적인 요소의 영향과 지배 아래에 서게 되었던 것이다. 우리는 그중에서도 그 체계 전체의 정점 또는 중핵을 형성하는 '교회'를 택해 생각하는 것이 무엇보다도 적당하리라고 본다. 원래 교회가 의거해 서있는 전통 — 베드로에서 연원한다고 전제하는 성서의 해석이 성립할 수 없는 것이고 한다면(주지하듯이 그러한 연구와 문헌은 다수 있다), 가톨릭교회와 그 신앙이 근저로부터 붕괴하게 되는바, 그런 사정을 여기서 다

---

3   『国家学会雑誌』第57卷 2号, 堀豊彦, 『中世紀の政治学』[이와나미, 1943]의 소개비평을 참조.

루지는 않는다. 또 그것이 그리스도교에 본래적인 사랑의 공동체로서의 '신의 나라'라는 이념보다는 오히려 교황의 권위를 중심으로 하여 고대 로마적 정치 요소가 전면에 결성되었던 것이었음 관해서도 여기서는 더 이상 논술하지 않는다.(이 책 76〜79쪽 참조) 다만 교회가 그 가시적 조직으로서 지니는 외적·통일적인 권위는 종교의 내적인 과정이 지배조직을 향한 복종을 승인한 결과가 되게 하고, 그때 각각의 사람들은 오히려 가시적으로 보이는 전체적 조직 속으로 편성되어 그 관절이 되는바, 거기서는 더 이상 진정으로 인격의 자유로운 힘이나 세계에 맞선 자유 혹은 창조적 태도는 생겨나지 않을 것이다. 왜냐하면 가톨릭의 현존하는 지배질서조직과 본래 내적 생명에 대해 갖는 살아있는 그리스도교 신앙 간의 모순은 언제까지라도 해결될 수 없을 것이기 때문이다.

또한 그 순수하게 종교적인 내실에 있어서도 교회가 감성적인 수단을 통해 초감각적 세계를 표현한 결과, 그것에 얼마나 많은 고대적 종교나 동방적·마술적 요소가 받아들여지고 있는가. 거기서 행해지고 있는 다양한 성례전은 그런 수용 없이는 도저히 성립할 수 없는 것이다. 참으로 "성례전은 단지 상징에 머물지 않고 은총으로 작용한다non solum significant, sed causant gratiam"(Thomas)[『신학요강』]라고 하여 신비적으로 파악하게 될 때, 마술에 빠지지 않으려는 것은 거의 불가능한 일일 수밖에 없다. 그런 수용은 풍부한 예술적 기분과 장대하고 화려한 아름다움을 가톨릭교회에 부여했던 것이지만 동시에 여러 종교적 미신과 오류의 인자를 만든 것이기도 했다.

그것들에서 그리스도교 순수복음주의의 변질·전환 — 학자가 말하는 '성격전환'(트뢸취)을 인정하지 않으려야 않을 수 없다. 그럴 때 그것을 측정하는 기준은 이 책에서 우리가 논구했듯 '원시 그리스도교' — 주로 예수의 인격과 가르침에서 구하지 않으면 안 된다. 단지 프로테스탄트들 사이에서만이 아니라 역사나 철학의 세계에서 널리 사용되는 원시 그리스도교라는 단어는 그리스도교가 문제가 되는 경우 언제라도 귀환하여 스스로의 생명과 힘을 길어올리지 않으면 안 될 원천이다. 이를 지향하여 대두했던 것이 근세 '종교개혁' 운동이고, 그것은 무엇보다도 엄격한 도덕적 자율의 개성과 그 개성의 혼의 자각을 필요로 했지만, 동시에 예리한 과학적 양심과 역사비판을 전제로 했다.

그것을 중세에 문화의 정점에 서서 인도하며 그 전체를 지탱했던 것은 교회이고, 철학도 과학도 진리와 가치의 일체가 교회에 의해 판정되고 또 보증되어왔던 것이다. 교회는 문화 작업에 관하여 어느 정도의 독립을 허락해 종교는 단지 전체의 지도적 임무를 맡는다는 요청 위에 섰던 것이지만, 원래 종교 스스로가 그 조직적 체계를 통해 문화 위에 군림하고 독자적인 문화를 만들려고 했던 한에서 일반적으로 문화의 협소화와 과학적 정신의 구속을 수반하지 않을 수 없었다. 스콜라 철학이 곧잘 그리스철학 ─ 플라톤이나 아리스토텔레스를 포섭하고 그로써 신앙과 이성, 초자연과 자연의 형이상학적 종합을 기도할지라도, 절대적 진리는 이미 로마＝가톨릭교회의 교리(도그마)의 소유로서 자명한 것에 속했던바, 이를 그저 논증하고 합리화하기 위한 학문이 스콜라 철학이었다. 그것이 아무리 성스러운 역할이었을지라도 '신학의 시녀 ancilla theologiae'로서의 위치에 있었던 것은 널리 인정되는 사실인 만큼 그 진실성은 부정될 수 없는 것이다. 여기서 우리는 그런 시녀의 위치로부터 철학과 과학이 스스로의 독립을 요구하면서 그리스적 인간 이성의 자율과 '진리를 위한 진리'의 가치를 주장하고 근세 '문예부흥(르네상스)'의 일대 운동을 거세게 일으켰던 역사적 필연에 눈을 떼서는 안 된다. 중세적 자연법이 그 초자연적 질서로의 종속에서 몸을 해방해 이윽고 다시 고대적 자연법 개념으로 부흥하기에 이르렀던 것도 그러한 의미연관 중 하나에 다름 아니다.

국가가 종교적 절대목적 아래 예속되고 위계적 질서를 통해 조심스레 교회에 봉사하는 동안, 어떻게 정치적 = 역사적 현실이 무시되고 고유한 윤리적 공동체로서의 국가의 자율이 몰각되었던가. 토마스가 설령 법과 국가를 실천적 목적의 학[문]으로서 수립하려 했을지라도 법은 끝내 신적 계시의 법칙에 의존하게 되었으며 국가의 권력은 교회신학의 규정에 정초되었다. 이와 같이 가톨리시즘이 가진 내적 및 외적 조직의 모순에 따른 결과로서, 가톨리시즘은 한쪽으로는 종교 그 자체의 '정치화'를 가리킴과 동시에 다른 쪽으로는 정치의 '종교화'를 뜻하는 것이 되는바, 그 둘의 **타협**은 전적으로 '교회'라는 고유한 조직에 의해 비로소 가능하게 된 것이다. 중세 역사는 한쪽 면에서 보면 그런 교회적 국가의 통일의 역사인 동시에, 다른 쪽 면에서 보면 그런 교회적 국가에 맞선 국가주권의 항쟁의 역사였다. 그리하여 최후에 교회로부터의 국가의 독립과 국가존재의 이유가 고조되고 고대의 국가이상이 쇄신되기에 이르렀던 것은 이상하게 여겨질 게 없다. 그것은 광범위한 르네상스 운동의 한 갈래 흐름으로 이해되어야 할 사정이다. 이제까지 전적으로 교회신학과 스콜라 철학의 구성을 위해 이용되어왔던 아리스토텔레스 철학 그 자체에 대한 연구가 개시되고, 그의 정치학 방법에 기초해 그의 길을 더 밀고 나간 마키아벨리가 대담하게 근대국가의 탄생을 고지하기에 이르렀던 것은, 가령 그에게 아무리 지나쳐 보이는 점이 있을지라도 위와 같은 의미연관 속에서 사고될 때 이유가 없지 않은 것이다. 그것은 한쪽으로 중세적 그리스도교 문화 특유의 체계가 내포한 모순의 드러남인 동시에, 다른 한편 중세적 보편사회가 동요하고 그 통일·조화가 파괴됨으로써 발생한 많은 대립들과 분화, 특히나 근세 여러 민족들의 발흥을 뜻하는 것이었다.

그렇다면 종교개혁의 결과 프로테스탄티즘은 위와 같이 발생했던 근세 민족적 국가생활에 대해 어떤 태도를 취했고 중세적 사유방법을 대신해 어떤 구성을 지향했던가. 나아가 우리 자신은 그 문제에 관해 어떻게 사유해야만 하는가. 그것이 우리에게 남겨진 과제이다.

5.

근세가 문예부흥(르네상스)과 종교개혁(레포마치온) 간의 경합에 의해 그 막을 열었던 것은 매우 중요한 의의로 인정되어야 한다. 본디 그 둘은 본질에서 전혀 다른 정신에 기초하여 수행됐던 것으로, 문예부흥이 고대 그리스문화로 돌아가려고 하는 이른바 '인문주의Humanism'의 주장임에 대해, 종교개혁은 원시 그리스도교 그 자체로 되돌아가려고 하는 순수하게 종교적인 요구였다. 그럼에도 그 둘은 중세에 맞서 마찬가지로 고대로 복귀하려했던 것인 한에서 거기에 공통의 계기가 없는 것은 아니다. 생각건대 르네상스에 의해 고양된 휴머니즘적 자유의 정신은 사람들에게 종교생활에서의 자유와 비판의 능력을 사람들 각자에게 의식시켰다. 이 점에서 우리는 성서의 근대어 번역 사업과 자유로운 토론·연구를 둘러싼 에라스무스와 루터의 관계를 떠올리는 것만으로도 충분할 것이다. 그러나 무엇보다도 저 두 개의 정신운동을 공통적으로 만드는 것은, 르네상스는 주로 교회의 외부로부터이고 종교개혁은 교회 내부로부터이지만, 어느 것이나 가톨릭교회에 대항하여 스콜라 철학의 종합·통일과 중세적 보편주의를 부정했다는 것이다. 그리고 그때 더욱 적극적으로 양자를 단단히 결속시켰던 것은 실로 '인간'의 관념이었다고 할 수 있다.

르네상스의 운동에서 새로운 것은 그런 인간주관의 발견이고, 자기의 심적 기분을 스콜라 철학의 번쇄한 도식이나 사유방법으로부터 독립적으로 표현한다는 것, 이를 통한 인간 본성의 자유로운 성장과 완성이라는 것이었다. 거기서는 이미 인간인격의 적극적이고 자주적인 힘의 긴장이 보인다. 그렇지만 인간주관의 자기 자신으로의 침잠을 통해 아무리 인간성을 풍부하고 순일하게 고양했다고 할지라도 그것만으로는 아직 주관적인 인격개성의 자각을 기대할 수는 없다. 그 때문에 주관의 깊은 심부에서 자기의 자연적 이성의 힘으로는 어쩔 수 없는 인간성의 모순과 상극을 의식하는 곳, 거기서 그저 자연인간적이기만 한 것을 넘어 초인간적인 절대적·정신적인 것에의 자각에 도달할 필요가 있다. 이는 인간의 내면적 전환 혹은 근본적 갱신의 길이고, 그것이야말로 종교개혁에 의해 완수되었던 것이다. 중세를 통해 사람들의 마음이 스스로 알지 못하여 오래도록 구해왔던 것은 문예부흥이 아니라 실로 그런 종교개혁이었던 것이다. 다시 말해 그리스적 학문 및 예술에 의한 고전적 교양의 재발견의 기쁨이 아니라, 일체의 구속으로부터 놓여나고, 값없이 인간을 죄로부터 구하며,[4] 인간 개성의 혼을 자유롭게 하는 것, 고대와 같은 순수한 복음의 기쁨이었던 것이다. 그리고 그것은 근세적 인간 ― 르네상스에 의해 발견되었던 인간 관념의 새로운 종교적 갱생과 내면화이다. 루터가 지닌 신앙의 핵심은 그것 외에 다른 게 아니었다.

루터Martin Luther(1483~1546)의 신앙에서 새로운 것은 신과 우리 인간 사이의 직접적인 결합이다. 각각의 사람들에게 신의 은총을 주기 위해서는 더 이상 중세와 같은 사제제도와 교황의 권위라는 매개를 필요로 하지 않는다. 단

---

4 [이 한 구절의 전거는 다음과 같다: "주께서 말씀하신다. '너희가 값없이 팔려갔으니 돈을 내지 않고 속량될 것이다.'"(「이사야」 52: 3); "사람은 그리스도 예수 안에 있는 속량에 힘입어서 하나님의 은혜로 값없이 의롭게 해주심을 받습니다."(「로마서」 3: 24)]

지 성서의 '말'을 통해 사람들이 그리스도에 의해 직접적으로 새로이 갱생되는 인격의 결합관계를 중심에 둔다. 그것은 신의 은혜에 대한 사람들이 지닌 혼의 절대의 신뢰를 중핵으로 하는바, 특정한 사제가 주관하는 성례전을 요건으로 하지 않으며 또 사람들의 도덕적 노력의 성과라는 선행을 조건으로 하는 것도 아니다. 무엇보다도 인간의 '양심', '심정'의 문제로서 순수한 심정의 도덕이기에, 그런 신앙은 최고의 도덕적 요구인 동시에 그 자체 신의 은총인 것이다. 거기서는 각각의 사람들이 신 앞에 스스로 책임져야 할 것으로 서며, 신의 구원의 은총은 직접적으로 각 개인이 체험해야 할, 그럼으로써 자기의 고유한 인격과 개성의 의식이 그 근저를 이루게 되는 것이다.

거기에 말의 깊은 뜻에서의 '개성'의 개념, 인격의 '자율'의 근거가 있다. 이들 개념의 엄밀한 철학적 구성은 후일의 칸트를 기다려 비로소 가능하게 되었지만, 정신내용적으로는 이미 루터에 의해 발견되었다고 해도 틀리지 않는다. 이로써 우리는 벌써 중세의 밖에 서고, 가톨릭적 세계관과는 근본에서 갈라지게 되는 것이다. 여기서 중세적 세계관을 진정으로 극복했던 것이 문예부흥이 아니라 종교개혁이었음을 알게 된다. 왜냐하면 르네상스 자체는 어떤 의미에서 중세와의 양립을 방해하는 것이 아니고 종교에는 직접적인 관계가 없었으며 중세 문화 속에서 이미 배양되어왔던 것으로 해석될 수 있는 것임에 대해, 종교개혁은 그리스도교 내부의 문제로서 종교 그 자체의 분열을 뜻하며 그렇게 로마＝가톨릭교회의 존재를 근저로부터 동요시키기에 충분한 것이었기 때문이다. 이제는 자기가 승인하는 영원한 진리를 따르는 것 외에 어떤 타율적 권위에도 굴하지 않는 개인의 혼이 핵심인바, 그것은 문예부흥에 의한 고전적 교양의 결과가 아니라 성서적 복음의 진리에 대한 신앙과 도덕적 의지력의 발견이었던 것이다.

그렇다면 루터의 사상은 거듭 사람들이 오해하듯 개인주의에 머물렀던 것인가. 단지 개인의 심정을 문제로 하고 '오직 신앙만을 따라sola fide'[5] 일체의 행위와 업적을 문제시하지 않았던 것인가. 애초에 그 둘의 결합 혹은 연관은 어떻게 사고될 수 있을 것인가. 루터는 말한다. "보라, 신앙으로부터 기쁨과 신을 향한 사랑이 흘러나온다. 그리고 사랑으로부터 자유로운 기쁜 생활 — 이웃을 향한 봉사 — 이 흘러나온다." 신앙 자체는 아무런 도덕법칙도 요구하지 않는 것이고, 그 점에서 그의 윤리가 지닌 일견 '세계무관심'적인 성격도 단지 행위의 동기에 관한 것이었던바, 그렇게 신앙의 열매로서의 사랑과 선한 행위가 생겨나는 바로 거기서 세계와 동포에 이르기까지의 적극적인 세계관계를 가져오지 않을 수 없었다. 루터가 '그리스도인의 자유'라고 칭했던 것은 아무런 매개를 요구하지 않고 사람들 각자가 직접 신에 결속됨과 동시에 그런 자유로운 개인이 상호간 사랑을 통해 봉사함으로써 성립하는 관계에 다름 아니었다.

따라서 그의 윤리는 개인주의 윤리와 같이 단지 '자기성화聖化' 또는 '자기완성'을 위해서가 아니라, 신의 사랑이 이웃들 사이에 행해지고 신의 의지가 세계에 실현됨을 목적으로 한다. 여기서 '이웃'이란 단지 그리스도에게 있는 신앙의 형제만이 아니라 현실에서 이웃해 있는 자, 곧 사회 속에서 살면서 다른 서로를 필요로 하는 '동포'를 뜻한다. 그러므로 모든 사람은 세간을 초탈함 없이, 승려라고 하더라도 출세간 및 금욕의 일을 행할 필요 없이, 오히려 세간에 머물고 그 속에 있으면서 세속 현실의 생[명]과 직업에 대한 싸움으로써 신과 이웃에 봉사할 수 있는 것이다. 그렇게 루터가 기본으로 삼는 신앙에서

---

5   [솔라 피데. 종교개혁의 표어 중 하나. '오직 그리스도에 대한 믿음으로만' 의롭다함(are justified)을 얻음. 또는 이신칭의(以信稱義)]

행위의 의무가 생겨나며 개인적 심정의 도덕에서 사회공동체의 윤리적 규범이 도출될 수 있세 되는 것이다. '세간' 혹은 '세계'는 모든 그리스도인이 사랑의 마음과 책임의식으로 채워야 할 신성한 장소가 되며, 이로써 각각의 현실 속 직업은 신에 봉사하는 귀한 '사명' 또는 '천직'이 되는 것이다.

그러한 장소로서 가족, 사회, 세속의 직업, 그중에서도 국가적 공동체와 정치적 활동의 생[명]이라는 영역이 거론되어야 한다. 루터에게 국가는 인간의 복지 혹은 질서유지를 위해 사회공동생활의 조건으로서 그 의의가 승인된다. 그리고 신은 이성을 통해 그것들을 처리할 수 있을 소질과 능력을 인간에게 주었고, 그런 뜻에서 국가는 자연법적 이성의 소산이라고 할 수 있을 것이다. 여기에 자연법에 대한 루터의 새로운 해석을 구성하는 원인요소가 있다. 그것은 더 이상 중세와 같이 신적인 영구법의 이전 단계로서가 아니라 인간에게 내재적인 이성적 규범으로 사고된다. 그런 까닭에 국가권력의 타당성은 궁극에서 초자연적 은혜의 질서가 인증하는 것이기보다는 그 자체 자연법적 이성의 요구로서 승인된다. 거기서는 그런 승인을 통해 실증적 현실질서를 시인하는 보수적 자연법론의 경향이 보인다. 그 귀결에서는 중세와 같은 것이었지만 더 이상 그 이론의 구성에서는 중세와 다른 것이 있다.

나아가 루터에게는 인간의 자연적 이성의 작용 속에서 동시에 신성이 인지되고 있고, 따라서 그 자연법사상은 인간 이성 속에서 신의 계시를 보려는 것인바, 그렇게 자연적 이성질서와 그리스도교 정신 간의 내적 결합이 전제되고 있다. 그런 뜻에서 루터에게 국가는 그 자체 신적 성질을 가지며, 신이 국가를 건립했을 뿐만 아니라 그것을 지탱하고 인도하는 것이라고 해석되지 않으면 안 되는 것이었다. 이리하여 역사적 국가생활에서 신적 의지의 계시가 인정되며, 국가는 더 이상 중세처럼 교회의 지도 아래 도덕적 가치와 과제를 떠맡아야 하는 것이 아니다. 그 자체 신적 제도로서 독립한 도덕적 의무를 가는 것으로서 국가의 역사 속에는 신적 섭리가 승인되기에 이른다. 이에 국가의 권위는 근세 자연법사상이 주장하듯 인민의 개인적 의지에 의존하는 것이 아니라, 결국 신으로부터 부여된 권위로서 그 신적인 의지에 따라 행사될 것이 요구된다. 곧 국가의 권위는 그 자체 신을 대표하고 신에 의해 설립된 것으로 해석되는 것이다. 이것이 통상 루터적 국가관이라고 칭해졌던 것이다. 이는 중세처럼 초자연적 질서로서의 교회가 지닌 권위의 지도에 복속되는 것이 아니라 인간이 어디까지나 자연적 생활질서로부터 이탈하지 않고 오히려 그 속에서 그것을 적극적으로 도덕적 행위의 대상으로 삼는, 아니 그 자신이 하나의 인륜적 공동체가 됨을 뜻한다. 이 점에서 자연법사상은 루터에게서 승인되는 것 같으면서도 중세적 자연법과 다른 것임은 물론이고 근세적 자연법과도 서로 다른바, 결국 자연법사상 그 자체가 초극되고 있다고 해석되어야 한다. 여기로부터 헤겔의 이성국가 혹은 객관적 정신으로서의 국가 관념까지는 이제 한 걸음 밖에 남지 않았다고 할 수 있을 것이다.

이러한 국가의 관찰은 자연스레 교회와 국가 간의 관계에 일대 변화를 가져오지 않을 수 없었다. 아니 오히려 교회 그 자체에 대한 관찰의 변혁이 근본 원인을 만들었다. 루터에게는 '보이지 않는 교회'가 유일한 참된 공동체로서 파악되지만, 그럼에도 그에게는 동시에 '보이는 교회'라는 관념이 있었고, 인간 구원의 확실성은 그런 교회에서 설해지는 신의 말씀에 따른 매개에서 구해지지 않으면 안 되는 것이었다. 그러나 더 이상 가톨릭교회와 같은 역사적 전통과 스콜라철학적 교리가 중심이 아니라 오로지 성서가 중심이며, 그렇게 신의 말씀이 교회의 객관적 기둥이 되는바, 이제 교회란 '말씀' 속에서의 신적인 작용을 통한 계시에 기초된 새로운 종교적 인격교호관계의 영적 공동체를 뜻하게 된다. 그것은 가톨릭교회처럼 로마교황의 권위를 중심으로 한 위계적이고 고유한 조직원리를 갖지 않는바, 루터에게 '신자는 모두가 영적인 사제'이고 그렇게 각각의 기독자들은 평등하며, 각각의 인간과 신 사이에는 그 어떤 제도적 중매자도 받아들여질 여지가 없다.

이처럼 교회 개념의 심화 또는 한층 더한 내면화는 현세적 권위로서의 이른바 세속적 국가의 칼을 영적 권능으로서의 교회의 칼 아래 두는 것을 배척한다. 아니, 교회의 영적인 칼은 더 이상 그 자체 이 세상의 힘을 상징하는 것으로서의 칼임을 인정하지 않는다. 교회는 오로지 복음을 선언하고 죄를 사면하는 순수하게 영적인 구제의 임무를 맡고 국가는 현세적＝세속적 생활의 영역에 한정된다. 그리하여 그 경우 인간의 도덕적 생활은 새로이 국가의 영역이 되어 도덕적＝정신적 훈련은 국가의 과제로서 승인된다. 이로써 가톨릭교회처럼 그리스도교의 종교적＝도덕적 이념이 교회를 통해 법적 규범화되는 일은 없어지는바, 루터는 교회를 어디까지나 순수복음의 자유 위에 놓고 국가를 자연법적인 혹은 이성법적인 도덕법칙의 기초 위에 놓았던 것이다. 이렇게 그 둘은 함께 더불어 비가시적인 교회인 신의 나라라는 이념으로 이어진다.

그러나 위와 같은 교회의 개념은 루터에게 철저하지 않았던바, 사제직의 권능과 그 자신의 질서의 설정에서 그리고 다른 교회조직의 재정적·기술적 유지 등에서 인간적 사업의 요구와 합목적적 수단이 용인되었고, 그렇게 다시금 그 자신 하나의 교리적이고도 법적인 교회제도로서 설립되기에 이른 것이다. 여기서 르네상스에 의해 새롭게 흥기했던 신학자와 국왕이 교의의 보호와 복음의 선포에 관한 보조·감독의 지도적 지위를 점하게 되고, 그렇게 '국교회Landeskirche'의 관념을 낳게 된다. 거기로부터 교회는 국가의 통치적 지방교회를 뜻하게 되고, 국가권력과 종교적 정신 간의 결합에서 이뤄지는 그리스도교 사회의 이념을 요청받게 된다. 이는 그 본질에서 일단 분리된 교회와 국가가 다시금 결합하여 중세와는 다른 의미와 방법을 통해 종교적 통일사회의 이념을 내걸게 되는 것으로 이해해도 지장은 없다. 즉 그 이념은 위계적 순서로서가 아니라 교회와 국가 간의 타협, 그 둘이 맺은 '자유의 협약'에 기초한 것이었다. 그러나 교회에 대한 국왕 및 제후의 보조적 지도·감독이 실제적 정치간섭의 권능으로 변경되는 것은 지극히 쉬운 길이었다. 거기서 중세의 '교회국가주의'와는 다른 새로운 '국가교회주의'의 전형이 성립됐던 것이다. 루터가 말하는 교회의 의의 및 그것에 내포된 모순에 관해서는 뒤에서 논하기로 한다.

그럼에도 루터가 일단 교회를 순수하게 내면화하고 교회가 고유한 권위조직임을 부인했던 것은 교회를 정점으로 한 가치의 위계적 = 보편적 통일질서의 붕괴를 뜻하며, 그것은 근세 가치체계의 자율과 독립의 계기를 만들었다. 즉 중세는 초자연적 질서 아래 일체의 자연과 사회를 가치단계적으로 질서화하는 것이었지만, 이제 자연과 사회는 그 자신 스스로의 세계를 개척하는 것을 거부하지 않는다. 루터가 수도원 생활을 떨치고나와 스스로 사제직의 몸으로 솔선해 가정·결혼생활에 들어갔던 한 가지 사례를 생각해보자. 세계의 모습이 일변했던 것이다. "세계 전체가 신성해지며 거기서 부정한 것은 제거되었다. 이 세상은 그 모든 사명으로 인해 주의 포도원이 되고 신의 성전으로 화하며, 그 속에서 우리는 성령과 진리를 통해 신에 봉사할 수 있게 되었던 것이다."(좀[Som]) 여기서 새로운 인생의 이상이 시작되며, 이제 사람들은 안정 속에서 자신의 주위에서 진리와 미에 대한 새로운 환희를 발견하고, 종교적 절대가치의 지배로부터 독립하며, 그렇게 일반적으로 인간문화적 가치의 수립을 향한 길을 걸어갔다. 거기서 로마교회적 문화로부터 탈각한 근세 과학적 운동의 내적인 조건이 만들어지고 새로이 자연에 대한 인간의 지배가 정초되며 과학과 예술 각각의 영역에서 자율적 체계의 수립과 완성을 지향할 수 있었다. 그리고 그것은 말할 것도 없이 루터가 출현하기 이전 이미 문예부흥의 운동으로서, 중세의 신학적 = 형이상학적 세계관 및 교회적 규율의 구속에 대항하여 자연적 경향의 발전과 세속 현실 속에서의 기쁨으로 충만한 생활이상에 의해 개척되고 준비되어왔던 것이다.

그런 연관 속에서 우리가 반대로 돌이켜 정치적 국가생활에 관해 생각할 때, 거기서는 정치에 고유한 원리의 정립, 바꿔 말하자면 국가적 자율을 향한 새로운 계기가 인정될 수 없는 것이겠는가. 루터가 국가의 자연적 혹은 이성적 질서에서 동시에 신적인 고유의 법칙과 신성의 내재성을 인정하고 특별히 군주적 통치에 복종한 것을 사람들의 도덕적 = 종교적 의무로서 칭찬했던 것은 흡사 르네상스 시기 마키아벨리에 의해 제시된 근세주권국가와 그 군주주의의 내면적 = 정신적 뒷받침 혹은 종교적 = 도덕적 정초로 이해될 수 있을 것이다. 실로 르네상스에서 새로이 발견됐던 것은 인간 개성의 개념과 더불어 그러한 정치적 국가의식이었던 것이다. '인간' 존재와 '국가' 존재 각각의 정신적 정초와 그 위에서 양자의 관계를 어떻게 관련지을 것인지는 이후 근세를 통해 철학의 근본과제가 되었다. 이리하여 주목해야만 하는 것은 루터에게 그 양자가 서로 반정립되는 일 없이 함께 공존할 수 있었다는 것이다. 그는 사람들이 종종 이해하듯 결코 개인주의자가 아니었다. 역설적으로 말하면 그는 철저한 개성주의자였고 그렇기에 능히 공동체 사상의 철저한 주장자일 수 있었던 것이다.

바야흐로 사람들 각자가 국가적 질서 속에 편입되고 그 사회적 관계를 그리스도교 정신을 통해 스며들게 하고, 내면화하고, 그럼으로써 정치적 국가생활을 높은 정신적 가치생활로까지 고양하는 의무를 설한 것은 실로 루터였다. 다만 그의 국가사회윤리 사상의 특색이 신앙과 사랑의 종교적 심정에 의한 자연적 = 이성적 질서의 긍정과 수용에 있었음은 부정할 수 없다. 따라서 그 세계긍정의 성질은 능동적 = 적극적이라기보다는 오히려 수동적 = 조화적이고 정치사회이론으로서는 아직 체계적 구성을 부여받은 것이라고 말해질 수 없다. 루터의 위대함은 철학자로서가 아니라 혹은 어쩌면 신학자로서도 아닌, 어디까지나 한 개성을 지닌 신앙인으로서였다. 그런 까닭에 그에게서 우리가 읽어낼 수 있는 것은 하나의 정돈된 조직적 체계가 아니라 오히려 살아있는 신앙의 체험과 생[명]의 태도이다. 그의 정치사회이론에도 교회론과 마찬가지로 많은 모순과 문제가 있음을 부정할 수 없지만, 동시에 그런 만큼 거기에는 근세 국가사회생활의 새로운 요소와 고유한 사유방법이 함유되어 있다는 것을 간과해서는 안 된다.

나아가 루터의 근본 사상에서 더 적극적으로 국가사회도덕의 형성원리를 연역해낼 수도 있을 것이다. 왜냐하면 그가 말하는 신앙에서는 지체 없이 그 표명으로서 행위가 발현하며 그것이 세간 속에서 작용하게 될 경우 결코 단순한 수용에 머물지 않고 현실의 사회와 실증적 질서에 대한 비판 혹은 개혁의 힘이 되지 않을 수 없기 때문이다. 바꿔 말하자면 루터는 주어진 질서에 대한 단순한 긍정과 수용자로 종종 이해되어왔던 당시 농민적 중산계급의 군주주의적 정치사회 사상에 더 이상 머물지 않으며, 그런 연관에서 이후 독일 복고주의(레스타우라치온)의 운동에 응용되어 사고된 보수주의의 이론에 머무는 것이 아닌바, 루터에게는 더 나아가 정치사회제도를 이성의 비판 아래에 세우고 개혁하려는 도래할 시대의 요구에 부응하는 것이 있었다. 그리하여 루터에게 종교적 심정의 생활로부터 발생한 도덕과 지식의 새로운 생활이상을 지탱했던 지점들은 다름 아닌 정치적 사회조직 속에서 주어지고 있다. 정치적인 결합 및 국가적 사회질서를 통해 매개됨으로써 신으로부터 각각의 사람들에게 주어진 사명이 실현되고 사회적 활동의 조직이 가능해질 것이었다. 이 정치적＝국가적인 것이야말로 신앙에서 흘러나온 이 세상 속에서의 행위의 '장소'이고 역사를 새로이 형성하는 조직적 힘의 원천이다. 그럴 때 독일의 국민적 일치의 필요와 국민적 통일운동을 설하고 처음으로 민족적 공동체의식을 준비했던 것도 루터였다.

그는 결코 그런 이론들을 체계화하지는 않았지만 그것은 이후 독일 사상의 특질과 성격을 결정했던 것인데, 그중에서도 인간 '자유'의 이념과 '국가'의 이념 간의 결합이라는 문제를 중심으로 이후의 독일 이상주의철학이 전개됐던 양상은 어떠했던가. 정돈된 조직적 체계를 주로 다뤘던 이 책에서는 그런 관련 속에서 루터를 오히려 배경에 놓았고 그 체계적 완성으로서의 독일 이상주의철학, 그중에서도 칸트와 헤겔을 대상으로 삼았던 것이다. 지금 우리는 과연 칸트와 헤겔 중 어느 쪽이 **좀 더** 루터적이었고 **좀 더** 루터에게 충실했던가를 질문하려는 것이 아니다. 다만 그 둘 어느 쪽도 중세 가톨리시즘의 스콜라철학을 대신하여 새로이 프로테스탄티즘에 기초했던 근세 종합철학의 위대한 구상으로서, 그 둘이 함께 종교개혁자 루터의 체험과 사상의 체계적 조직화였음을 안다면 그것으로 충분하다. 이런 뜻에서 진정으로 루터에 의해 일찍이 인류가 가질 수 있었던 최대 사상의 한 가지 형태가 역사 위에 드러났던 것이며, 말의 바른 뜻에서 근세 문화의 새로운 시대가 그에 의해 시작했다고 할 수 있는바, 이후 근대문화 속에서 진정으로 종교적 신앙으로 살고자 하는 자, 그리고 동시에 국가적 정치를 행하려는 자라면 그 누구도 루터의 체험과 사상에서 출발하지 않으면 안 될 것이다. 본디 그것은 루터라는 한 개[성]의 삶과 체험이었다. 그러나 그의 삶과 체험의 존재방식은 독일 국민의 내면적 고투와 진지한 노력의 표출이었을 뿐만 아니라, 무릇 진리와 올바름을 구하면서 그것의 승리를 의심치 않는 자의 보편적인 체험내용과 삶의 태도일 것이다.

루터를 설명하면서 우리는 그를 이어 일어났던 또 한 사람의 개혁자 칼뱅 John Calvin(1509~1564)과 그 흐름을 언급하지 않으면 안 된다. 칼뱅은 루터로부터 출발하여 프로테스탄티즘에 신학적 조직원리를 부여했던 사람이다. 그 중심 사상은 루터처럼 신의 은혜에 대한 사람들의 신앙과 사랑의 심정이라기보다는 신의 주권적 의지와 그것에 대한 사람들의 절대복종이었으며, 이를 위해 **좀 더** 많이 전면에 드러나는 것이 신의 의지에 뿌리내린 '예정Predestination'과 그것에 의해 선택된 자의 행위 및 활동이다. 여기서 성서를 기준으로 종교적 사랑의 행위를 규범화하고 신앙의 내용에 윤리적 형식을 주며 세간과 사회생활 전반에 걸치는 윤리적 = 합리적 형성이 요청되었다. 그것은 새로이 그리스도교 이념 아래에서의 세계교화를 위한 합리적 = 목적적 사회형성의 전체적인 계획이었고, 거기서 사람들은 루터에게서보다도 더 적극적인 '활동주의Aktivismus'의 윤리와 더불어 프로테스탄티즘의 입장에서 행해진 새로운 정치사회의 통일적 = 조직적 해석을 발견해낼 수 있을 것이다.

그러나 칼뱅에게서 그런 세계교화 ─ 넓게는 세계의 형성과 인류공동사회의 건설 ─ 의 중심을 점하는 것은 교회이고, 교회가 다시금 그 자신의 고유한 조직과 질서를 가진 독립된 공동체로서 기대되는바, 그 교회와 정치적 국가 사이에는 더 이상 루터와 같은 상호 간 '자유의 협약'에 의해서가 아니라 국가 측에서의 의무적 봉사가 요구되며, 칼뱅 스스로가 제네바에서 그 모범적 정치의 실현을 기도했던 것처럼 그의 세계교화는 그리스도교적 통일사회의 이념 아래 사회생활 전체의 엄격한 그리스도교적 윤리화를 요구하는 것이었다. 이 점에서 그것은 다시금 중세와 같은 일종의 '신정정치' 또는 '교회정치'의 전형을 만들어냈던 것이라고 할 수 있다. (물론 가톨리시즘과는 달리 더 이상 고유한 전통적 권위 아래서 위계적 질서와 보편적 교회의 이상을 승인한 것은 아니었지만 말이다) 그리고 그 결과 칼뱅은 그 자신이 출발점으로 삼은 프로테스탄티즘 내지 루터의 교설과 근본적인 모순에 빠졌다고 하지 않을 수 없다.

이러한 칼뱅의 사상은 그 한 개인의 특이(유니크)한 신앙에 머물지 않는바, 칼뱅주의Calvinism은 그 발전 속에서 곧바로 모순에 대한 내재적 비판과 근본적 변경을 받아들이지 않으면 안 되었다. '신칼뱅주의Neo-Calvinism'의 주장이 그것이다. 그 주장은 우선 위에서 서술한 교회에 대한 국가의 관계 속에서 드러난다. 생각건대 칼뱅이 가톨릭의 보편적 교회라는 통일이상을 부정하고 오히려 교회의 다양한 존재를 승인하는 상황에서는, 과연 어떤 것이 참된 교회인가라는 비판의 기준이 결여되며 국가가 교회에 봉사하고 참된 종교를 지탱한다는 칼뱅 자신의 종교목적으로부터는 결국 분리되지 않을 수 없는 것이다. 여기서 '자유로운 국가에서의 자유로운 교회the free church in the free state'라는 관념이 생겨나며 국가와 종교 간의 완전한 분리가 요구되기에 이르는 것이다. 이와 함께 그것의 필연적 계열로서 교회에 대한 개인의 자유를 요구하는 '관용주의Toleranz'가 주장되며, 그것은 다른 한편으로 국가에 대해서는 종교의 자유 및 나아가서는 사상의 자유가, 일반적으로는 모든 시민들 사이에 양심의 자유가 확보되어야 한다는 주장으로 전개되기에 이르렀다.

그것이 현재 우리가 칼뱅주의로 받아들이는 내용이고, 이는 이미 칼뱅이라는 사람의 교설로부터는 발전·변화됐던 것으로서, 그렇게 쇄신된 칼뱅주의는 루터주의와도 다르며 특히 가톨릭주의가 전통적 권위와 계통·체제를 갖고 중세정치사회의 전형적 이론일 수 있었음에 대하여 칼뱅주의는 개인의 자유와 평등의 윤리 사상에 꼭 들어맞아 곧잘 근세자유주의 및 민주주의의 정치사회적 이상이 될 수 있었던 것이다. 그런 발전 속에서 비로소 '근세 자연법사상'의 확립 또한 가능했던 것이다. 그런 이론들의 정초를 집대성한 것은 누구보다도 계몽철학자 로크Locke(1632~1704)였다. 어떻게 그 계몽사상으로부터 근대 '실증주의'가 전개되었으며 나아가 그것과 마르크스 사회주의는 어떤 관련을 맺었던가. 그런 발전들에 있어 종교의 문제가 어떻게 로크의 '관용'주의로부터 나아가 '무관심'으로, 마침내는 '부정'의 개념으로 이끌리게 되었는지는 이미 이 책에서 보았던 바이다. (172쪽 이하)

그것은 이제까지의 토마스, 칼뱅, 어떤 뜻으로는 루터에게서도 그 형식과 방법에서 차이가 없지 않지만 그 어느 쪽도 그리스도교적 통일문화의 이상에 대해 그것의 단념·포기 내지는 거절을 직간접적으로 뜻하고 있다. 즉 신칼뱅주의나 자유주의가 종교를 협소한 특수영역 안에 가두고 그럼으로써 종교의 차안적 = 세계적 성격을 대단히 희박화시키는 결과를 낳았음은 부정할 수 없다. 다른 한편으로 그것은 문화에 대해 생[명]이 지닌 종교적 깊이와의 최후의 연관을 차례로 절단함으로써 단지 세속적 = 세계적 성격을 부여한 것에 지나지 않으며, 그리하여 종교와 문화는 마침내 전혀 다른 출발점을 가진 것으로, 그렇다, 형상 전체에서 전적으로 서로 반[정]립하는 양극으로 생각되기에 이르렀던바 인간의 전체적 생[명]은 둘로 찢어지게 되었던 것이다. 거기서 자유주의 내지는 민주주의문화, 대체로는 '근대문화'의 무종교적 성격으로의 전화가 시작되고 신앙의 자유와 관용의 이름 아래 무신론이 생겨났으며, 그렇게 근대문화가 극히 외면적인 천박한 상태로 드러남으로써 이른바 근대

'문명'으로의 전락을 보게 되었던 것이다. 이러한 종교의 문제를 중심에 둔 곳에 현대 유럽문화의 위기의 근본원인이 있으며, 그런 위기의 극복을 지향하면서 흥기했던 나치스가 문제의 해결이 아니라 오히려 모순과 혼란이라고 한다면 애초에 유럽문화의 위기는 어떻게 타개될 수 있으며 장래에 유럽 정신은 어떻게 건설되어야 할 것인가. 이는 우리가 요구하는 새로운 철학의 체계적 구조, 특히 그 종교와 문화 간의 관계 문제이지 않으면 안 된다.

6.

무릇 철학 혹은 세계관의 체계 문제는 '개성적'인 것인바 여러 국민들 또는 개인에 따라 다양해야 하며, 인류 일반에 보편적으로 타당한 세계관 또는 철학의 체계라고 부르는 일 따위란 생각될 수 없다. 왜냐하면 여러 국민들 또는 세계 속에 설령 인간의 품위나 가치 혹은 형식적 선善이나 정의 같은 모종의 지극히 추상적인 개념이 널리 퍼져있을지라도, 여전히 현대의 인류와 세계에 공통되는 문화내용을 조직화하는 것은 불가능하기 때문이다. 그런데 가톨리시즘은 바로 그것을 지향하면서 인류 전체를 포괄하는 그리스도교 문화조직과 보편적인 신학적 세계관을 요청하고, 특히 토마스의 철학을 중심으로 세계의 가톨릭학자들이 협동하여 그런 요청을 끊임없이 수호·유지하면서 널리 알려 왔던 것이다. 이리하여 인류 전체를 구체적인 정신적 통일체로 이해하는 곳에 형이상학적 독단이 있음과 더불어 스콜라철학 자신이 그 내적 정신과 외적 조직에서 숱한 자기모순과 어지러운 혼합을 함유하고 있었음은 우리가 보았던 바와 같다.

프로테스탄티즘에서 사정은 다른데, 위와 같은 문제는 처음부터 '개성적'이고 '다양한' 것으로서, 창조적인 위대한 철학자·사상가가 자기의 체험과 그 각각의 시대의 요구에 근거해 서로가 서로를 이어받고 초극하면서 인생과 세계의 통일적인 파악에 노력해왔기 때문이다. 근세는 실증주의나 마르크스주의에서 '근대정신'의 귀결을 봄으로써 어떤 사람들이 말하듯이 무체계·무철학으로 시종했던 것이 아니라, 설령 아직 완성되지 않았을지라도(아마 그런 완성의 시기는 도래하지 않을 것이지만) 각각의 고유한 방식으로 문화의 종합과 통일적 체계의 수립에 전념해왔던 것이다. 우리는 그것을 특히 독일 이상주의 철학의 발전에서 볼 수 있다. 거기서 칸트로부터 시작해 헤겔에 이르는 탁월한 천재들은 어떻게 광대한 체계의 수립을 지향하면서 힘써 작업해왔던가. 그들은 누구든 프로테스탄티즘 위에 줄곧 서있었으며 종교와 문화의 새로운 종합 문제를 중세 스콜라철학과는 다른 방법으로 해결하려는 철학적 노력에 다름 아니었다. 설령 그들 간에 뉘앙스의 상위함이나 형식의 차이가 있을지라도 그 한 가지 사실에서는 서로 공통된다.

　종교개혁이 원시 그리스도교로 되돌아감으로써 중세와 같은 종교의 정치화 내지는 합리화에 맞서 종교의 독립에 결정적 전회를 부여했던 것은 중요한 의의를 갖지만, 그것은 결코 종교와 문화 간의 절단을 뜻하는 게 아니다. 그리스도교가 그리스정신과는 전적으로 다른 새로운 세계를 선언했다는 뜻에서는 그리스문화까지 넘어나가 일어섰던 것이지만, 그것은 머지않아 새로운 종교적 생명을 갖고서 인간과 세계에 전적으로 새로운 의미와 가치를 주면서 그 실현을 요청해 마지않게 된다. 바꿔 말하자면 그리스도교는 영원한 것을 단지 시간에서 분리해냈을 뿐만 아니라 다시금 그 속으로 갖고 들어감으로써, 각 개인만이 아니라 세계의 생[명]과 현실을 긍정하고 그것을 새로운 것으로 변화시키려고 하는, 말하자면 순수의 정신생활이 요구하는 것을 역사적 현실 속으로 가져오지 않으면 안 되는 것이다. 그리스도교의 성립으로 생겨난 일체의 '가치의 전도' 또는 '가치의 전환'은 지금까지 있어왔던 문화와 가치의 영원한 부정이 아니라 부정을 통한 새로운 긍정이지 않으면 안 된다. 그런 뜻에서 그리스도교는 당초부터 높고도 새로운 문화의 요구를 짊어지고 일어났던 것으로, 이에 의해 인류 역사는 새로운 목표를 받아들이고 높은 문화이상을 자신에게 부과하기에 이르렀던바, 이는 이 책에서 상세히 논술되었다. 그렇게 예수의 가르침이 굳이 도덕의 파괴가 아니라 오히려 그 성취였음을 끌어와 증명하면서, 정치사회문화에 있어서도 그것의 부정이 아니라 종교와의 관계에서 새로운 의의와 과제로 세워져야 한다는 것도 이 책에서 설명했던 바와 같다.(100~102쪽)

앞에서 우리가 개혁자 루터의 신앙을 고찰했던 것은 위와 같은 사정 바깥에 있는 것이 아닌데, 이른바 '심정' '양심'의 도덕, '신앙만을 통한' 도덕이란 다나카 교수가 이해하듯이 행위·업적을 배제하는 것이 아니라 오히려 거기로부터 일반적으로 세간생활을 향한 기쁜 긍정과 활동이 용출되어 새로운 문화의 가치 창조로 향하는 것이었다. 이는 문화의 '자율Autonomie'이 지닌 의의이고, 중세의 모든 문화가 교회에 직접 봉사함으로써 그 진리성을 강화하는 한에서만 허용되고 그럼으로써만 가치 있게 되는 것과는 근본적으로 다른 것이다. 이제 문화의 일과 짐을 맡는 것 혹은 주체는 다름 아닌 개성이며 문화가치에 대한 개성의 자유로운 태도가 그 근저를 이룬다. 이러한 자유는 더 이상 근대 자유주의와 같은 자유가 아니라 초개인적인 자유, 정신의 자유이며, 그런 자유에 뒷받침되어서야 비로소 문화의 자율이 가능해질 것이다.

중요한 것은 각 개인의 심정·양심에 있어 신적 생명과 직접 결합하는 것이고, 그럼으로써 일체의 외적 권위에 대해 내면적 독립을 지키는 것이다. 왜 냐하면 신앙은 결국 인간적 욕망과 표상의 소산에 다름 아닌 전통과 사회질서에 의해 윤허되는 것이 아니라, 인간개성의 혼의 심부에서 깊이 행해지는 초경험적 사실이기 때문이다. 그런 뜻에선 사람들은 할 수 있는 한 먼저 문화의 세계로부터 초월하여 초인적 심정의 내면으로 침잠하고 개인적 심정과 확신 속에서 종교의 순수성을 유지하는 일에 마음 쓰지 않으면 안 된다. 이러한 태도에 머무는 한, 세간적 문화작업에서 초래되는 모순에 의해 신앙 그 자체가 훼손되는 일은 없을 것이다. 현재, 위기신학이 종말관적 신앙에 근거해 일체의 문화로부터 종교의 분리를 주장하는 것도 그런 경위에 머무는 것이라고 할 수 있다. 나아가 그들이 그런 주장을 고수하는 한, 그리스도교와 문화 간의 관계는 영구히 절단되며 그들이 말하는 '복음주의신학'은 단순한 '광신적 경건주의'가 되는바, 문화의 영토는 천박하게 되고 끝내 폐허로 돌아가게 될 것이다. 그럴 때 그들은 즐겨 루터에 의거하지만, 그것이 루터적 신앙의 반쪽임을 잊어서는 안 된다. 우리는 나서서 세간생활 및 문화적 작업과 용감히 싸우고 그것을 종교적 정신으로 극복함으로써 그 속으로 스며들어가는 일에 노력하지 않으면 안 된다. 왜냐하면 문화는 결코 생[명]의 외곽에서 일어나는 사건이 아니며 우리 정신의 전체생활 속에 깊이 들어있는 일들의 형편인바, 세간적＝문화적 형성을 위한 노력과의 싸움 속에서 우리의 종교적 내면성은 현실성과 확실성을 취득하기 때문이다.

그리하여 이제 문화를 새로이 형성하는 힘의 원천은 무한한 정신적 생명이며, 그 속에서 그것은 초개인적 '사실성'이다. 그런 근본사실의 체험은 인간의 안쪽 내부 외에 달리 그 장소를 갖는 것이 아니지만, 그것은 결코 단순한 주관적 상상이나 심리적 감격이 아니며 벌써 이미 절대적이고 초개인적인 '신적 사실'이다. 생[명]은 거기서 인간을 넘으며 또 거기서부터 인간으로 작용한다. 그러한 정신적 생[명]의 창조력에 이끌려 사람들은 세간생활과 문화작업으로 향해가는 것이다. '주체적 능동주의'의 윤리는 거기서 생기며, 거기에 정신적 '자율'이 갖는 의의가 있는 것이다.

그런 '자율'의 개념은 헤겔이 아니라 오히려 칸트에게서 찾을 수 있을 것이다. 다만 칸트가 종교를 지나치게 합리주의적이고 도덕적으로 파악한다는 점에 난점이 있었다. 그가 말하는 '의지의 자율'과 종교 고유의 신적 의지가 어떻게 연계될 수 있는지는 확실히 하나의 문제성을 잃지 않는다. 그 둘은 단지 개념의 외적 파악만으로는 서로 모순되는 것처럼 보이기도 할 것이다. 왜냐하면 흔히 '자율'이 모든 의존관계를 거부하는 것 ─ 더 높은 의지에 대해서도 구속을 거부하는 것 ─ 으로 여겨지는 것과는 달리 종교적 신앙은 무릇 신의 의지를 향한 절대적 신빙과 복종관계를 중핵으로 하기 때문이다. 그러나 의지의 자율은 본디 그것을 통한 높은 정신적 자아로의 고양에 다름 아니며, 그러한 것으로서 초개인적인 무한의 신적 의지를 직접 자기의 본질로 승인하는 것에 다름 아닌바, 그것이 바로 종교 고유의 의지이고 그것은 종교적 신비에 속하는 것이지 않으면 안 된다. 생각건대 인간의지의 안쪽에서 신적 생명의 현존을 자각하고 그 생명을 자기의 본질로서 의식하는 것, 이를 통해 무한의 신성에 관여하는 것은 곧 그리스도교에서의 신성과 인간성의 본질적 결합에 다름 아니다.

이리하여 문화는 단지 인간적 작업에 머물지 않으며, 정신적 생[명]의 건설은 종교의 관점에서 보건대 이미 신성에 속하는 것으로서 신적 명령과 의무에 다름 아닌 것이다. 우리의 종교적 신앙과 문화적 활동은 다나카 교수가 문제로 삼듯이 '무관계'나 '몰교섭'적인 것이 아니라, 프로테스탄티즘의 입장에서도, 아니 바로 그 입장에서야말로 **좀 더** 내면적으로 결합되어 신앙이 문화에 **좀 더** 적극적으로 작용을 가하는 생생한 힘을 갖게 될 것이다. 그것이 윤리적 성격을 띠는 것에 의문의 여지는 없다. 그것은 그저 윤리적 생[명]으로서 특수한 영역에 국한된 세계가 아니며 생[명]의 여러 영역들, 문화의 영역 전체를 포괄하는 것을 방해하지 않는다. 이 점에서 우리는 자율의 개념을 칸트보다도 넓게 이해할 필요가 있으며, 그의 지나치게 '도덕주의'적인 일면성은 지양되지 않으면 안 된다. 즉 자율적인 인간이 자발적으로 따르는 규범은 오직 도덕의 윤리적 영역에 한정되는 것으로 만족될 수 없는바, 넓게는 학문·예술 및 국가생활에서도 무릇 독립가치를 갖는 재화가 존재해야 할 곳에는 반드시 자율적인 인간이 없어서는 안 된다고 이해해야 하는 것이다.

그리하여 위와 같은 것은 일반적으로 자연법사상에서 사유되는 인간의 '자연성' 속에서가 아니라 자연과 구별된 독립·고유의 세계인 정신적 '문화가치'의 세계를 장으로 하여 행해진다. 여기서 도덕·국가·학문·예술은 단순한 인간성의 생성발전이 아니라 결국 인간에게 고유한 정신생활 속에서 현현하는 신적 이념을 뜻한다. 그렇게 종교는 개인에게 도덕적 선을 획득케 하는 데서 머물지 않으며 정신생활의 전체를 통하여 인간 존재 전체의 깊은 영역에서 가치를 창조하고 역사적 현실을 형성하는 데에 주어져야 한다. 인도스#혹은 인류애라는 것도, 또 칸트의 형식주의 윤리도 sola fide의 주장과 모순되는 것이 아니라, 이미 그 자체, 그 본질에서 신성의 내재성을 향한 신앙과 분리불가능하게 결속되어야 하는 것이며, 이는 영원한 초자연적 힘이 인간들 간에 현존하고 있다는 신앙에 다름 아니다. 그중에서도 역사적·구체적 국민 또는 민족공동체의 사상은 단순한 자연적 = 생물학적 존재로서가 아니라 땅 위에서 발현하는 영원한 신적 이념으로서 이 세계 속에서의 강대한 힘을 통해 초월세계의 확신을 형성한다. 그런 신성의 확신과 종교의 힘만큼 개인을 내면에서 심화시키고 또 동시에 국민의 개성을 확고부동케 하는 것은 없다.

물론 종교가 자기 자신 속에서 세계의 전체상을 낳는 것은 아닌바, 학문·예술·국가 등은 각기 고유한 원체험을 갖고서 그 관계 속에서 종교에 대해 제각각의 독자적 존재를 요구할 수 있는 만큼, 저 성전의 해석에서 그런 것들의 존재를 규율하는 일체의 규범을 추출하는 따위는 불가능하다고 말하지 않으면 안 된다. 그러나 정신적 가치생활의 전체 속에서 문화는 종교와 결합·협동한다. 나아가 그것의 의미는 중세와 같이 교회가 중심이 되고 성전이나 자연법의 일정한 해석에 의해 인간의 문화활동이 지도되며 국가사회가 그것에 봉사하는 데에 있는 것이 아니라, 이제 자유로운 개성이 스스로의 책임 아래 반가치적이고 반정신적인 또한 그런 뜻에서 반종교적인 사상에 대해 행하는 끊임없는 싸움 속에 있는바, 이에 정치적 공동체인 민족적 가치국가가 협동하는 것이다. 따라서 가톨릭 측에서 평하듯이 문화의 세계 안에서는 가치도 반가치도, 예컨대 마르크스주의도 무정부주의도 아무런 모순 없이 언제나 제휴하고 결합하는 것이 아니다.

그것들 간의 문화투쟁은 외부에서 보자면 끝없이 이어지는 무효한 싸움처럼 보이기도 할 것이다. 나아가 종교의 근본확신은 그런 투쟁에서 점점 더 확대되는바, 정신의 내적 건설은 갖가지 반[정]립·대항의 한복판에서 서서히 진행되고, 그것은 비가시적인 세계와의 결합을 점점 더 확실하게 한다. 우리의 생활은 결코 그저 희망 없는 피안에서의 위안이 아니며, 지금 현재도 신적 절대 앞에서의 긴장과 충실의 생활이다. 그것의 의미는 우리가 영원한 지금의 절대적 존재라는 것이 아니라 오히려 우리의 존재가 영원한 미완성이라는 것이다. 종교에 고유한 것은 결코 대립과 모순을 변증법적으로 지양하는 것이 아니라, 그것을 더 깊게 하는 것, 그리고 인생과 세계의 전체를 차례로 고양시키는 것이지 않으면 안 된다. 이에 관계된 정신적 생활의 사실이야말로 종교적 진리의 증명에 다름 아니며, 그런 종교적 근본진리 없이는 깊은 뜻에서의 학문도 예술도 도덕도 국가생활도 성립되지 않을 것이다. 사람들이 종교를 부정할 때, 참된 뜻에서의 정신생활도 개성도 결코 획득되지 않을 것이다. 이리하여 종교가 정신생활 영역 전체에 높게 골고루 미치게 될 때에 비로소 종교는 그 자신에게 어울리는 위치를 보존할 수 있을 것이다. 그렇게 긴요한 것은 세계의 역사적 생활을 그저 승인하고 수용함으로써 언제나 그것에 적합하게 되는 것이 아니라 오히려 종교가 독립의 이념으로서 고유한 힘을 갖고서 스스로 작용하고 투쟁하는 것인바, 이는 특히 근대문화와 근대세계에 대해 주장되지 않으면 안 되는 것이다. 이로써 단지 개개인의 구원에 머물지 않는, 인류와 세계 전체의 고양과 갱신으로 향하지 않으면 안 된다.

이를 위해서는 새로운 형이상학적 요청이 필요해질 것이다. 즉 우리의 내면적 생[명]을 그 자체 하나의 세계로까지 확충하여 자기 고유의 정신의 공동체로서, 독립된 '나라(라이히)'로까지 고양하지 않으면 안 된다. 그러나 우리 인간에 관한 한, 우리 자신의 정신 안쪽에서 아직 긴장과 자각이 생겨나지 않고 아직 새로운 생명을 위한 투쟁의 불꽃이 타오르지 않는 동안에는 그런 고유한 내적 세계가 개시될 일은 없다. 예수의 인격에서 상징되는 생[명]의 새로운 생김새와 정신적·창조적 생[명], 그것들을 중심으로 한 무한한 새로운 정신의 공동체로서 '신의 나라'라는 이상은 그러한 내적 세계 이외에 다른 게 아니다. 더불어 그것은 단순한 '교양의 종교'가 아니다. 그것은 교양인의 단순한 사유형상이 아니라 무엇보다도 자기 안쪽 심부의 '사실성'에 근거함으로써 감각적인 것보다는 초감각적인 것, 보이는 것보다 보이지 않는 것의 파악을 확실케 하는 것이다. 그것은 지적 교양을 요건으로 하지 않으며 다만 우리의 심적 생활의 진실함을 요구한다. 그리하여 그것은 이제 문화의 세계를 넘어간다. 문화는 우리의 생[명]의 완성을 위해서는 필요할지라도 인간은 문화에서 최후에 자신이 놓일 장소를 갖거나 하지 않는다. 그것은 모든 문화를 넘어선 내적 초월의 세계이고, 거기에 비로소 주관과 객관, 당위와 존재, 일체의 대립을 지양할 기대가 걸려있다.

그런 세계의 존재는 그러나 우리의 이론적 지식에서는 어디까지나 과제이자 이념임을 망실하지 않는바, 과학적 인식을 통해서는 그것에 관한 긍정도 부정도 논증이 불가능한 것으로 하지 않으면 안 된다. 그것은 우리의 비판적 인식의 한계를 넘어 이른바 가치의 극한에 있는 것으로 사고하지 않을 수 없는 것이다. 그러나 그럼에도 종교가 필연적으로 궁극의 통일로서 형이상학적인 요구를 결여할 수 없는 것이라고 한다면, 우리의 이론이성이 긍정도 부정도 할 수 없는 그런 영역들을 철학과 모순되지 않게 사고함으로써 세계 전체의 학술적 파악을 보완하는 것은 아무 문제될 것이 없다. 여기서 가리키는 것이 칸트가 배척했던 절대적 실재 또는 초월적 대상에 관한 **지식**으로서의 형이상학이 아니라 다른 새로운 뜻에서의 형이상학적 영역임에 관해 철학은 이의를 틈입시킬 권리를 갖지 않는다. 왜냐하면 철학이 일면적인 것이 아니라 어디까지나 포괄적인 가치철학체계이고자 하는 경우, 이론적인 동시에 그것의 비이론적인 가치까지 이해하려는 자가 위와 같은 새로운 영역을 반대할 아무런 이유가 없기 때문이다.

여기까지는 형이상학의 문제와 관련하여 저자의 메모로서 약간 서술했던 것일 뿐으로, 그 근본의 원리와 기초에 관해서는 이 책에 서술해놓았다. 그것은 이시하라 박사가 관찰한 것처럼 단순히 저자의 "확신"에 머무는 것이 아니며, 또 단지 "과거 사상사의 가르침"으로서 그저 "모든 위대한 국가이론이 궁극에서 종교와 관련된다"는 것을 증명한 것만이 아닌데, 왜냐하면 그 관련이 어떤 것인지, 그 관련의 방법과 존재방식을 문제 삼아 그것을 분석적으로 해명하고 무엇보다도 비판했기 때문이며, 이런 저자의 견해는 미타니 씨에겐 오히려 저자의 입장이 지나치게 전면에 나서있는 것으로 보일 정도로 이 책 곳곳에 명시되고 있는바, "저자의 말"을 통해 저 확신의 논증을 시도했고 또 문제에 대한 장래의 해결방향과 연관해 적극적으로 이론적 체계의 근간까지 제시해 놓았다. (그중에서 특히 제2장 제4절 및 제4장 238쪽 이하 참조) 그런 이론의 구성들에 관한 저자의 입장을 두고 다나카 교수가 마르부르크학파의 대가 고 슈탐러 교수의 입장에 견주었던 것은 일면 저자의 영광이기도 하지만, 슈탐러가 대개 칸트의 형식주의적 방법을 철저하게, 아니 아직 불충분하게, '깔끔히 핥은 뼈에서 여전히 살의 섬유를 발견해내려고 하면서도'(라드브루흐), 다른 면에서 칸트의 풍부한 정신적 내용과 세계관적 파토스를 여과해버렸던 것과 비교해 이 책을 읽었던 이들 중 누군가는 슈탐러와는 다른 것으로 이 책을 논한 이도 있지 않겠는가. 저자는 거기에 붙인 각주 그대로, 오히려 빈델반트나 리케르트의 서남학파에 관심을 갖고 그 위에서 트뢸치나 오이켄 등에게서 생각을 길어올리면서도 무엇보다 부족함을 느꼈고, 그렇기에 스스로의 체험과 사색에 근거하여 작으나마 노력을 기울여왔던 것이다.

단순한 형식주의나 이른바 개념법학과 저자의 입장이 서로 떨어져 있는 먼 곳에서, 거꾸로 **비이론적·비합리적**인 것이 전제된 직접적인 경험내용으로부터 출발해 그 속에서 이해되어야 할 예지적 의미내용을 해명하는 일에 종사하는 것은 문화철학 공통의 특징이라고 불러도 좋을 것이다. 그러나 철학이 한편으로 **이론적**인 것인 한에서 개념이나 형식은 어디까지나 중요하며, 그런 한에서 우리의 철학적 서술이 '추상적'이고 '형식적'인 것은 두려워해야 할 아무 이유가 없는 것으로 오히려 확연하게 파지되지 않으면 안 된다. 왜냐하면 우리는 한편으로 문화의 여러 문제들에 관해 역사적＝구체적인 내용을 고려해야 하는 동시에, 다른 한편으로 보편적 이론에 의해 문화생활의 보편타당한 의미를 해석하지 않으면 안 되는바, 이미 그것 자체에 추상적 사유의 필요성이 전제되어 있기 때문이다. 그리하여 저자가 제시한 국가사회 및 인류사회에 대한 요청이 지닌 추상적·형식적인 점에 관하여 '일일이 공감'했던 독자는 철학적으로는 이미 저자의 근본주장과 결론에 동의한 것으로 간주해도 좋을 것이다.

7.

그러나 거기에 여전히 한 가지 문제가 있다. 저자가 장래 우리나라의 중요 문제로 제시했던 '일본적 그리스도교'가 그것이다. 다나카 교수는 그리스도교가 '단지 상대적'인 문화현상과는 다른 '보편적이고 인류적'인 문제에 속한다고 하면서 그리스도교의 그런 일본화에 반대한다. 생각건대 세계관을 비롯하여 교리·전례·권위 등에서 단일 공동성을 으뜸으로 하는 가톨리시즘의 입장에서는 당연한 것이 아닐까 한다. 이에 대해 본디 교리나 조직의 다양성 속에서 흥기했던 프로테스탄티즘에서 사정은 자연스레 다른 점이 있다. 원래 문화가 '보편적인 또는 역사적이고 민족적인' 문제인 것과는 달리 왜 종교적 신앙은 오직 '보편적이고 인류적'이지 않으면 안 되는가. 그리스도교가 세계·인류의 보편적 구제의 종교라는 것과 역사적＝국민적 성격을 동시에 갖게 되는 것 사이에 모순은 있을 리는 없다.

　그것을 철학의 문제로 사고할 때, 종교라는 것도 문화의 차안에서 행해지는 한에서 국민적 = 역사적 생활 속에서 발전하며, 따라서 역사적 = 개성적 성격을 띠게 되는 것은 논리적 필연이고, 다른 한편 학문・예술의 문화 또한 민족적 = 역사적 제약을 지녔음에도 단순한 상대성을 넘어 곧잘 초역사적 = 초국민적으로 이해될 수 있는 것이다. 이는 한편에서 그 어떤 인간도 — 곧 종교적 인간도 민족적 = 역사적 공동체를 넘어 그 바깥에 서는 것은 불가능하다는 점, 그 어느 쪽도 역사적으로 한정된 상태에서 민족 혹은 국가의 일원으로 산다는 점에 따른 것이기도 하다. 그리스도교는 세계종교로서 모든 시대와 세계를 통해 동일한 확고부동의 본질을 자신 스스로에게 보존시켜야 하는 동시에 그것에 여러 민족들 특유의 역사생활이 수반되는 것을 방해해선 안 되는 것이다. 그리하여 본래 고대적 국민국가의 경계를 넘어 보편적 = 인류적인 요청을 갖고 흥기했던 그리스도교는 한편에서 초국민적 = 초역사적인 동시에 다른 한편에서 역사적 = 국민적으로 한정되는바, 그렇게 역사적으로 한정된 국민적 = 역사적 성격을 고려하지 않고서는 그리스도교도 충분히 이해될 수 없는 것이다.

　하지만 그것은 이시하라 박사 등이 생각하는 것처럼 일본에는 유럽과는 달리 그리스도교 정신 그 자체에 무언가 '한계'나 '제한'이 있음을 뜻하는 것이어선 안 된다. 그래서는 이미 그리스도교로서의 본질을 상실한 것이 되고 말 것이다. 또 그것은 현재의 시국과 조우하여 영국・미국교회와 갑작스레 절연하고 일본 교회전체의 연합통일을 결성하는 것처럼 '조직'의 문제가 아니다. 그래서는 '국가적 교회'와 갈라지는 점이 거의 없어지고 말 것이다. 이 책에서 역설했던 여기 '일본적 그리스도교'란 무엇보다도 그런 교회조직이나 도그마의 '권위'로부터 자유로이 독립한 것이지 않으면 안 됨을 뜻하는 것이었다.

진정으로 프로테스탄티즘에 내재하는 근본문제는 '교회'에 있다고 할 수 있다. 루터가 가톨릭교회에 대항해 교회를 한층 내면화하고 유일한 참된 공동체로서 오히려 '보이지 않는 교회'의 이상을 강조한 것은 분명 종교개혁이 지닌 의의였다. 성스러운 교회도, 거기서 행해지는 사크라멘토[전례]도 이제 더 이상 사람을 의롭게 하는 데에 충분치 못했던바, 루터는 오직 신앙을 통해 신에 의해 직접 포착될 수 있게 된 사람들 전체 ― 이는 비가시적인 것임에도 이 세상에서 유일한 공동체로서 장소와 시간을 초월하여 하나로 이어진 실재였으며, 그것은 루터의 생애 전체에 걸쳐 변하지 않는 이상이었다. 그런데 동시에 그가 실제적 견지에서 '보이는 교회'를 승인했기에 결국 루터교회가 '국교회' 제도로 빠졌던 것은 하나의 커다란 모순이었다. 이후로 교회문제는 프로테스탄트 진영에서 끝없는 분쟁과 항쟁, 대립과 분리의 불행한 원인을 빚어냈던 것이다. 결국에 그리스도교 그 자체에 대한 반대보다도 오히려 교회의 조직형성에 대한 이견들로부터 마찬가지로 프로테스탄트 내부의 '교파 Sekten'가 발생했고 루터적 국교회를 부정했으며, 어떤 이는 독립된 자각적 기독자의 결합을 이상으로 삼기에 이르렀다. 이는 더 나아가 사상적·정치사회적 영역에서 근세 자유주의 내지 민주주의의 대두를 수반했으며 종교생활에서도 각기 자유의 조직을 요구하기에 이르렀던바, 이는 모두 앞서 서술한 신칼뱅주의의 영향에 따른 것이었다.

그러나 어떤 조직제도로서 '교회'를 승인하는 이상, 가능한 한 교회의 자율을 주장하고 객관적인 은혜의 공동체로서 모종의 전통 위에 서서 전례와 구제의 제도로서 갖게 될 의의를 요구하지 않을 수 없다. 그러한 것으로서 프로테스탄트교회는 언제나 여러 요구들 사이에서의 타협과 정책의 결과에 다름 아니었던바, 가톨릭교회와 철저히 비교했을 때 그런 요구는 오히려 도중에 멈춰선 것이라고 하지 않을 수 없다.

우리는 도리어 종교개혁의 정신을 더 밀고나감으로써 가톨릭교회는 말할 것도 없고 프로테스탄트교회까지도, 일반적으로는 교회 개념 자체의 초극으로 향하지 않으면 안 된다. 저 중세적 사유방법의 특징이었던 것, 즉 감성적 수단의 도움으로써만 초감각적 존재를 표현하고 정신적인 것의 실재를 감각적 형체화 속에 결속시킴으로써 정신과 인격의 종교를 기적과 표징徵儿[초대]의 종교로 변화시켰던 그 사유방법을 단념하지 않으면 안 된다. "인류의 일반적 감정 속에서 이제 상징과 진리가 모순되기에 이를 때엔 합목적성의 고찰은 진리의 요구에 자리를 양보하지 않으면 안 된다."(오이켄) '보이지 않는 교회'는 그것 자체로 실재하며, 피안에서 개시되는 것이 아니라 이미 '사실'로서 피안에 존재한다는 신앙은 어디까지나 그리스도교의 핵심이지 않으면 안 된다. 우리는 어디까지나 **보이지 않는 것을 보이지 않는 것으로서, 정신을 정신으로서, 이상적인(이데알[극치의]) 것을 이상적인 것으로서** 파악하고, 확신하는 힘을 상실해서는 안 된다. 이 '보이지 않는 것'의 본질을 종교 속에 새로이 도입함으로써 중세는 그 끝을 고하며, 거기에서 근세 이상주의가 시작했다고 해도 좋을 것이다.

그리스도교의 '신의 나라'가 지닌 공동체성은 그 어떤 방법으로도 ─ 가령 가능한 한 자유의 조직을 통해서도 현실에서는 구체화할 수 없는 것으로, 최후까지 비가시적인 교회로서 남겨두지 않으면 안 된다. 그것은 그리하여 루터적 신앙의 순[수]화, 종교개혁 정신의 철저화이며, 따라서 원시 그리스도교로의 복귀에 다름 아닌 것으로서 신에 의해 직접 결합됨으로써 성립되는 자유로운 인격 및 그 사랑의 공동체 이상이 부활한 것에 다름 아니다. 명심해야 하는 것은 그런 사정으로 인해 교회와 신조의 설정에 대해 아무것도 설하지 않았던 예수 자신의 그리스도교의 본질이 훼손되는 것은 아니라는 점이다.

유럽 세계에서 교회가 발전해왔던 것은 고유한 전통과 역사적 환경을 필요로 했다. 서구 같은 모종의 역사와 전통을 갖지 못한 지금 우리나라에 필요한 것은 그것을 만들고 또 모방하는 것이 아니라 유럽 세계와는 다른 출발을 행해야 하는 것이다. 이는 무엇인가. 그것은 원초적이자 또한 새로운 방법이다. 즉 한결같이 그리스도 예수의 인격에서 상징되는 것처럼 신적 절대이념과의 결속을 통해 내면적으로 갱생된 새로운 인격적 관계가 그것이다. 이는 오랜 역사를 통해 군신·부자 사이의 절대적 충성과 신의를, 믿음과 따름信從의 관계를 실천해왔던 우리나라가 단순히 절대주의적·봉건적 도덕이라는 것 이상의, 그것을 넘어선 고유하게 높은 도덕적 기초를 결여하고 있지 않다는 것과 관련된다. 이리하여 **국민 각개가 그런 성스러운 깊숙한 결합관계 속으로 인입하여 마침내는** 우리들 국민적 공동체 전체가 **참된 신적 생명에 의해 가득 충전될 때까지** 신의 나라의 형성은 멈추지 않을 것이다. 그럴 때 일본국가의 내적 기반은 무엇보다도 공고한 영원의 정신과 지반 위에 자리잡게 될 것이다. '일본적 그리스도'란 그러한 뜻 이외에 다른 것이 아니다. 그것 말고는 그 어떤 현대의 종교운동과 종교철학으로부터도 — 그렇다, 무無의 변증법이나 신비적 범신론으로부터도 진정으로 무언가를 기대할 수는 없을 것이다.

위와 같은 것은 종종 '무교회'주의라는 이름으로 불린다. 그것을 위와 같은 뜻에서 철저하게 창도했던 근세 사상가로서는 아마 유럽에선 키에르케고어를 들 수 있을 것이다. 그는 니체와 마찬가지로 당시 유럽 종교계의 현상 — 그 관능화官能化, 정치적 권력화와 도덕적 퇴폐에 반대하여, 그러나 니체처럼 '초인'의 이상으로서가 아니라 어디까지나 신 앞에 선 겸허한 '고독의 인간'을 설파했던 것이다. 우리나라에서 키에르케고어의 역할을 더욱 예언자적 통찰과 정열을 갖고 과감하게 실천했던 이는 우치무라 간조 그 사람이었다. 지금으로부터 반세기 전, 우리나라에 서양문명의 유행이 번성함의 극에 이르러 그리스도교계나 영미교회를 모방할 뿐 새로운 맛이 없던 시대에 그는 도그마와 제도적 교회의 권위에 반대해 감연히 순수복음주의를 위해 싸웠다. 하지만 그는 나라사람들에게 종종 오해됐던 것처럼 결코 개인주의자가 **아니었다**. 저자가 이해하는 바에 따르면 그는 키에르케고어가 단지 신 앞에 선 '고독의 인간'을 설파했던 것과는 달리 신 앞에 선 참된 '일본인'임을 가르쳤던 것이며, 그의 무교회주의 신앙의 뒷면에는 타오를 것 같은 조국애가 맥동치고 있었다.

그리스도교와 우리 국체가 서로를 용인하는가 아닌가는 이미 논의를 넘어서있는 문제이다. 그것은 미타니 씨가 말하는 것처럼 "문제는 이제 그리스도교를 취할 것인가 버릴 것인가가 아니라 그것을 어떻게 섭취할 것인가이다." 일본민족은 지금까지 세계적 종교인 불교를 섭취하여 탁월하게 일본적인 것으로 만들어냈다. 근세 초기, 로마적=라틴적 그리스도교로부터 독립해 **제1**의 종교개혁을 단행했던 것은 게르만적 독일민족이었다. 그럼으로써 그들은 인류로 하여금 보편적인 그리스도교 공동의 사명을 보존케 했던 동시에 고대의 독일인이 일찍이 수용했던 것들 속에서 이질적인 것을 배제함으로써 능히 독일적 그리스도교를 완성했던 것이다. 똑같은 것이 장래 **제2**의 종교개혁으로서 동양의 일본민족에 의해 수행될 수 없다고 누가 단언할 수 있겠는가. 아니, 그 초석은 이미 놓였다고 봐도 좋다. 그것은 제1의 종교개혁이 원시 그리스도교를 재현하려 했으되 그럴 수 없었던 원인을 베어버리는 것이지 않으면 안 된다. 그리고 그것이 무엇보다도 '교회'를 문제로 삼는 것이었음은 위에서 서술해왔던 바에 따라 이미 명백할 것이다. 장래 일본이 세계의 정신계에 기여할 수 있는 커다란 하나의 길은 그렇게 본래 동양적이자 세계적인 그리스도교의 동양적 환원과 일본화에 있다고 할 수 있다. 그리고 그것이 완성되는 새벽에, 그것을 핵심으로 하여 새로운 의의 속에서 세계적인 신일본문화의 전개를 기대하는 자는 그저 우리만일 것인가.

8.

그리하여 문제의 핵심은 교회와 국가의 관계에 있는 것이 아니라 그것을 넘어 어디까지나 그리스도교 정신과 국가정신의 관계에 있다고 하겠다. 이를 다시금 유럽 정신사의 관점에서 볼 때 근대 실증주의와 마르크스주의를 이어받아 그것을 극복하고자 하면서 흥기한 현대 독일의 나치스적 정신이 니체와 마찬가지로 가톨릭과 프로테스탄트를 통해 그리스도교 일반을 부정하고 '권력의 의지'를 고창하면서 오히려 고대 세계로의 복귀를 지향했던 까닭은 무엇이었던가. 그것은 한편으로 중세부터 근세를 거쳐 지금에 이르기까지 대체로 정치적 국가가 수단적 · 종속적 관계 안에 놓여왔고, 그렇게 가치적 · 원리적인 것은 국가 바깥에 있는 것으로, 국가는 그저 권력적 수단이나 기구로 간주됨으로써 자기 안에 스스로의 존재근거를 갖지 못하는 것이라고 인식되었기 때문이다. 나치스는 오히려 그것을 철저히 하면서 그러한 자연적 존재의 배후에서 도리어 '어두운 심연'을 엿보게 했고, 새로이 국가의 종족적 = 생물학적 존재의 힘을 강조함으로써 거대한 데모니슈한 국가를 만들었던바, 모든 정신적 = 가치적인 것을 자신 속에 끌어들여 스스로가 생[명]의 근원적인 창조적 원리이고자 했다고 봐도 문제될 것은 없다. 거기서 유럽문화의 전통인 그리스적 진리 개념도 그리스도교 이념도 전부 민족적·비합리적 가치에 흡수되는 결과가 되었던 것이다.

목하 유럽의 대전은 어떤 뜻에서 이제까지 너무도 폄하되고 유린되어온 '정치적 진리'의 보복이며 '국가이성'의 고양이라고 볼 수 있을 것이다. 민족적 정치공동체 그 자신은 하나의 위대한 개성으로서, 자기의 존재권리와 그 정치적＝역사적 현실의 가치주장이다. 생각건대 그러한 것은 서구정신은 물론이고 독일 이상주의의 헤겔 철학에 의해서조차 미처 확립되지 못했던 것이며, 또 낭만주의라 할지라도 끝내 놓쳐버렸던 것이다. 그런 관계 안에서 좋든 싫든 이제 인류는 이 위대한 세계의 정치적 현실 앞에 서게 되며, 마치 현대에 사유하는 누구든 니체를 회피하여 철학할 수 없는 것과 마찬가지로 나치스적 국가관과 대결하지 않고서는 정치적 진리를 파악할 수 없게 될 것이다.

그렇다면 문제는 나치스의 그러한 새로운 '정치적 현실성'이 지닌 의의가 다름 아닌 독일 이상주의 — 나아가서는 그리스주의와 그리스도교 정신 간의 영원한 이반으로 끝날 것인가라는 점이다. 거기에 금후의 주요 문제가 가로놓여 있다고 생각한다. 우리는 저 본래적 독일정신의 깊은 의미를 상기하자. 그것은 어떤 현실 속으로도 이념을 들여넣어 이념과 결속시키며 그렇게 형성되지 않는다면 멈추지 않는 정신이었다. 독일 고유의 '라이히'에 있어서도 그 의의는 '왕국' 혹은 '제국'보다는 오히려 '정신의 나라' '이성의 나라'에 있다. 민족공동체는 그 존재근거를 현실의 깊은 곳에 두는 동시에 끝내 그러한 높은 정신의 세계로 이어지며, 그럼으로써 스스로 문화의 가치개성으로서의 의의를 획득하길 멈추지 않는다. 더욱이 국가로 하여금 참된 통일적 전체일 수 있도록 하는 가장 깊은 근거란 영원한 신적 이념과 시간을 넘어 타당한 절대적 진리개념을 빼고서는 달리 구할 수 없을 것이다. 거기서 다시금 순수한 그리스도교 이념과 그리스주의로의 통로가 열리지 않겠는가. 독일국민은 장래에 다시금 그 길을 스스로 발견할 것이다. 그것은 다름 아닌 칸트나 루터가 걸었던 길이었으며, 저자가 한편에서 나치적 정신이 지닌 시대적인 의의를 길어올리는 일에 인색하지 않았던 동시에 다른 한편으로 그것의 비판·추궁을 소홀히 하지 않았던 것은 그런 길을 위해서였던바, 나치스적 세계관 및 국가관의 기초 및 그 정치적 독재원리의 커다란 위기와 덮어버릴 수 없는 과오에 대해서는 이제와 다시 반복하진 않을 것이다. 요컨대 국가공동체는 그것을 구성하는 개인의 자율, 바꿔 말하자면 그 종교적 신앙 및 문화적 작업의 자유의지에 따른 내면적 유대 없이는 결코 스스로의 자율성을 확립할 수 없다는 것이다.

그런 본래적 독일정신의 회복과 동시에 독일국민은 일반적으로 유럽문화와 공동의 것으로 할 수 있을 '세계주의' 이념 또한 다시금 발견해낼 것이다. 그것이 발견될 때, 그 기초 위에서만 유럽의 참된 질서가 수립될 것이다. 본래 그 유럽의 질서 — 그 도덕적·사회적 질서가 다름 아닌 근대 서유럽 정신에 의해 파괴되고 있음에 참지 못하고 홍기했던 독일국민은, 그런 한에서는, 그 국민의 역사와 운명을 내기로 걸고 세계사적 전환의 사업에 불러내졌던 것이라고 해도 좋을 것이다. 다른 여러 국민들 모두는 좋든 싫든 그것을 중심축으로 하여, 일부는 같은 편에 서고 일부는 그 반대편에 섬으로써, 거기서 유럽전체의, 아니 세계 전체의 문화적·세계관적 일대 투쟁이 전개되고 있음을 볼 수 있을 것이다. 독일의 앞길은 고난으로 충만하며 꼭 그렇게 손쉽게 궁극의 승리자가 될 수 없을 것이다. 하지만 그들은 설령 어떠한 폐허 속에라도 다시금 새로운 유럽문화 및 평화의 질서의 창조 계획에 참여할 것이며 또 그리하지 않으면 안 된다.

그것은 유럽 여러 국민들의, 인류 전체의 **공동**의 과제로서 인식되는 것이 중요하다. 게다가 그것은 단순한 휴머니즘이 아니라 이제까지보다도 인류 상호 간을 한층 더 내적으로 결속시키는 일을 필요로 하며, 이를 위해서는 여러 국민들 간에 긴밀한 정신적 유대의 결합과 깊은 내면에서의 새로운 건설을 필요로 한다. 현재 정치·경제의 외적 세계가 이처럼 강하게 작용하면서 우리 머리 위로 압박을 가하는 시대에는, 다른 그 어떤 시대보다도 한층 더 우리 자신의 내면적인 침잠과 그것에 의한 강력한 내적 생활의 형성이 불가결하다. 단적으로 말해, 종교 — 독자적 정신의 세계를 개시하는 일이 필수다. 그렇게 제각각의 인간이 지닌 혼에 신적 절대자를 비춤으로써 인간의 안쪽에 새로운 세계, 행[동]의 세계를 열면서 동시에 그러한 인간을 참된 정신문화의 투사로서 공동체에 단단히 결합시키는 것이 필요한바, 이제 그것은 어디까지나 민족공동체를 넘어 세계와 인류에 넓게 결속되지 않으면 안 될 것이다. 그렇게 제각각의 여러 국민들 상호 간의 협동에 의해 새로운 세계의 도의적 = 정치적 질서가 만들어지지 않으면 안 된다.

그럴 때 개개의 종교 이외에 마침내는 인류 전체를 포괄하지 않으면 안 되는 세계적 = 보편적 종교로서 그리스도교는 무엇보다도 심정의 순수한 내면에서 새로운 세계를 열고 만인을 거기에 결속함으로써 가장 깊고도 또 불변하는 기초를 제공해야 하며, 그 점에서 가톨리시즘과 프로테스탄티즘 및 그 여러 교파는 그리그도교 내부의 대립을 넘어, 함께 세계역사적 현실 속에서 보이지 않는 '신의 나라'를 건설한다는 공동의 사업에 참여할 것을 요구받게 될 것이다.

신적인 것의 정치철학

『국가와 종교』

1.

정치철학자 난바라 시게루(1889~1974)의 생애 속에서 눈길을 주게 되는 사건들에 대해 먼저 간략히 언급하고자 한다. 그것이 이 책『국가와 종교』(1942)의 어떤 전사前史를 알려주는 것이 될 수도 있을 것이기 때문이다. 난바라는 제1고등학교 입학 이후, 농업경제학자·식민정책학자·프로테스탄트였던 교장 니토베 이나조(1862~1933)에게 '감화'를 받았고, 졸업하기 직전인 1910년 1월 고토쿠 슈스이의 대역大逆사건 사형 집행 이후에 열린 소설가·기독교도 도쿠토미 로카(1868~1927)의 '모반론' 강연을 들었다. 도쿄제대 법과대 정치학과에 입학한 이후에는 정치학자 오노쓰카 기헤지(1871~1944)의 '정치학' 및 '정치학사' 강의, 법철학자·신토 사상가 가케 가쓰히코(1872~1961)의 '법리학' 강의에 경도됐다. 졸업 이후 문관고등시험에 합격, 후쿠야마현의 지역 군수로 재임하면서 배수공사 및 경지정리를 계획했고 군립 '농업공민학교' 설립을 입안했다. 이어 내무성 경보국警保局 사무관으로서 일본 최초의 '노동조합법' 초안 작성에 관여했다. 내무성을 그만두고 도쿄제대 법학부 조교수로 근무하면서 유학, 런던정경대학·베를린대학·그르노블대학에서 연구하고 귀국 후 '정치학사' 및 '정치학' 강의를 줄곧 담당했다. 『국가와 종교』의 출간에 이르기까지의 연구 작업들을 일별해 놓는다 : 「칸트의 국제정치 이념」(1927), 「정치원리로서의 자유주의에 관한 고찰」(1928), 「플라톤의 이상국과 기독교의 신국」(1930) ― 이 논문은 난바라의 스승, 무교회주의의 창시자 우치무라 칸조(1861~1930)가 서거한 해에 그가 줄곧 발행해왔던 잡지 『성서의 연구』 종간호에 수록됐다 ― , 「피히테 정치이론의 철학적 기초」(1931.5·9), 「피히테의 국민주의 이론」(1934), 「플라톤 부흥과 현대국가철학의 문제」(1936.9), 「기독교의 '신국'과 플라톤의 국가이념―신정 정치 사상의 비판을 위하여」(1936.11), 「대학의 자치」(1938) ― 이 글은 경제학자·식민정책학자·무교회주의자로 난바라를 뒤이어 도쿄대 총장이 되는 야나이하라 타다오(1893~1961)가 「국가의 이상」(1937)을 써서 군국주의를 비판한 문제로 사직했던 일, 그 일을 앞뒤로 일어난 사상탄압, 곧 교토제대 법학부 교수들의 사직 사건 및 미노베 타츠키치의 헌법학(천황기관설) 관련 저작 세 권의 발매금지, 도쿄제대 교수이자 마르크스주의자 오우치 효에 등이 검거된 일명 '교수 그룹 사건', 도쿄제대 경제학과 교수이자 자유주의 사상가 카와이 에이지로의 휴직처분 및 저작 발매금지 등에 대한 난바라의 비판적 개입이며, 그것은 전후 '교육쇄신위원장'으로서의 작업으로도 이어진다 ― , 「피히테의 사회주의 이론」(1940), 「대학의 본질」(1941), 「나치스 세계관과 종교의 문제」(1942년 2월·4월), 「국가와 경제―피히테를 기점으로 하여」(1942.4), 첫 저작 『국가와 종교』 출간(53세). 난바라는 이후 1945년 3월 법학부장 취임 이후 이른바 '종전공작'을 시도했으나 실패한다.

2.

『국가와 종교』및 그 책의 전사와 관계된 난바라의 '전후戰後', 그 정치적-비판적 상황을 짐작할 수 있게 하는 사안들은 다음과 같다. 1945년 12월 도쿄대 초대 총장으로 취임, 이후 연설문「신일본문화의 창조」(1946) 및 그 연설에 이어 숨가쁜 궤적을 이뤄가는『조국을 부흥시키는 것』(1947),『인간혁명』(1948),『진리의 싸움』(1949),『평화의 선언』(1951),『대학의 자유』(1952)를 출간했다. (이 다섯 권의 저작을 합본한 것이『문화와 국가』이며, 그 저작들에서 전후 난바라의 자유주의적 문화공동체론이 구체적으로 드러난다. 전간기 및 전후를 잇는 저작으로는 피히테에 관한 논문들을 묶어 1959년에 출간한『피히테의 정치철학』이 있다) 1946년의 연설문「신일본문화의 창조」, 난바라적 전후 구상의 근원과도 같은 그 글은 일본의 재건을 '진정한 신'의 탐색과정으로서, 즉 개인의 내면과 자유에 뿌리박은 일본적 종교개혁으로서, 혹은 일본정신에 대한 다른 혁명으로서 요청하고 있다. "그 것에는 반드시 인간주관의 내면을 끝까지 파고들어 거기에 가로놓인 자기 자신의 모순을 의식하고, 그 속에서 인간을 넘어선 초주관적인 절대정신 — '신의 발견' — 과 그것에 의한 자기 극복이 행해지지 않으면 안 된다."[1] 그러하되 '참된 신'을 향하는 그 연설이 천황의 탄생일인 기원절을 수놓은 일장기 히노마루 아래서 행해졌던 것, 그 상황의 상징성은 연설 6개월 뒤인 1946년 8월 귀족원 칙선의원으로서 신헌법 '9조 전쟁포기' 조항을 국가의 자유권과 독립권을 스스로 폐기하는 일이라고 비판했던 것과 맞물린다. 이「역자 후기」는 바로 그 지점, 곧 난바라의 정치철학이 "신적인 것"과 결속되고 있는 여러 갈

---

1 南原繁,「新日本文化の創造」,『祖国を復興するもの』, 帝国大学新聞社出版部, 1947, 8쪽.

래들·방향들·형질들 중 일부분을 환기시키고자 한다. 말하자면, 신적인 것의 정치철학. 그것은 이 책의 「개정판 서문」(1958)에 나오는 다음과 같은 문장들에 직결되어 있다 : "어떤 시대 또는 어떤 국민이 어떠한 신을 신으로 삼고 무엇을 신성으로 사고하는가는 그 시대의 문화나 국민의 운명을 결정하는 것이다. 그런 뜻에서 패전 일본의 재건은 일본국민이 그때까지 품어왔던 일본적 정신과 사유의 혁명에 대한 요청이었던 것이다. (…중략…) 종전 후 10여 년, 과연 우리나라의 재건은 그런 요청을 줄곧 지향하고 있는 것인가. 거기에 도리어 낡은 정신의 부흥 징후는 없는가. 참된[진정한] 신이 발견되지 않는한, 인간이나 민족 혹은 국가의 신성화는 끊이지 않을 것이다."

3.

'진정한 신의 발견' 대對 '인간·민족·국가의 신성화', 난바라적 적대의 구도가 그와 같다. 난바라 정치철학의 근저로서의 "신적인 것"이 드러나는 용례들, 그 주름진 개념들을 나열해 보이면 다음과 같이 될 것이다 : "신적 통치", "신적 권위", "신적 조직", "신적 지배의 질서", "신적 도덕질서", "신적 지배자", "신적 명령과 의무", "신적 예지叡智[사려]", "신적 의지", "신적 생명", "신적 가치", "신적 내용", "신적 사실", "신적 실재", "신적 보편", "신적 근원", "신적 이념", "신적 절대이념", "신적 절대자", "신적 절대정신", "신적 이성의 자기발전", "신적인 절대적 세계정신". 거두절미한 이 용례들을 통해 난바라에 의해 펼쳐지는 신적인 것과 정치 간의 관계양태들을 세밀하게 추적하는 것은 여기서 할 수 있는 일이 아니다. 여기서는 다만 난바라적 비판(예컨대 이 책 4장에서의 나치스 비판, 은연중이지만 당대 제국 일본의 군부파시즘에 대한 비판)의 근거, 그런 비판·준별의 준거이자 나아가 (전후) 난바라적 네이션 재구성·재구축의 정당성-근거를 알려주는 문장들을 앞질러 인용해 놓고자 한다 : "역사적·구체적 국민 또는 민족공동체의 사상은 단순한 자연적 = 생물학적 존재로서가 아니라 땅 위에서 발현하는 영원한 신적 이념으로서 이 세계 속에서의 강대한 힘을 통해 초월세계의 확신을 형성한다. 그런 신성의 확신과 종교의 힘만큼 개인을 내면에서 심화시키고 또 동시에 국민의 개성을 확고부동케 하는 것은 없다." 신적 이념, 땅위에서 발현하는 영원하고 강대한 그 힘이 개인 / 국민 / 민족공동체의 구축력으로 발효되는 것일 때, 이는 즉각적으로 '비합리성'의 승인을 정치의 근원으로 제시하는 것과 맞물린다. "무릇 정치생활에는 권력을 향한 충동 내지 의지, 혹은 민족 자신의 생존을 위한 투쟁 등 고유의 비합리성이 승인되지 않으면 안 되며, 그것이 로마에서 현저하게 드러났던 일은 달리 비할 데가 없을 것이다." 권력(으로)의 의지와 민족의 생존투쟁을 구동하는 그런 비합리성·초월성의 자장 안에서 "국가는 '신성'과 결합하여 '항존적 이성' 또는 '객관적 정신' 형태의 문제로서 사고"되는바, 난바라는 나치가 유럽문화의 세 요소 ― "로마적 정치국가, 그리스적 학술 및 그리스도교" ― 의 이상적 조화상태를 심각한 위기에 직면한 것으로 판단하면서 유럽을 구제하는 주체로 스스로를 정립하고자 했다고 말한다. 나치는 "유럽문화의 위기에 대한 해결과 구제"의 주체로, 신적인 구원력으로 스스로를 정립하려했지만, 그것은 끝내 유럽문화를 "전면적인 해체"로 인도하는 힘이었다. 난바라에게 나치는 "종족적 생"의 힘과 그 힘의 활성화를 준칙으로 하는 정치적 결단주체로서의 "피의 신화" 혹은 "원초의 종족적 신화" 그 자체였다. 말하자면 '비합리성'의 나치적 승인, 나치 국가관을 지탱하는 결단주의의 폭력. 그 논리와 결과에 관한 문장들은 다음과 같다 : "고유한 신앙을 내포한 정치적 의지와 결단이 그[나치스의 국가관 및 문화적 이상의] 기초이고, 그것이 신학과 철학의 전체를 결정하며 일체의 문화는 단지 본원적인 정치적 결단을 세계상像으로 옮겨놓거나 확충할 뿐인 임무를 맡은 것에 지나지 않는다. 거기서 정신의 자유와 문화의 창조가 말해지지 않았던 것은 아니다. 그러나 모든 것이 종족적 생에 의해 규정된 결과, 자유란 근본에서 종으로의 구속이고, 게다가 그것을 실현하기 위해 정치적 권력이 앞질러 설립되는 것이라면 정신적 내면성의 독립적 성격과 문화의 자율과 탐구의 가능성이란 폐쇄되고 있는 것이라고 봐야 한다." 독일의 위기를 극복하기 위한 정치적 결단주의로서의 나치스의 힘과 방향에 대한 난바라의 당대적 비판이 그와 같다. 그것이 다름 아닌 '위기'와 '결단'과 '신성'의 상호 변증으로서의 나치적 집행력에 대한 비판일 때, 이 책『국가와 종교』는 앞서 나열한 신적인 것들 간의 관계 혹은 배치를 통해 그 3항에 대한 변증의 상황을 다르게 인식하고 다시 집행하는 힘의 형질을 드러내려했던 저작이라고 할 수 있을 것이다. 그 위기·결단·신성은 난바라 정치철학의 지속적 근저를 이루는 것이었다 : "파괴인가 갱생인가, 삶인가 죽음인가. 이것이 세계를 뒤덮는 시대의 과제이고 국민 전체 위에 임하고 있는 민족적 과제이다", "인격의 자유와 영원한 생명을 원리로 하여 종교 본래의 국토가 열리지 않으면 안 될 것이다."[2]

---

2   南原繁, 「'時代の危機'の意味」,『自由と国家の理念』, 青林書院, 1959, 52~54쪽.

4.

나치가 "종의 보존을 위한 투쟁의 장"을 분만하고 있다고 쓴 것은 당대적 혜안이었다 : "북방적인 게르만적 민족의 '명예'의 이념과 인종에 결속되었던 '혼의 고귀성'의 고양은, 요컨대 종족적 생을 중심으로 하는 '피의 신화'와 '피의 종교'가 되어 드러난다. (…중략…) 마르크스주의가 근대국가의 경제적 비합리성의 기초를 짚었던 것에 대해, 나치스는 근저에 더욱 철저하게 국가의 생물학적 비합리성의 존재근거를 드러냈다고 할 수 있을 것이다. 그 결과는 어떤 의미에서 재차 마키아벨리즘의 대두로 되는바, 그 속에서 국가 간 정치가 여러 민족 ― 특히 우월종족 ― 의 종의 보존과 발전을 위한 투쟁의 장으로 화할 우려는 없을 것인가." 난바라적 자유론의 관점에서, 혹은 '유럽'문화'를 전면적인 해체로 이끈다는 점에서 나치즘과 근대적 실증주의 및 그것의 발전인 맑스주의는 서로 통한다. 난바라에게 그것들은 "결국 신과 신의 나라로부터의 절연이자 종교 고유의 세계의 상실"을 뜻하는 것이었고, 문화의 위기를 가속화하는 것으로서 "필경 국가의 '비非정신화' 또는 '비이성화'"를 초래하는 것이었다. 비정신화된 국가, 달리 말해 비·반·몰非·反·沒 정신적인 힘의 형태로서 나치즘 / 맑시즘. 바로 그 "정신"이라는 낱말, 그것은 이 책『국가와 종교』의 부제에 들어있는 "정신사"라는 낱말에서 드러나는 것처럼 역사에 관한 철학을, 역사에 대한 비판의 의지를 뜻한다 : "정신에 관한 음미는 역사적 문화 그 자체의 문제로서가 아니라 그 문화에 내재하고 실제로 그것이 보유한 역사철학적 의미와 의미구조의 문제에 대한 음미이다. 그것은 근본에서 문화의 본질을 결정하는 구성요소와 원리적 조직의 문제이고, 그것이 그 문화로 하여금 다른 문화와 구별되게 하는 특질을 형성한다." 이는 이 책의 당대적 관련 속에서, 일본 군부파시즘이 주창한 일본 '정신'은 말할 것도 없거니와, 태평양전쟁을 전후로 교토학파 우파가 제창하고 있던 '세계사의 철학'과도, 즉 그 이름으로 전개된 역사신학적 폭력과도 차이를 갖는 것이라고 하겠다. 나치즘의 '인종'주의에 대한 비판의 끝부분에서 『종의 논리』의 저자이자 교토학파의 중심축인 다나베 하지메가 비판되는 맥락도 넓게는 비·반·몰정신의 폭력에 대한 이의제기라고 할 수 있을 것이다.[3] 그렇게 몰각되는 정신·정신사의 상기/회복을 가능케 하는 힘, 그런 힘이 발원하고 발효되는 난바라적 적대의 구도가 앞서 말한 '진정한 신의 발견' 대 '인간·민족·국가의 신성화'인 것이다.

5.

이 책 『국가와 종교』의 「서문」, 즉 1942년 7월 하순에 작성된 '저자의 확신'은 다음과 같다. "무릇 국가의 문제는 근본에서 문화 전체와 내적 통일을 갖는 세계관의 문제이고, 따라서 궁극적으로 종교적 신성의 문제와 관계하는 일 없이는 이해될 수 없다는 것이 저자의 확신이다." 이 확신에 의해 인도되는 난바라의 전후 또한 위의 적대구도를 지속하는 과정으로서 '진정한 신의 발견'을 통해 구제될 수 있는 것이었다 : "내가 여기서 종교라고 말하는 것은

---

3 난바라에게 맑스주의는 비판의 대상이지만, 그런 비판 곁에, 교토학파 우파의 역사신학에 이의를 제기한 교토학파 좌파·맑스주의자 도사카 준(1900~1945)이 있었다는 사실을, 그의 테제가 '일본적 철학이라는 마(魔)'였다는 사실을 맞세워놓을 필요가 있다. 그리고 그 마·마성·마신적 속성 곁에는 난바라의 이 책에서 자주 언급되는 "데모니슈[dämonisch·마성적·마력적인]"라는 낱말이 덧대어질 필요가 있음도 첨언해 놓는다.

그렇게 제도화되고 형해화됐던, 혹은 마술화되어 사람의 마음을 마비시키는 종교를 가리키는 게 아니다. 그러한 종교에는 '신은 죽었다'고 했던 니체의 말이 적중하고 있다. 과연 일본에는 그렇게 죽어야 되는, 진정으로 살아있는 신이 있었던 것일까. 그런 뜻에서 진정한 신의 발견 내지 재발견 ─ 새로운 종교개혁의 필요는 그저 우리나라만이 아니라 유럽·미국까지를 관통하는 세계의 과제이다."⁴ 앞서 난바라가 위기·결단·신성이라는 3항에 대한 나치적 변증·배치와 자신의 변증·배치를 구별하고자 했던 것처럼, 난바라가 말하는 '진정한 신'은 '인간·민족·국가의 신성화'라는 적의 이름 속에 들어있는 '(진정하지 않지 않은) 신'과 어떻게 지속적으로 준별될 수 있는가. 어떤 근거 위에서 그런 준별은 유지될 수 있는가. 이 물음에 응답하는 하나의 길이 "진정한[참된眞の]"이라는 낱말, 그 낱말의 반복에 대한 비평에 있지 않을까 한다. 진정한 신·신적인 것의 정치철학이라는 준별의 준거, 그것의 (불)가능성에 대한 비판이 바로 그 '진정한'이라는 낱말을 대상으로 시도되어야 하지 않을까 하는 것이다. 난바라의 그 낱말에 대한 비판은 그가 말하는 '신의 나라'(곧 '정의의 나라')의 도래/발현과 관계된다. "국민 각개가 그런 성스러운 깊숙한 결합관계 속으로 인입하여 마침내는 우리들 국민적 공동체 전체가 참된 신적 생명에 의해 가득 충전될 때까지 신의 나라의 형성은 멈추지 않을 것이다. 그럴 때 일본국가의 내적 기반은 무엇보다도 공고한 영원의 정신과 지반 위에 자리잡게 될 것이다. '일본적 그리스도'[우치무라 칸조의 용어]란 그러한 뜻 이외에 다른 것이 아니다." 신의 나라, 그것의 다른 이름이 난바라의 최후 저작 『정치철학 서설』에서 말해지는 정치적 '정의의 나라'이며, 그 두 나라의 등질

---

4   南原繁, 「民族の危機と将来」, 『人間と政治』, 岩波書店, 1953, 89쪽.

성 속에서, 즉 신적인 것의 정치철학을 달리 표현하는 그 두 나라의 일체성 속에서 53세 난바라의 첫 저작과 82세 난바라의 탈고본이 수미일관하는 원환을 그린다. 그 최후의 저작이 '서설'이라는 이름, 시작과 출발의 이름을 달고 있다는 것에 눈길을 주게 된다. 그것은 저 '진정한 신 대 인간·민족·국가의 신성화'라는 적대의 구도 속에서 행해지는 준별의 (불)가능성에 대한, 이른바 '탈연루'의 상황에 대한 사고의 다른 시작을 요청하는 것으로 읽힌다. 그 서설의 한 대목으로 이 후기를 끝막음해 놓으려는 이유가 거기에 있다 : "정치적 이상의 국토 — 정의의 나라 — 도 궁극에서 그러한 형이상학적 문제로서 신과 신의 나라를 요청하지 않을 수 없다. 종교는 결코 개인 생활로 시종하는 것이 아니라 사회공동체에 관계한다. 진·선·미의 가치만이 '성스러움'에 이어진 것이 아니라 정치적 정의 또한 그 자체로 신적 가치에 결속된다."[5]

2020년 8월

역자

P. S. 난바라의 이 저작을 함께 읽고 발제하고 말을 나눴던 교토대 문학부 아시나 사다미치芦名定道 선생님께, 그리고 손익의 분기보다는 의미의 발굴에 방점을 찍으신 소명출판의 여러분들께 감사의 인사를 올린다.

---

5   南原繁, 『政治哲学序説』, 岩波書店, 1988, 153쪽.